KB160900

19세기 조선의 대일 역지통신 연구

# 19세기 조선의 대일 역지통신 연구

이와카타 히사히코岩方久彦 지음

景仁文化社

# 차 례

# 序 論

## 1. 문제 제기

조선후기 교린관계에서 통신사 혹은 조선통신사는 임진왜란 이후 17세기에 7번, 18세기에 4번, 19세기에 1번 등 모두 12차례 조선에서 파견되었다.[1] 이 가운데 19세기에는 1811년의 대마도 역지통신 이외에도 1840~50년대와 1850~60년대에 각각 오사카(大坂)[2]와 대마도에 역지통신 계획이 있었다.[3]

18세기 후반부터 조선에서는 '易地' 또는 '易地通信'이라는 용어가 사용되었는데, 일본자료에는 '易地聘禮'로 나온다.[4] 역지통신 시행으로 양국의 국서 교환은 쇼군(將軍) 거주지인 에도(江戶)에서 대마도 혹은 오사카로 변경되었다.

지금까지 조선후기 통신사 연구는 외교체제, 상호인식, 제도, 문학, 문화교류, 경제 등 다양한 측면에서 연구가 이루어져 왔다. 그리고 더욱 세분화

---

1) 일본에서는 통신사를 주로 '조선통신사'라고 하는데, 기존의 관련 연구를 고려할 때 두 용어의 구분은 큰 의미가 없는 것으로 생각된다. 다만, 한국 사료에서는 주로 '통신사'라는 이름이 많이 쓰이므로 이 글에서도 '통신사'라고 부르기로 한다.

2) 현재 일본에서는 오사카를 '大阪'으로 표기하고 있으나, 明治維新 전에는 '大坂'이라고 표기했다. 당대 사료에는 모두 '大坂'으로 나타나는 만큼 이 글에서는 이를 따랐음을 밝혀둔다.

3) 졸고, 「1811年 對馬島 易地通信研究-기미책을 중심으로-」, 『韓日關係史研究』 23, 2005, 168~169쪽.

4) 일본 자료에 보이는 역지빙례라는 용어는 '조선이 예를 갖추어 찾아뵙는다'는 뜻이다. 그러나 『교린지』에는 '장소를 바꾸어 신의를 통한다'는 의미로 역지통신을 사용하고 있다. 통신사는 신의를 통하는 사행이므로 '역지빙례' 보다 '역지통신'이 바람직하다(손승철, 『조선시대 한일관계사 연구』, 경인문화사, 2006, 239쪽 각주 1번).

전문화되는 경향을 보인다. 그러나 기존의 연구사 정리를 살피면 17·18세기보다 19세기 연구성과가 드물다는 것을 알 수 있다.5) 조선후기 교린관계에서 19세기 역지통신이 빠져 있다는 느낌이다.

물론 19세기는 이전보다 통신사의 일본 방문횟수가 줄었다는 요인도 있다. 18세기에는 3명의 쇼군이 통신사의 축하를 받고 7대 쇼군 이에쯔구(家繼)<재위:1713~1716>만이 나이가 너무 어리다는 이유로 통신사의 축하를 못 받았다. 한편, 19세기는 1명만 축하를 받고 12대 쇼군 이에요시(家慶)<재위:1837~1853>, 13대 쇼군 이에사다(家定)<재위: 1853~1858>, 14대 쇼군 이에모치(家茂)<재위:1858~1866>, 15대 쇼군 요시노부(慶喜)<재위:1866~ 1867>까지 4명의 쇼군이 축하를 받지 못하였다. 이 시기 쇼군들의 재위기간이 아주 짧았다는 점도 통신사 파견이 이루어지지 않았던 대외적인 이유 중 하나이다.

먼저 기존의 통신사 연구는 파견 연도별로 연구가 이루어진 점과 함께, 통신사를 종합적으로 검토하는 노력도 계속 있었다. 그 가운데 통신사의 시기 구분과 선린우호론6)은 통신사연구에 큰 틀을 제공했다.

---

5) 통신사의 한국 측 연구사 정리는 최근에 와서 잇따라 이루어졌다.
   민덕기, 「조선후기의 회고와 전망」, 한일관계사학회편, 『韓日關係史硏究의 回顧와 展望』, 국학자료원, 2002.
   _____, 「한국에서의 한일관계사 연구의 회고와 전망-조선시대를 중심으로-」, 『한일교류와 상극의 역사』, 경인문화사, 2010.
   손승철, 「조선시대 通信使硏究의 회고와 전망」, 『韓日關係史硏究』 16, 2002.
   장순순, 「朝鮮時代 通信使硏究의 現況과 課題」, 『통신사·왜관과 한일관계』(한일관계사연구논집 6), 경인문화사, 2005.
   조 광, 「통신사에 관한 한국학계의 연구 성과와 쟁점사항」, 『통신사·왜관과 한일관계』(한일관계사연구논집 6), 경인문화사, 2005.
   졸고, 「조선통신사 연구에 대한 비판적 검토와 제안」, 『지역과 역사』52, 부경역사연구소, 2016. 4.
   한태문, 「通信使 使行文學 硏究의 回顧와 展望」, 『국제어문』 27, 2003.
6) 재일 한국인 연구자인 이진희, 이원식, 신기수 등이 1970년대부터 시작한 조선후기

통신사의 시기 구분은 나카오 히로시(仲尾 宏)와 미야케 히데도시(三宅 英利)가 시도했다.

첫째, 미야케는 통신사를 아래와 같이 시기 구분했다.[7]

① 국교재개기(1608, 1617, 1624)
② 전기 안정기(1636, 1643, 1655, 1682)
③ 改變期(1711)
④ 안정기(후기)(1719, 1748, 1763)
⑤ 쇠퇴기(1811)

둘째, 나카오는 아래와 같이 시기 구분했다.[8]

① 국교재개기(1607, 1617, 1624)
② 신통교체제 확립기 (1636, 1643, 1655, 1682, 1711)
③ 상대적 안정기 또는 舊慣墨守期 (1719, 1748, 1763)
④ 동요기(1811~1867)

두 연구자의 차이점은 먼저 1711년 통신사에 관한 평가이다. 나카오는 바쿠후의 의례 개편의 특수성을 인정하면서도 정책상 변화가 없었다고 설명했다. 그래서 1711년 통신사를 2期에 포함시켜 쇠퇴기를 1867년까지로 연장했다. 미야케는 쇠퇴기를 통신사 파견을 기준으로 한 것이고, 나카오는

---

통신사를 선린우호의 상징으로 보는 시각이다 (이진희, 『江戸時代の日本と朝鮮 : 李朝の通信使』, 講談社, 1976. 신기수, 영화 江戸時代の朝鮮通信使, 1979).
그들은 '對立'과 '葛藤'이라는 한일관계의 고정적인 이해 방식을 벗어나 조금 또 다른 시각에서 한일관계를 이해하고자 노력했다. 그들이 찾아낸 것은 조선후기 통신사였고, '조선통신사'라는 이름을 선택한 것이다(池內敏, 「朝鮮通信使 使行이 끝난 후에」, 『조선통신사연구』제10호, 2010, 25쪽).
7) 三宅英利 저·손승철 옮김, 『近世韓日關係史研究』, 이론과 실천, 1991, 450쪽.
8) 仲尾宏, 『朝鮮通信使と德川幕府』, 明石書店, 1997, 20~22쪽.

메이지(明治) 유신으로 바쿠후가 소멸한 1867년을 기준으로 한 점이다.

한국에서는 하우봉이 미야케의 시기 구분은 일분의 정세변화를 기준으로 했기 때문에 조선의 관점과는 차이가 있다고 하면서 새로운 시기 구분을 시도했다.[9]

    ① 교린 관계회복 교섭기(1599~1635)
    ② 교린체제의 확립 및 안정기(1636~1811)
    ③ 쇠퇴기(1812~1867)

다음으로 한태문이 사행문학의 관점에서 시기 구분을 시도했다.[10]

    ① 교린체제 모색기(1607, 1617, 1624)의 문학
    ② 교린체제 확립기(1636, 1643, 1655)의 문학
    ③ 교린체제 안정기(1682, 1711, 1719, 1743, 1763)의 문학
    ④ 교린체제 와해기(1811)의 문학

위에서 본 기존의 시기 구분의 문제점은 다음과 같다.

첫째, 일본인 학자들이 주장하는 18세기 통신사를 '幕藩체제 안정기' 또는 '상대적 안정기'로 볼 수 있는가에 대한 의문이다. 18세기의 통신사 개혁은 1711년 아라이 하쿠세키(新井白石)의 통신사 접대개편이 유일하다. 그러나 1719년 통신사를 제외하고 통신사 규모를 줄이자는 논의가 1748년,

---

9) 하우봉, 「壬辰倭亂以後의 日本關係」, 『港都釜山』, 1991, 82~95쪽.

10) 한태문, 「朝鮮後期 通信使 使行文學의 特徵과 文學史的 意義-交隣體制 安定期(1682~1763)의 『사행록』을 중심으로-」, 조규익·정영문 엮음, 『조선통신사 사행록 연구총서』 2, 한고방, 2008, 373쪽.
    또 이원순, 이혜순, 김문식 등도 시기 구분을 하고 있으나 큰 틀은 다르지 않았다 (정영문, 「사행의 시기별 유형과 성격」, 『朝鮮時代 通信使文學研究』, 지식과 교양, 2011, 48~50쪽).

1763년 그리고 대마도 역지통신 교섭 때도 계속 논의되었다.[11] 18세기는 문화교류가 활발한 시기이고 양국관계가 가장 안정적인 시기일지도 모른다. 그러나 대규모 문화사절단을 유지하기보다 축소하자는 논의가 계속된 18세기를 통신사의 안정기로 보기는 힘들다고 생각한다.

둘째, 일본인 학자들의 시각에는 조선의 교린정책이 빠져 있다.[12] 어디까지나 일본의 외교정책 차원에서 통신사를 시기 구분한 것에 불과하다. 반대로 한국인 연구자들도 일본의 외교정책에 대한 언급이 없다는 결함이 있다. 실은 '막번체제'와 '교린체제'라는 용어는 자국의 외교정책을 설명하는데 효과적이다. 다만, 한일관계사를 설명하는 데 한계가 있다. 예를 들어 일본이 역지통신을 원해서 정책적으로 추진하더라도, 조선이 역지를 거절하면 역지통신은 이루어지지 않는다. 그래서 '교린관계'라는 조선과 일본의 외교정책을 한일관계사 속에서 이해하는 노력이 필요하다고 생각한다. 그래서 이 글에서는 '교린체제' 대신 '교린관계'라는 용어를 사용하도록 한다.

셋째, 모든 연구자의 시기 구분에는 대마도에 관한 언급이 없다. 통신사가 일본에 갈 때까지 많은 교섭이 필요했다. 그리고 모든 교섭에는 바쿠후 대신 대마도가 나섰다. 그럼에도 불구하고 통신사를 조선과 바쿠후 관계로만 시기 구분을 한다면 문제의 본질에 접근하기 어렵다. 후술하겠지만, 1811년 대마도 역지통신과 나머지 역지통신은 교섭자로 나선 대마도에 대한 통제책을 전형적으로 보여주는 것이다. 현재까지는 조선의 통제책에 대한 관심이 조선초기, 전기의 왜구대책으로 그치고, 조선후기 차왜에 관한 통제책까지 연구가 이어지지 않았다.[13]

---

11) 졸고, 「18世紀の通信使改革論」, 『日本文化研究』 39집, 2011 참조.

12) 교린체제에 대해서는 손승철의 연구가 있다. 손승철은 책봉과 조공이라는 동아시아국제질서를 기준으로 1607~1635년까지를 '중화적 교린체제 부활', 1636~1810년까지를 '탈 중화의 교린체제', 1811~1872년까지를 '교린체제의 변질과 붕괴'로 파악했다 (손승철, 『朝鮮時代 韓日關係史研究』, 지성의 샘, 1994, 14쪽).

13) 조선의 기미책에 대한 대표적인 연구 성과만 지적한다.

그래서 필자는 17세기~19세기 통신사의 시기 구분을 다음과 같이 정리하고자 한다.

　1. 17세기 통신사를 '통신사 회복기 및 별차왜의 정례화' (총 7번)
　2. 18세기 통신사를 '1711년 통신사 개혁과 구례(1682) 시행기' (총 4번)
　3. 19세기 통신사를 '역지통신 및 역지통신 계획과 추진기' (총 1번)

　다음으로 선린우호론의 문제점을 지적하고 싶다.

　첫째, 시기구분을 보면 1811년 통신사 이후를 이른바 쇠퇴기 또는 와해기로 보고 있다. 물론 19세기에는 이전 시기보다 통신사외교가 위축된 것도 사실이다. 그러나 이런 시각은 선린우호론의 영향이 큰 것을 지적하고 싶다. 1811년 대마도 역지통신은 통신사가 에도까지 가지 않았으므로 다양한 문화교류가 없었고, 일본을 방문하지도 않았던 오사카 역지통신을 문화사적인 가치를 중시한 연구자들이 회피했기 때문이었다.

　그런데 여기에는 하나의 전제조건이 있다. 즉 통신사가 문화사절단이었다는 점이다. 그러나 아직 통신사가 문화사절단인지 정치적인 사명을 가진 사절단인지 분명하지 않았다는 문제점이 있다고 생각한다. 만일 통신사가 문화사절단이 지녀야 할 성격이 강한 것이라면 문화교류 중심의 선행 연구는 앞으로도 확대해 나가야 할 것이다. 반대로 정치적인 사명을 가진 사절단이었다면 기존의 연구경향은 일정 정도 시정되어야 할 것이다. 통신사 일행이 일본 현지에서 문화교류를 한 것은 사실이지만, 어디까지나 부수적인 행위였고, 조선의 통신사 파견목적은 국서를 쇼군이 거주한 에도에 가서 직접 전달하는 의례행위였다고 필자는 생각한다. 후술하겠지만 양국의 우호관계는 통신사의 에도 방문을 통해서 재확인되고 유지되었다. 따라서 앞으

　손승철, 같은 책, 34~40쪽, 77~79쪽.
　민덕기, 『前近代 동아시아 세계의 韓·日관계』, 경인문화사, 2007, 31~37쪽.

로 연구는 정치적인 측면을 부각할 필요가 있을 것이다.

둘째, 19세기 역지통신 연구가 부진한 또 하나의 이유로 조선멸시를 들수 있다. 조선멸시관의 확산자로 지목된 나카이 치쿠잔(中井竹山)의 경우 1789년『草茅危言』중에서 '조선을 일본에 조공을 바친 조공국'이었다고기록했다.14) 후술하겠지만, 역지통신을 추진한 마쓰다이라 사다노부(松平定信)도 그가 쓴『宇下人言』에서 통신사를 깎아내리는 논리를 펼치고 있다.15) 역지통신 추진자들의 조선멸시 발언은 역지통신 연구를 하는 데 있어 선입견을 품게 한 측면을 간과할 수 없다. 선린우호의 관점에서 접근한연구에서 바쿠후의 선린외교를 강조하면 강조할수록, 상대적으로 역지통신은 바쿠후 정책의 변질이라는 평가를 받기 마련이었다.16) 국내에서도 하우봉이 역지통신을 '이것은 파행이고 변형된 형태로서 통신사행의 종언을 예고하는 것'이었고 평가했다.17) 역지통신을 부정적으로 평가하는 경향은 한일양국에서 공교롭게도 일치하고 있다.

그런데 조선멸시문제를 현재 가치기준으로 판단해도 되는 문제인지 의문이다. 물론 에도시대 바쿠후는 통신사를 '조공사'로 보고 조선에 대한 우월감을 숨기지도 않았다. 바쿠후를 대표하여 6차례 통신사를 응대한 바 있는하야시 라잔(林羅山)도 1617년 통신사행에 관한 기록을 남기면서「朝鮮信使來貢記」라고 이름을 붙였다. 그가 통신사를 조공사행으로 보았음을 알수 있다.18) 그 영향으로 에도 바쿠후의 正史인『德川實記』에도 통신사의

---

14) 稻垣國三郞編, 『中井竹山と草茅危言』, 大正洋行, 1943, 165쪽. 다른 에도시대 일본인의 한국관에 대해서는 矢澤康祐,「江戸時代における日本人の朝鮮觀について」,『朝鮮史研究會論文集』, 1969.6 참조.

15) 松平定信,『宇下人言』, 岩波文庫, 1969.

16) 『江戸時代の日本と朝鮮:李朝の通信使』, 講談社, 1976 참조.

17) 하우봉,「조선시대의 통신사외교와 의례문제」,『朝鮮時代史學報』58, 2011, 78쪽.

18) 김선희,「17세기 초기·중기 林羅山의 타자상」,『韓日關係史研究』16, 2002, 64쪽.「朝鮮信使來貢記」,『羅山林先生文集』제22.

일본 방문을 來朝, 入貢이라고 기술했다.[19] 18세기 일본지식인들도 역시 조선멸시관에서 자유롭지 못했다. 그들은 『日本書紀』에 나오는 神功皇后의 三韓征伐 기사를 인용하면서 조선이 조공국이었다는 것을 강조하기도 하지만, 조선에 대한 새로운 시각이나 관심을 보이지 않았다.[20] 필자는 조선멸시를 현대적인 가치관으로 판단하는 것 보다 당대 지식인들의 일반상식 정도로 이해하는 것이 오히려 타당하다고 생각한다. 자세한 것은 Ⅱ장에서 논하도록 하겠다.

시기구분에서 이미 논했지만, 기존의 연구는 의심 없이 통신사 외교의 단절을 바쿠후의 관점에서만 바라보았다. 바쿠후의 소멸로 일본에서 통신사외교가 종료된 것은 사실이지만, 통신사를 보낼 조선의 관점은 염두에 두지 않았다. 물론 통신사는 바쿠후 쇼군에 파견되어왔던 만큼 바쿠후의 소멸이 중요한 것은 분명하다. 그러나 1860년대에도 통신사의 파견이 계속 연기되었지만 1876년에 최종적으로 일본을 방문하기로 되어 있었다. 서계 문제 등으로 교섭이 제대로 이루어지지 않았지만, 조선이 공식적으로 통신사를 폐지하지도 않았다. 조선이 통신사를 폐지한 시점은 1876년 수신사를 일본에 파견했을 때이다.[21]

또 현재 학계에서 통신사와 수신사가 가진 연속성 또는 계승성에 대한 관심이 부족하다.[22] 더 나아가 교린관계가 지속하였는지 아니면 단절되었는지도 분명하지 않다. 이 글에서 보론으로 수신사를 논하고자 하는 것도 통신사

---

19) 仲尾宏, 앞의 책, 1997, 15쪽.
20) 矢澤康祐, 앞의 논문, 18쪽.
   三宅英利는 유학자들의 조선관은 전통적인 화이질서부터 계승된 조공사관으로 나타났다고 지적했다 (三宅英利 著, 하우봉 옮김, 『역사적으로 본 일본인의 한국관』, 풀빛, 1990, 108쪽).
21) 졸고, 「1876年 修信使 연구」, 『韓日關係史研究』 27, 2007. 8. 30 참조.
22) 물론 조선인의 일본 인식이라는 틀을 통해 분석한 연구도 있다. 하우봉은 통신사의 대일인식, 수신사 김기수의 대일인식, 동학 최제우의 대일인식까지 정리되고 있어 주목된다 (하우봉, 연세국학총서77 『조선시대 한국인의 일본인식』, 혜안, 2006).

와 수신사의 '계승'와 '단절'을 규명하기 위해서이다. 통신사연구도 이제는 낡은 틀을 벗어나 다각적인 시각에서 19세기 역지통신을 바라볼 필요가 있다고 생각한다. 외교에는 동전의 양면처럼 전혀 다른 모습이 있게 마련이다. 조일 관계도 예외가 아니다. 일본에서 통신사를 조공사로 본 것을 문제 삼기보다는 위정자들이 정책적으로 이를 어떻게 활용했는지 그리고 어떤 정책적인 역할을 했는지에 주목해야 한다. 조선의 경우도 마찬가지이다. 정책적인 효과 또는 외교적인 효과라는 측면에서 통신사에 접근해야 당시의 상황을 제대로 파악할 수 있다. 그러므로 통신사와 시혜, 교화 문제를 사상사적으로 접근하기보다는 정책적인 관점에서 다루고자 한다. 이를 통해 통신사의 실상을 보다 사실에 가깝게 밝힐 수 있다고 기대한다.

## 2. 역지통신과 수신사 연구사

　1811년 역지통신은 40~60년대에 계획된 오사카와 대마도 역지통신의 모델이 되었다는 역사적인 의의가 있다. 역지통신에 관한 본격적인 논의는 본론에 미루고 여기에서는 역지통신에 관한 연구 성과를 먼저 정리하고자 한다.

　다보하시 키요시(田保橋潔)는 1811년 대마도 역지통신을 처음으로 연구한 연구자이다. 그의 연구는 다른 연구자들이 활용하지 못한 조선자료뿐만 아니라 대마도종가문서까지 활용하면서 역지통신 교섭을 상세하게 밝혔다.[23] 그러나 상대적으로 조선의 외교정책을 밝히지 못한 한계도 있다. 관계사라는 측면에서 보면 역지통신을 요청한 바쿠후의 외교정책은 정리 되

---

23) 田保橋潔, 「朝鮮國通信使易地行聘考」上, 『東洋學報』23-3, 東洋學術協會, 1936.
　　　＿＿＿＿, 「朝鮮國通信使易地行聘考」中, 『東洋學報』23-4, 東洋學術協會, 1936.
　　　＿＿＿＿, 「朝鮮國通信使易地行聘考」下1, 『東洋學報』24-2, 東洋學術協會, 1937.
　　　＿＿＿＿, 「朝鮮國通信使易地行聘考」下2, 『東洋學報』24-3, 東洋學術協會, 1937.

었지만, 역지통신을 허락한 조선의 외교정책은 명확하지 않았다.

역지통신은 다보하시 이후 오랜 공백기에 들어간다. 통신사에 관한 연구 성과도 별로 없는 시기에 더군다나 역지통신은 연구자의 관심 밖에 있었다. 오랜 침묵을 깨고, 1973년에 이원식이 대마도 역지통신 연구를 했는데, 1930 년대 정치외교사의 시각으로 접근한 다보하시와는 달리 문화교류사의 시각 에 초점이 두어졌다.[24] 이원식의 연구는 통신사행과 일본인의 시문 교류를 소개하면서 통신사를 긍정적으로 평가한 1920년대의 마쯔다 고우(松田甲)와 1940년대 구로다 쇼죠(黑田省三)의 문화사 연구를 계승한 것이다.[25]

미야케 히데도시(三宅英利)는 60년대부터 통신사에 관한 연구를 발표하 기 시작해 조선 시대 통신사를 체계화했다. 그는 통신사의 기원으로 고려 시대(1375년) 나흥유의 일본 파견을 저술하면서 조선 시대에 파견된 모든 통신사에 관한 종합적인 연구 성과를 단행본으로 출판했다.[26] 그런데 미야 케의 연구도 역지통신에 관해서는 다보하시의 연구 성과를 극복하지 못해 조선의 외교정책에 대한 언급이 상대적으로 적었다.

한편, 역지통신은 1990년대부터 한국에서 다양한 연구 성과가 나오기 시 작했다. 1991년에는 정성일이 대마도 역지통신의 참가인원을 분석한 연구 와 역지통신 실시 전후의 조일무역을 분석한 논문을 발표했다. 여기에서 조 선이 예단삼을 山蔘으로부터 家蔘으로 바뀐 교섭을 자세하게 밝혔다. 문화

---

24) 이원식, 「純祖十一年 辛未日本通信使 差遣에 對하여-對馬島易地通聘을 中心으로-」, 『史學研究』23, 한국사학회, 1973.

25) 松田甲, 「德川時代の朝鮮通信使」, 『日鮮史話』1, 朝鮮總督府, 1926, 15쪽.
    黑田省三, 「朝鮮通信使史話」1~9, 人文社 1942~1943.
    그러나 두 사람의 연구목적이 식민사학을 정당화하기 위한 것이라는 점은 이원식 과는 차이가 있다.

26) 三宅英利, 「文化朝鮮信使考-易地聘禮の成立」, 『北九州大學文學部紀要』 B系列 제11 권, 1978. 이 논문은 단행본에도 수록되었다. 三宅英利, 『近世日朝關係史の研究』, 文獻出版, 1986.
    三宅英利 저·손승철 옮김, 『近世 韓日關係史研究』, 이론과 실천, 1991.

교류사에 이어 경제적인 측면에 초점을 둔 연구가 나타난 것이다.27) 정성
일은 일련의 연구 성과를 통해 역지통신을 전후한 19세기 조일무역에 실상
을 밝혔다.

1997년 나카오에 의해 조선후기 통신사에 관한 종합적인 연구결과물이
제출되었다. 역지통신은 12장 「辛未·文化度(1811년)」에서 일본의 정세 변
화를 자세히 논하면서 역지통신을 검토했다.28) 그는 바쿠후의 외교정책의
변화과정을 밝히는 데 성공했지만, 조선의 외교정책까지는 밝히지 못했다.
여전히 조선 외교에 대한 일본연구자들의 관심이 높지 않았다.

한국에서는 2000년대 이후 역지통신에 관한 논의가 본격적으로 시작했
다. 2005년에는 이승민이 역지통신 시행을 앞두고 체결된 1809년 기사약조
에 대해 분석을 했다. 이 약조는 조선이 역지통신 교섭을 하는 과정에서 조
일무역의 폐단을 바로잡기 위한 것이었다.29) 2005년에는 학회에서도 역지
통신에 관한 종합적인 조명이 이루어졌다.30) 즉 김덕진, 「1811년 通信使의
使行費와 戶曹의 부담」, 변광석, 「1811년 通信使 파견과 慶尙道의 財政 부
담」, 이케우치 사토시(池內敏), 「일본의 조선통신사 접대와 도쿠가와 바쿠
후의 재정-道中人馬役을 중심으로-」, 이훈, 「朝鮮通信使 접대와 對馬藩의

27) 정성일, 「對馬島易地聘禮에 참가한 통신사 일행에 대하여」, 『호남문화연구』 20, 1991.
＿＿＿, 「易地聘禮 실시 전후 對日貿易의 動向(1809~1812)」, 『경제사학』 15, 1991.
28) 仲尾宏, 「辛未·文化度(1811년)」, 앞의 책, 1997.
29) 이승민, 「조선후기 대일무역상의 폐해와 己巳約條(1809)의 체결」, 『韓日關係史研究』
22, 2005. 4.
30) 김덕진, 「1811년 通信使의 使行費와 戶曹의 부담」, 『역사와 경제』 55, 부산경남사
학회, 2005.
변광석, 「1811년 通信使 파견과 慶尙道의 財政 부담」, 『역사와 경제』 55, 부산경남
사학회, 2005.
池內敏, 「일본의 조선통신사 접대와 도쿠가와 바쿠후의 재정-道中人馬役을 中心으
로-」, 『역사와 경제』 55, 부산경남사학회, 2005.
이훈, 「朝鮮通信使 접대와 對馬藩의 재정」, 『역사와 경제』 55, 부산경남사학회, 2005.

재정」이 있다. 김덕진과 변광석의 연구는 조선이 통신사를 파견할 때 호조
의 부담과 경상도의 부담을 다룬 것이다. 일본의 재정부담은 기존의 연구에
도 강조되었지만, 조선의 재정 문제는 주목을 받지 못했는데 일련의 재정사
연구를 통해 파악할 수 있게 되었다. 이케우치 사토시는 바쿠후의 통신사
접대에 관한 재정 부담을 연구했다. 이훈의 연구는 대마도의 통신사 접대비
용을 산출한 것이지만, 동시에 바쿠후의 재정지원도 다루고 있다.

2006년에는 일본에서 역지통신을 사상사적 입장에서 다루어지기로 했다.
그는 일본 사상사의 관점에서 역지통신의 사상사적인 배경을 고찰했다.[31]
그러나 일본 지식인들에 관한 논의는 기존의 연구 성과를 넘지 못했다고
여겨진다.

2008년에 황은영은 1811년 수행서원 이의양에 대해, 연구했고, 신로사는
서기 金善臣에 대해 연구했다.[32] 또 이케우치는 1811년 대마도 역지통신
교섭을 앞서 이루어진 통신사 연기교섭을 연구했다. 그는 마쓰다이라 사다
노부(松平定信)가 연기교섭 때 相國寺의 승려 바이소우 켄조우(梅莊顯常)
과 어떻게 관여했는지를 고찰했다.[33] 신로사는 2011년에『1811년 辛未通
信使行과 朝日문화교류: 筆談・唱酬를 중심으로』라는 제목으로 성균관대학
교에서 박사학위를 받았다.『국역해행총재』에는 군관 유상필의 사행록만이
수록되어 있어서 다른 사행원에 관한 연구가 없었다. 신로사는 서기 김선

---

31) 奧谷浩一,「朝鮮通信使47年間の空白と易地聘禮にかんする思想史的考察」,『札幌學院
　　大學人文學紀要』, 제80호, 2006. 11.
32) 황은영,「1811년 신미통신사 수행서원 이의양에 대하여」,『江原史學』제22・23집,
　　2008.
　　구영진,「12차 통신사 필담집의 특집」,『洌上古典研究』제29집, 2009.
　　신로사,「金善臣의 生涯와 그의 著作에 관한 一考」,『東方漢文學』제36집, 2008.
　　＿＿＿,「辛未(1811) 通信使行과 문화 교류에 관하여」,『漢文學報』제23집, 2010.
　　＿＿＿,「辛未通信使(1811)를 통한 朝日 교류와 그 이면」,『韓國實學研究』22, 2011.
33) 池內敏,「조선통신사 연빙 교섭과 梅莊顯常」,『한일교류와 상극의 역사』, 경인문화
　　사, 2010.

신, 이명오, 제술관 이현상 등의 시문 교류를 처음으로 밝혔다.[34]

역지통신의 문화교류 연구도 이어지고 있다. 정은지는 그림 자료를 통해 조선통시사의 金冠朝服의 변천을 밝혔다. 역지만을 대상으로 한 것은 아니지만, 전체적인 흐름을 이해할 수 있다.[35] 정은주는 역지통신 때 이루어진 서화교류와 외교의례를 기록한 서화를 검토했다.[36]

다음은 오사카 역지통신의 연구성과이다. 최초의 연구는 다보하시가 1811년 역지통신을 연구하면서 오사카 역지통신에 대해서도 약간의 논의를 한 것이다.[37] 그러나 전체적인 흐름을 설명하는 정도로 그치고 말았다. 미야게의 연구도 다른 통신사의 기술보다 상당히 간략하다.[38] 오사카 역지통신에 관한 본격적인 연구는 이케우치가 시도했다.[39] 그는 오사카의 지리적 정치적인 위상에 주목하며 오사카 역지통신을 설명했다. 다보하시의 연구성과에 의존하는 연구자와는 달리 새로운 자료를 발굴해 오사카 역지통신을 재조명했다. 그러나 바쿠후 정책과 비교하면 조선의 정책은 잘 나타나지 않았다. 필자도 졸고에서 조선의 외교정책을 밝히려고 시도했으나, 오사카 이후의 역지통신에 대해서는 충분히 설명하지 못했다.[40]

마지막으로 수신사의 연구 성과는 다음과 같다. 조선은 조일수호조규[41]

34) 신로사, 『1811년 辛未通信使行과 朝日문화교류: 筆談·唱酬를 중심으로』, 성균관대학교 박사학위논문, 2011.

35) 정은지, 「繪畵資料における朝鮮通信使の金冠朝服の変遷」 『朝鮮通信使研究』 18, 2014. 6.

36) 정은주, 「1811년 쓰시마 통신사행의 서화교류」 『동아시아문화연구』 60, 2015.2 ; 「1811년 신미통신사 빙례 관련 회화 연구」 『정신문화연구』 제38권 제1호, 2015.

37) 田保橋潔, 「朝鮮國通信使易地行聘考下の2」, 『東洋學報』 24-3, 1937.

38) 三宅英利, 앞의 책.

39) 池内敏, 「未完の朝鮮通信使」, 『大君外交と武威』, 名古屋大學出版會, 2006 참조.

40) 졸저, 『19世紀 朝鮮의 對日 易地 通信 研究』, 고려대학교 박사학위논문, 2014년 8월.

41) 조일수호조규의 정식명칭은 大朝鮮國大日本國修好條規이다. 흔히 이것을 강화도조약으로 부르기도 하나 이것은 어디까지나 '조약'이 아닌 '조규'이다. 이 글에서는 '조일수호조규'이라는 용어를 사용하도록 한다. 김민규는 '조약'은 두 개 이상의 국가 사이에 체결되어 국제법에 규제된 문서에 의한 국제적 합의라고 했다. 한편, '조

체결시 일본이 회례사 파견을 권유한 것과 접견대관 신헌이 일본 실정을 시찰할 것을 건의한 것을 받아들여 제1차 수신사를 1876년 4월 일본에 보냈다. 수신사는 1차부터 4차까지 일본에 파견되었는데, 이 글에서는 통신사 문제를 논하기 위해 1차 수신사만 대상으로 한다.

기존의 연구는 수신사 김기수가 쓴 『일동기유』를 통해 그의 일본인식을 밝히거나 그에 대한 평가가 중심이었다. 김기수에 대해 다보하시는 수신사 복명으로 고종이 일본의 개화를 이해하며 개화정책을 추진했다고 하면서 긍정적으로 평가했다.[42] 한편 신국주는 수신사 복명은 통상조약 성립을 촉진해 조선과 일본의 평등관계가 완전히 파괴되었다고 부정적으로 평가했다.[43] 두 사람의 견해는 상반된 평가로 보이지만, 수신사가 物情探索의 사명을 다 하지 못했다는 부분에서는 일치한다. 김용구 역시 김기수가 역사적인 임무를 수행하기에는 적절치 못한 인물이었고, 최초의 수신사 파견은 실패였다고 평가했다.[44]

그러나 최근에는 김기수를 새로운 시각으로 조명하려는 시도로 나타났다. 하우봉은 김기수의 일본인식에 대해 전통적인 華夷觀을 극복한 측면을 언급했고, 한철호도 기존 연구와는 달리 김기수가 물정 탐색을 적극적으로 수행했다는 점을 부각해 긍정적으로 재평가했다.[45]

---

규'는 조약의 하위에 위치하며 그 안의 규정을 보족하는 것이다. 당시 동아시아 국가들은 條約이란 명칭을 회피하고 있었다. 그것이 서구국가들의 경우와는 달리 오래전부터 통교해온 역사 때문에 修舊好的인 성격을 띠는 것이지만, 중화질서의 화이구분 원칙에 입각한 국가 간의 상하관계와도 깊은 관련이 있었다(김민규, 「近代東아시아 國際秩序의 變容과 淸日修好條規(1871년)-'條規體制'의 生成」, 『大東文化研究』41, 成均館大 大東文化研究院, 2002, 328쪽).

42) 田保橋潔, 「丙子修信使とその意義」, 『靑丘學叢』13, 靑丘學會, 1933, 68쪽.
43) 신국주, 「金修信使一行의 渡日과 그 意義」, 『近代朝鮮外交史研究』, 탐구당, 1965, 98~100쪽.
44) 김용구, 『세계관 충돌과 한말외교사 1866~1882』, 문학과지성사, 2001, 216쪽.
45) 1차 수신사에 대한 연구 성과는 다음과 같다.

어느 정도 새로운 견해가 제출된 김기수의 일본인식과 비교하면, 通信使와 修信使의 차이는 아직 확실하지 않다. 하우봉은 통신사를 '바쿠후 쇼군의 승진을 축하하는 의례적 사명'을 기본으로 하지만, 수신사는 '의례보다 구체적인 외교현안 해결'을 목적으로 한다고 규정했다. 1차 수신사는 回禮使의 성격이 있지만, 이것도 慶弔事에 대한 것이 아니었다고 설명했다.[46] 즉 기존연구에서 1차 수신사는 回禮使라는 전근대적인 성격이 남아있지만 그것보다 근대적인 외교사절이라는 측면을 강조했다고 정리할 수 없다.

## 3. 연구방법론 및 논문구성

필자의 문제의식은 18세기 후반부터 19세기 후반까지 역지라는 형태로 이루어진 조선의 대일정책을 밝히는 것이다. 그동안 일본에서의 통신사 연구는 한일관계라는 관계사 속에서 이해하기보다 바쿠후의 대외정책의 변화

정응수, 「근대문명과의 첫 만남 日東記游와 航海日記를 중심으로」, 『韓國學報』63, 일지사, 1991.
전성희, 「第1次修信使の見た明治日本について」, 『佛敎大學總合研究所紀要』5, 佛敎大學總合研究所, 1998.
_____, 「第1次修信使の日本認識-日本による富國强兵勸告をめぐって」, 『佛敎大學總合研究所紀要別册 近代日朝における朝鮮觀と日本觀』, 佛敎大學總合研究所, 2000.
하우봉, 「1次修信使 金綺秀の日本認識」, 『翰林日本學研究』5, 翰林大學校 翰林科學院日本學研究所, 2000.
한철호, 「제1차 수신사(1876)김기수의 견문활동과 그 의의」, 『韓國思想史學』27, 韓國思想史學會, 2006. 12.
_____, 「제1차 수신사(1876)김기수의 일본인식과 그 의의」, 『史學研究』84, 韓國史學會, 2006. 12.
졸고, 「1876年 修信使 연구」, 『韓日關係史研究』27, 2007. 8. 30.
46) 하우봉, 「開港期 修信使行에 관한 一研究」, 『韓日關係史研究』10, 한일관계사학회, 1999, 151쪽.

라는 시각에서만 접근했다. 여기에는 조선후기 대일정책의 구조적인 문제가 있다. 즉, 일본이 먼저 통신사를 요청하면 조선이 응하는 형식으로 이루어졌기 때문에 조선의 정책이 잘 드러나지 않다는 것이다. 그러나 아무리 구조적인 문제라 할지라도 바쿠후를 기준으로 보면 일본사에서 본 통신사에 불과하다. 그 결과 조선은 종속적이거나 부수적인 존재로 묘사된다. 우리가 통신사를 보낸 조선의 외교정책에도 관심을 가져야 할 근본적인 이유이기도 하다. 그래서 이 글을 과연 역지통신의 쟁점이 무엇인지에 대한 물음에서 출발하고 있다. 만일 쟁점 없이 20년이나 역지교섭이 진행된 것이라면, 19세기 통신사는 시간만 허비한 셈이다.

그러나 이 글에서 밝힌 대마도 역지통신의 쟁점은 바로 '에도'였다. 통신사를 에도까지 보내기를 원하는 조선과 에도까지 오기를 거부하려는 바쿠후의 대립구도에서 오랜 시간이 걸렸다는 것이다. 그런데 선행 연구는 조선의 대일정책과 역지통신의 관련성을 설명하지 못하였다. 그 결과, 19세기 통신사는 연기의 연속이었지만, 왜 연기될 수밖에 없었는지, 연기를 통해 조선이 무엇을 얻으려고 한 것인지를 대일정책이라는 차원에서 검토된 바가 없었다. 따라서 본 연구에서는 19세기 역지통신을 '에도'를 중심으로 재조명하고자 한다.

Ⅰ장은 역지통신을 밝히기 위해 이전 시기의 통신사에 관한 검토를 하였다. 기존의 통신사와 역지를 비교하기 위해서이다. 먼저 통신사와 문위행에 주목했다. 통신사와 문위행은 목적지가 에도와 대마도로 달랐다. 필자는 에도 통신사의 강조는 대마도에 대한 역사적인 인식과 관련성이 있다고 본다. 따라서 대마도 인식까지 함께 살펴보았다. 다음은 에도통신의 목적을 조선과 일본 입장에서 고찰하였다. 그리고 에도통신을 둘러싼 조선과 일본의 개혁논의도 언급하였다. 국내 자료는 연대기 자료를 중심으로 검토하였고, 일본 자료는 아라이 하쿠세키의「朝鮮聘使後議」, 아메노모리 호슈의「信使停止之覺書」를 사용하였다. 그리고 하쿠세키의 역지통신을 '고이코'의 관

점에서 고찰했다.

Ⅱ장은 통신사 연기교섭을 둘러싼 차왜문제를 검토하였다. 연기교섭 이후 대마도 역지통신 교섭이 시작되었는데, 에도통신을 원하는 조선과 에도 입송을 거부하는 일본 사이에 갈등으로 역지통신 교섭이 좌절되었다. 그래서 에도를 바라보는 조일간의 시각 차이에 초점을 맞추려고 한다. 한국 자료는 연대기 자료와 함께 『通信使謄錄』 13책~14책과 『通信使草謄錄』을 사용하였다. 13책은 통신사연기교섭에 관한 자료이며, 14책은 역지통신 시행에 관한 자료이다. 『通信使草謄錄』은 연기교섭 이후에 기록이다. 일본 자료는 쇼군 도쿠가와 이에나리(德川家齊)의 실록인 『續德川實紀』와 국사편찬위원회 소장의 대마도 도주 소우 요시카쯔(宗義功)의 실록인 『淨元公實錄』, 마쓰다이라 사다노부의 『宇下人言』, 나카이 치쿠잔의 『草茅危言』을 '고이코'의 관점에서 검토했다. 대마도종가문서는 국사편찬위원회 소장 『講聘參判使記錄』, 『本邦朝鮮往復書』를 검토하였다.

Ⅲ장은 역지통신 교섭을 검토하는데, 추진세력을 기준으로 바쿠후와 대마도로 나누어 검토하였다. 특히 대마도 문제를 해결하기 위해 대두한 '譯官江戶派送論'을 주목할 필요가 있다. 그러므로 조선멸시문제와 역지통신의 관계에 대해서도 검토하였다. 이를 통해 기존의 조선멸시에 관한 문제점을 지적하며 새로 해석하겠다. Ⅱ장에서 사용한 자료와 함께 역지통신의 강정절목을 검토하기 위해 국사편찬위원회 소장 『信使易地講定譯官渡海御向掛合記錄』을 사용하였다.

Ⅳ장은 역지통신의 시행에 관한 것이다. 우여곡절 끝에 시행된 역지통신이 기존의 통신사와 어떤 차이가 있는지 비교하였다. 그리고 대마도 역지통신이 새로운 기준이 되었지만, 다시 오사카 또는 대마도로 논의가 계속된 이유를 찾으려고 한다. 자료는 연대기 자료와 함께 『通信使謄錄』을 검토하였다.

Ⅴ장은 1840~60년대에 추진된 오사카 역지통신 계획을 검토하였다. 대마

도 역지통신을 경험한 조선이 다시 교섭에 나선 차왜를 어떻게 통제하려고
했는지를 밝혔다. 그리고 통신사에 관한 조선의 연기론에 대해서도 검토하
였다. 한국 자료는 연대기 자료를 중심으로 접근하였다. 일본 자료는 국사
편찬위원회 소장 대마도종가문서 중 「信使前集書」, 『大坂易地前集書』와
九州國立博物館 소장 「御心覺信使二屬候大綱」을 검토하였다. 뒤의 자료
는 대마도가 강정절목을 강정하고 나서 역지통신을 대비하기 위해 준비된
것들이다.

Ⅵ장은 통신사외교부터 수신사외교로의 전환문제를 검토했다. 기존의 연
구는 통신사와 수신사를 관련지어 검토하기보다 수신사 김기수의 대일인식
에 주목하는 경우가 많았다. 이 글에서는 통신사와 수신사의 전환을 교린관
게 속에서 이해했다. '왜양분리론'과 '구호회복론'을 통해 수신사를 검토하
려고 한다. 주로 사용한 조선측 자료는 연대기 자료와 김기수가 기록한 『日
東紀遊』와 『修信使日記』이다. 일본 자료는 수신사의 일본 방문을 앞두고
일본 외무성에서 준비한 『航韓必携』과 수신사의 일본측 기록인 「朝鮮國修
信使來聘書」, 「朝鮮國修信使來聘一件」를 사용한다.

# Ⅰ. 조선후기 통신사외교와 '江戶通信'

## 1. 대일 통신사외교와 대마도 문위행

### 1) 통신사 개관

통신사에 관한 연구 성과는 많지만, 이 글에서는 기초적인 검증작업부터 시작하려고 한다. 첫째, 통신사의 정의, 둘째, 통신사의 파견절차, 셋째, 통신사의 인원과 노정을 살피도록 한다.

미야케는 통신사의 시기구분과 함께 조선시대 통신사의 정의도 다음과 같이 했다.[1]

① 조선국왕으로부터 일본 쇼군에게 보냄.
② 일본 쇼군에 대한 吉凶慶弔, 또는 양국간에 긴급문제 해결의 목적을 갖지만 회례·보빙의 의미는 없음.
③ 조선국왕으로부터 일본 쇼군 앞으로 서계 및 예단을 갖고 감.
④ 사절단은 중앙관리 3명 이하로 편성함.
⑤ 통신사 또는 그에 따르는 국왕사의 호칭을 가짐.

미야케는 조선 전·후기를 대상으로 정의했기 때문에, 조선후기의 경우 ②, ④는 다소 맞지 않은 부분이 있어서 보충설명이 필요할 것 같다.

첫째, ②의 통신사의 파견목적이다. '일본 쇼군에 대한 吉凶慶弔'이 목적이었다는 부분이다. 통신사는 포로쇄환이라든지 세자 탄생을 축하한다는 목적으로 파견되었다가, 1655년부터 새 쇼군을 경하하는 목적으로 파견하

---

1) 三宅英利, 앞의 책, 47쪽.

는 것이 정례화되었다(총7회). 그래서 1655년 이후에는 경하의 목적으로만 파견되었다고 서술하는 것이 좋을 것 같다.

이어서 '양국간의 긴급문제 해결'이라는 부분이다. 당시 양국간의 긴급문제는 국교교섭과 피로인 쇄환 문제였다.[2] 그리고 보빙사·회례사는 조선후기에는 한 차례도 파견되지 않았다. 왜냐하면, 조선전기에는 일본국왕사가 직접 조선을 방문했지만, 후기에는 바쿠후가 국왕사를 보내지 않았다는 점을 설명하는 것이 좋을 것 같다.

둘째, ④의 사절단의 구성문제이다. 조선을 통신사를 삼사(정사, 부사, 종사관)로 보냈지만, 1811년 역지통신 때는 인원을 줄이기 위해 양사(정사, 부사)로 파견했다. 삼사와 양사의 차이에 관해 보충설명이 필요하다는 생각이 든다. 그리고 조금 보완한다면, 정사는 문관 당상으로 이조 참의의 직함을 임시로 내렸다. 부사는 문관 당하 정3품으로 典翰의 직함을 임시로 내렸다. 종사관은 문관 5,6품으로 홍문관 교리의 직함을 임시로 내렸다.[3]

통신사 파견이 정례화 되자, 통신사 파견을 요청하는 절차도 규정되었다. 실은 역지통신은 정해진 통신사 교섭과정을 거치지 않았다는 이유로 어려움이 많았다. 역지통신이 과거에 없었던 新例라는 점 때문에, 규정 위반이라는 이유로 항상 조선이 접대를 거부했다. 그렇다면 통신사의 파견절차는 어떻게 되었는가.

바쿠후는 쇼군이 죽거나 은퇴하면 차왜를 보내 조선에 알렸다(關白告訃差倭, 關白退休告知差倭). 새 쇼군이 승습하면 차왜를 보내 조선에 알렸다(關白承襲告慶差倭). 통신사 파견을 요청하는 通信使請來差倭가 오면, 조선은 동래부-예조-비변사의 경로를 거쳐 논의하였다. 조정에서 통신사 파견을 결정하면, 이 사실을 왜관에 알렸다. 역관과 차왜는 통신사행의 제반 사항을 정하는 통신사 강정절목 교섭에 들어갔다. 강정절목이 조정에 보고되

---

2) 三宅英利, 같은 책, <조선통신사일람> 참조.
3) 김건서 저 하우봉, 홍성덕 번역, 『국역증정교린지』, 민족문화추진회, 1998, 170쪽.

면 통신사 일행의 구성과 공사예단 준비를 하였다. 通信使護行差倭는 통신
사가 조선에서 출발할 때 일본까지 호행한다. 마지막으로 通信使護還差倭
는 통신사가 일본에서 귀국할 때 조선까지 호행하였다.4)

　조선은 통신사 요청부터 호행까지의 별차왜 제도를 17세기에 완성했다.5)
조선은 통신사 외교를 위해 통신사 관련 차왜를 정례화한 것이다. 때에 따
라서는 할 수 없이 허락한 측면도 있으나, 그것보다는 통신사 체제를 완성
했다는 점에 주목하여 적극적으로 평가할 필요가 있다. 차왜는 조선전기의
경우 비정기적인 사신에 불과했으나, 별차왜라는 이름으로 바쿠후의 모든
통신사 교섭을 맡게 되었다. 조선이 허락한 별차왜 없이는 통신사 외교는
성립되지 않았다는 점을 경시하면 안 된다. 조선은 접대비용을 부담할 대신
대마도에 대한 통제를 강화한 것이다.

　마지막으로 통신사의 인원과 노정에 대해서이다.

　통신사는 조선이 보낸 사신 중에서 가장 많은 450명에서 500명에 달하는
대규모 사절단이었다. 부경사행의 경우 사행의 목적에 따라 200명에서 350
명 정도까지 편차가 있었다. 정기사행의 경우 평균 250명 내외였다. 그리고

---

4) 홍성덕, 「조선후기 한일외교체제와 대마도의 역할」, 『동북아역사논총』 41, 2013, 172쪽.
5) 그러나 차왜에 대해서 『증정교린지』의 아래와 같은 기록이 있다.
　옛날에는 차왜의 칭호가 없었고, 단지 연예송사만이 있었다. 광해군 원년 기유부터 선척을 감한 이후에 만약 특별한 구청이나 구무 등의 일이 있으면, 두왜가 서계를 지참하고 도래하였다. 조정에서는, 세견선에 붙여 보내지 않는 것은 약조에 어긋난다 하여 물리쳤다. 被擄人이나 표류인을 거느리고 온 자도 또한 접대를 허락하지 않고 약간의 식량과 饌을 지급하였을 뿐이다. 도주와 야나가와 시게오키(柳川調興)가 서로 다툴 때에 이르러 그 상황을 헤아리기 어려우므로 조정에서는 그들의 요청에 따라 뜻을 굽혀 비로소 접대하는 例를 열었다. 보내는 것을 후하게 하고 받는 것은 박하게 하는 법식을 써서 供饌과 下賜를 풍부히 하였다. 그런데 이것이야말로 바로 그들이 원하는 바였다. 소우 요시나리(宗義成)가 이에 兼船의 일을 빙자하여 교묘한 명목으로 자주 왕래하였으나 금지할 수 없었다. 그 비용이 送使보다 倍가 넘어 드디어 무궁한 폐단이 되었다 (『국역 증정교린지』, 1998, 52~53쪽).

부경사행에는 제술관과 서기라는 원역이 없었고, 마상재나 악대, 의장대원도 없었다.6) 또 통신사행의 인원이 많았던 이유는 통신사가 海路를 가기 때문에 사공 및 격군이 290 여 명이나 되었다는 점도 있다. 그리고 악대 의장대를 담당하는 인원이 100명 정도 차지했다는 점. 뿐만 이니라 문화교류를 담당한 인원이 제술관과 서기 3명, 양의 1명, 의원 2명, 사자관 2명 등도 포함되었다.7) 통신사의 구성을 보면 그들이 일본에 가서 무엇을 보여주려고 했는지를 짐작할 수 있다.

통신사의 노정도 역시 사행중 가장 먼 거리를 가는 것이었다. 통신사는 한성에서 부산까지 육로를 이동했고, 부산에서 대마도까지 해로로 이동, 대마도에서 오사카까지 해로(오사카에서 교토(京都)까지는 일본이 준비한 배에 갈아타고 하천을 이동), 교토에서 에도까지는 육로를 이동했다. 이것이 바로 이동 거리 약 2,000km 그리고 왕복 8~9개월에 달하는 통신사의 노정이다.8) 편의상 국내 노정을 1기. 대마도까지의 노정을 2기, 오사카까지의 노정을 3기, 그리고 에도까지의 노정을 4기로 하겠다. 역지는 통신사가 2기(대마도) 또는 3기(오사카)까지만 간다는 뜻이라고 할 수 있다. 즉, 통신사의 이동 경로가 그대로 역지통신에 반영된 것이다.

다음으로 국내노정은 사폐를 마치고 궁궐을 나와 부산을 향하였다.9) 사행 길은 가장 빠른 嶺南大路와는 다른 길이었다. 사행을 떠날 때는 左道를 거쳐 올 때는 우도를 거쳤다. 왕로와 복로를 달리한 것은 통신사행을 접대

---

6) 하우봉, 「조선후기 대일통신사행의 문화사적 의의」, 88~90쪽.

7) 하우봉, 「通信使行과 近世 韓日關係」, 『全北史學』 23輯, 2002. 12, 46쪽.

8) 오이시 마나부(大石學)는 한성에서 부산, 부산에서 교토, 교토에서 에도의 3기로 구분했다. 필자는 대마도와 오사카에서 통신사행들이 며칠씩 체류하는 것을 봐서 4기로 구분했다(大石學, 『江戸の外交戦略』, 角川書店選書, 2009, 96~97쪽).

9) 예를 들어, 1655년 사행은 창덕궁 희정당, 1711년 사행은 창경궁 홍정전, 1763년 사행은 경희궁 숭현문에서 각각 출발했다 (한태문, 『조선통신사의 길에서 오늘을 묻다』, 도서출판 경진, 2012, 38쪽).

하는 해당지역의 부담을 줄이기 위함이었다.[10] 실체로 통신사가 부산에 가는 동안 이들을 위로하려는 지인들의 많이 방문 했고 통신사행을 숙소로 정하는 지역에서는 지방관들이 연회(전별연)를 베풀었다.[11] 전별연은 영천에서 경상도 관찰사가 베푼 전별연과 부산에서 열린 것이 있었다. 부산 객사에서 열린 비용은 경상좌수영에서 대고 경상우수영에서 보조했다. 관청이나 왕실 연회 때 차렸던 꽃이 있는 '花床大饌'과 차로 술을 대신한 '9盞7味'는 예를 행하는 큰 잔치였다.[12] 통신사행원들이 약 500명과 통신사행의 지인들이나 관계자들의 대이동은 접대하는 지역민들에게 큰 부담이 되었고 통제하기도 쉽지 않았다. 18세기에 영조가 沿路接待 개혁을 실시한 배경이 여기에 있다.

통신사는 대마도까지 기선 3척과 복선 3척으로 출발했다. 기선 제1척에는 정사 일행이 타며, 국서를 받든다. 제2척에는 부사 일행, 제3척은 종사관 일행이 탄다. 그리고 복선 3척에는 각종 예단을 나누어 실으며, 당하역관이 각각 2명씩 타고, 일행의 원역이 나누어 승선한다. 기선 3척과 복선 3척의 여섯 척에는 각각 통사왜 2명, 금도왜 2명, 사공왜 2명, 하왜 2명이 함께 타 호행한다고 기록하고 있다.[13]

통신사에 관한 잔치는 대마도에 도착하면 下船宴이 있고, 에도에 도착하면 別宴이 있으며, 대마도에 돌아와서 上船宴이 있었다. 이상의 연회는 대개 대마도주의 집에서 베풀어졌다. 대마도주는 1년은 대마도에 있고 1년은

---

10) 左道는 양재, 판교, 용인, 양지, 죽산, 무극, 숭선, 충주, 안보, 문경, 유곡, 용궁, 예천, 풍산, 안동, 일직, 의성, 청로, 의흥, 신영, 영천, 모량, 경주, 구어, 울산, 용당, 동래에 이른다.
　　右道는 문경에서 함창, 상주, 오리원, 선산, 인동, 송림사, 대구, 오동원, 청도, 유천, 밀양, 무흘, 양산을 거쳐서 동래에 이른다 (『국역증정교린지』, 185쪽).
11) 정영문, 「通信使가 기록한 國內使行路程에서의 餞別宴」, 『조선통신사연구』 제7호, 2008. 12, 37~38쪽.
12) 한태문, 앞의 책, 272~273쪽.
13) 『국역증정교린지』, 200쪽.

에도에 있었기 때문에, 에도에도 대마도주 집이 있었다. 그리고 오사카에도 집이 있는데 사행이 돌아올 때 맞이하여 연회를 베푸는 예가 있었다. 1711 년 통신사의 경우 아카마가세키(赤間關), 오사카, 교토, 오와리(尾張), 스루가(駿河) 등 다섯 곳에서 연회를 베풀었다. 돌아올 때 역시 같았으나 연회는 우시마도(牛窓)로 옮겨 베풀었는데 1719년 통신사행 때에는 오사카, 교토 두 곳에서만 연향을 베풀었다.14)

통신사행원들이 남긴 사행록을 통해 통신사의 노정을 간단히 보도록 한다. 이 기록은 1682년 통신사 역관 김지남이 남긴 『동사일록』 중 「일본왕환목록」이다. 한성에서 출발해 복명할 때까지 약 6개월의 기록이다.15)

> 5월 초 8일 辭陛
>   26일 부산에 도착하여 22일 동안을 머무르다.
> 6월   18일 배를 타고 바다를 건너다.
>   24일 대마도에 도착하여 14일을 머무르다.
> 7월 초 8일 대마도를 떠나다.
>   26일 오사카에 도착하여 5일을 머무르다.
> 8월 초 3일 교토에 도착하여 3일을 머무르다.
>   21일 에도에 도착하여 사관에 20일을 머무르다.
>   27일 傳命儀.
> 9월   12일 에도를 떠나다.
>   26일 도로 교토에 도착하여 3일을 머무르다.
> 10월 초 2일 오사카 도착하여 4일을 머무르다.
>   초 6일 우리 배를 타다.
>   18일 대마도에 도착하여 9일을 머무르다.
>   27일 대마도를 떠나다.
>   30일 부산에 배를 대다.

---

14) 『국역증정교린지』, 204~205쪽.
15) 김지남, 「동사일록」, 『국역해행총재』VI, 민족문화추진회, 1975, 326~327쪽.

11월 16일 복명하다.[16]

위의 기록을 보충한다면, 대마도에서 출발할 때는 배 50척이 통신사를 호행하며, 해로를 갈 때는 경호나 수선을 도와주기 위해 총 3,000척 가까운 배가 동원된다. 오사카에 도착하면 바쿠후가 준비한 배로 갈아타 교토로 향했다. 통신사의 배가 하천을 이동하기 어렵다는 이유 때문이다. 통신사는 기선과 복선을 오사카에서 정박시키고 통신사행 중 약 100명 정도가 오사카에 남아 배의 수리와 경비를 담당했다. 통신사의 많은 짐을 운반하기 위해 인부 30만 명 이상, 말 8만 필 이상이 동원되었다고 한다.[17] 이를 통해 통신사가 일본에서도 국가적인 큰 행사였다는 것을 짐작할 수 있다.

## 2) 대마도 문위행 개관

조선은 대마도에 총 50회 이상 문위행을 보내는데, 대마도 역지통신 이후에도 9회 대마도를 방문했다.[18] 『통문관지』에는 '대마도주가 에도에서 대마도로 돌아오거나 경조사에 대해 차왜를 요청하면, 사신을 보내는 것을 허락했고, 항구적인 규례가 되었다.'고 문위행을 설명하고 있다.[19] 에도시대 다이묘(大名)들은 1년마다 쇼군 거주지인 에도와 자기 지역을 왕복해야 하고, 정해진 의례를 하지 않으면 처벌을 받기도 했다. 물론 대마도주도 예

---

16) 임금을 알현한 다음 날, 사행원 모두에게 복명서를 올리라는 명이 하달된다. 그리고 그 다음 날 삼사는 물론 典樂과 理馬에 이르기까지 복명서를 써서 올렸다 (한태문, 앞의 책, 302쪽).

17) 大石學, 앞의 책, 100~103쪽.

18) 문위행의 파견횟수에 대해서는 나카오는 56회, 홍성덕이 54회로 보고 있다. 나카오는 1629년과 1631년에도 역관사 파견이 있었다는 입장이고, 홍성덕은 1632년부터 파견이 시작했다는 입장이다(仲尾宏, 앞의 책, 341~342쪽, 홍성덕, 「朝鮮後期 對日外交使節 問慰行 研究」, 『國史館論叢』 第23輯, 2000, 158쪽).

19) 『國譯通文館志』 1, 세종대왕기념사업회, 1998, 314~315쪽.

외는 아니었다. 조선은 대마도에서 국서개작사건이 일어났을 때, 대마도주를 위로하기 위해 문위행을 보낸 적도 있었다.

문위는 국어사전에는 '위로하기 위하여 문안하거나 방문함'이라고 나온다. 문위행의 파견 목적은 첫째, 쇼군과 대마도주에 대한 경하와 조위, 둘째, 통신사 강정절목의 강정, 셋째, 일본사정 탐색 등이었다.

첫째, 쇼군과 대마도주에 관한 문위에는 대마도주의 환도, 도주의 承襲致賀, 도주의 사망, 도주의 은퇴, 도주의 득남 등이 있었다. 쇼군에 관한 문위는 쇼군의 사망, 쇼군의 은퇴, 쇼군 儲君의 탄생 및 사망, 쇼군 손자의 탄생 및 사망 등이었다. 덕분에 통신사의 축하를 받지 못한 쇼군은 있어도 조문을 받지 않은 쇼군은 조선시대에는 없었다.[20] 통신사와 문위행을 비교하면, 통신사는 기본적으로 바쿠후 쇼군의 승습을 축하하는 목적으로만 파견되었지만, 문위행은 대마도와 쇼군에 대한 나머지 경조사를 목적으로 파견되었다는 것이다. 이처럼 문위행과 통신사는 상호보완적인 관계였다는 것이다. 조선은 두 가지 사행을 운영하면서 대일정책을 이끌어 나갔다.

둘째, 통신사의 강정절목은 『증정교린지』「사행각년례」에 모두 나와 있다. 강정절목의 내용은 시기에 따라 차이가 있으나 통신사에 관련된 모든 합의사항이다. 강정절목을 결정하는 방법은 두 가지 있었는데, 하나는 문위역관을 대마도로 보내 강정하는 방법이 있다. 다른 하나는 일본에서 차왜가 절목을 가지고 오면 역관을 왜관에 보내 강정하는 방법이었다. 결정된 사항들은 조정의 심의를 거쳐 수정 보완되었다.[21]

셋째, 일본사정 탐색이다. 통신사 사행원들이 聞見別單이라는 보고서를 상주했는데, 문위역관들은 사행시 일어나는 일을 수시로 조정에 보고해야 하고, 귀국 후에는 승정원에 別單을 올려야 했다. 문위역관의 보고는 주로 동래부사에게 보고한 수본을 통해 조정에 보고되었다.[22] 역지통신의 경우

---

20) 홍성덕, 앞의 논문, 165~168쪽.
21) 같은 논문, 169~170쪽.

도 당상역관 현의순이 조정에 보고했다.

　다음은 도해역관의 구성을 보면, 당상역관 1명, 당하역관 1명을 정·부사로 보냈다. 만일 별건의 일이 있으면 1명을 추가로 보냈다. 인원은 약 50명~60명 정도가 되었다.[23] 1809년의 문위행의 경우 대마도주의 환도와 강정절목 교섭이 겹쳐 인원이 133명이었다.[24] 통신사가 약 400~500명 정도인 것을 생각하면, 가장 인원이 많았던 雙渡海와 비교해도 3분의 1 정도였다. 또 문위행 역시 통신사처럼 예단을 마련해 대마도를 방문했다.[25]

　대마도에서의 잔치는 下船宴, 別宴, 上船宴, 書契茶禮, 以酊菴茶禮, 萬松院茶禮가 각 1번씩 있었다. 書契茶禮와 下船宴, 上船宴은 모두 대마도주의 집에서 베풀며 별연은 대마도주의 별당에서 베풀었다. 중문에 이르면

---

22) 같은 논문, 171쪽.

23) 문위행의 나머지 원역에 대해서는 아래와 같다.
군관 10명, 반당·隨陪 각 2명, 船將·都訓導·書契色 각 1명 소동 4명, 소통사 4명, 예단색·廚房色·盤纏色·戶房色·及唱·포수 각 2명, 사령 4명, 취수 6명, 기수 4명, 사공·요수·수척 각 1명, 노자 5명 - 당상관은 3명을 거느리고 당하관은 2명을 거느린다. 격군(格軍) 30명 (『국역증정교린지』, 259쪽).

24) 仲尾宏, 앞의 책, 322쪽, 342쪽

25) 문위행 때 조선이 보낼 공사예단 및 반전은 다음과 같다.
공예단-인삼 5근, 호피 3장, 各色緞 10필, 백저포 10필, 백면주 10필, 흑마포 10필, 백목면 30필, 매 5마리, 화석 10장, 네장 붙인 유둔 5부, 霜花紙 10권, 花硯 3면, 황모필 30자루, 眞墨 30개, 駿馬 1필.
당상관-사예단 인삼 5근, 호피 4장, 白綿紬·白苧布·白木綿 각 10필, 黑麻布 5필, 매 3 마리, 매 1마리의 절미 16섬, 四張付油芚 3부, 花席 10장. 雙渡海는 배로 지급한다.
盤纏-四張付油芚 1부, 六張付油芚 2부, 화석 10장, 黃菊紙·桃花紙·雲暗紙 각 1권, 壯紙 15권, 백지 50권, 笠帽 2事, 花方席·花單席·花面席 각 2立, 茶食 3말, 대추 2말, 黃栗 10말, 곶감 10貼, 호두 1섬 10말, 잣 1섬 2말 5되, 율무 1말, 참깨 10말, 녹두·팥 각 5되, 꿀 1말, 들기름 2말, 소금 1섬 1말, 淸醬 4말, 甘醬 9말 5되, 소주 5병, 대구어 100마리, 건어 90속, 생선 40마리, 黃燭 5쌍, 콩 3섬 9말, 糧米 29섬, 熟裏 2부, 草囊 8부, 鞍赤 2부, 大錚·中鼓 각 1좌, 黑角弓 10장, 긴 화살 10부, 큰 징 이하는 대마도에서 돌아온 후 반납한다. 雙渡海로 할 때는 모두 배로 지급(『국역증정교린지』, 260쪽).

가마에서 내려 도주와 함께 두 번 읍례를 하고 마주 않아 도주와 함께 다작했다. 以酊菴에는 조선의 전폐가 봉안되고 있어서 사배례를 하고 다시 편복으로 갈아입고 연향을 행했다.26)

조선이 보낸 통신사와 문위행은 각각 목적지가 에도와 대마도라는 점이 가장 큰 차이였다. 물론 사행 규모도 원역도 달랐다. 그런데 역지라는 측면에서 생각할 때 만일 통신사를 대마도로 보낸다면 외관상 문위행과 차이가 없어진다. 조선은 바쿠후와 대마도를 전략적으로 구별해서 교린과 기미의 대상으로 간주해왔다. 그것이 조선의 대일정책이며, 통신사외교였다. 조선의 대일정책 속에 에도와 대마도의 관계를 어떻게 설정할 것인지 검토할 필요가 있다고 생각한다. 역지는 조선의 대일정책을 다시 설계해야 하는 가능성까지 있었다. 그렇다면 조일 양국이 생각하는 에도통신의 의의가 무엇보다 중요하다. 에도통신의 의의가 분명해지면, 대마도 역지통신을 거부한 조선의 대일정책을 밝힐 수 있을 것이다.

## 2. '江戶通信'의 목적과 조선의 대마도 인식

### 1) 조선과 바쿠후의 '江戶通信'의 목적

통신사의 어원적인 뜻은 '信을 通한다'는 것이다. 그래서 통신사는 信을 通하기 위해 쇼군이 있는 에도로 향했다. 이것이 통신사가 에도로 가야 하는 근본적인 이유이다.27) 이 글에서는 국서 교환이라는 의례 장소인 '에도',

---

26) 『국역증정교린지』, 261쪽.

27) 반대 의견도 있다. 예를 들어, 미노와 요시쯔구는 '통신은 연락을 취하다. 또는 보고한다.'는 의미였다고 밝힌 바가 있다(미노와 요시쯔구, 「通信使」と「信使」, 『日語日文學研究』 60집 2호, 2007, 130쪽). 필자는 통신사에는 다양한 외교적인 목적이 있었다고 생각한다. 예를 들어, 조선이 '신을 통한다.' 는 측면을 강조하며 국서를

대마도와 구별하기 위해 사용된 '에도'로 나누어서 '江戶通信'을 설명하고
자 한다.28)

통신사가 에도성까지 간 것이 1607년 통신사부터이다. 조선전기에는 무
로마치 바쿠후 쇼군 거주지인 교토까지 갔다.29) 통신사가 일본으로 가는
이유가 무엇인가. 『禮記』의 朝覲之禮와 聘問之禮에서 찾을 수 있다. 朝覲
之禮는 군신의 예를 밝히는 것이고, 聘問之禮는 제후로 하여금 서로 존경
하게 하는 것이다.30) 그래서 조선은 국서에도 그 점을 명기했다. 아래 국서
는 1719년 통신사 국서이다.

'조선국왕 姓諱는 일본국대군전하에게 글을 올립니다. 10년 사이에 聘問
의 뜸하였습니다. 요즘 듣건대, 전하가 새로 緖統을 이어받아 海內를 편안
하게 다독거린다 하니, 그 이웃 나라의 의리에 있어 기쁨을 어찌 이길 수 있
겠습니까. 그래서 옛 常例에 따라 특별히 사신을 보내어 慶賀를 드리고 睦
誼를 닦노니, 예는 그런 것이지만 양국의 교환이 어찌 다함이 있겠습니까.
이어서 변변치 못한 물품으로 애오라지 정성을 표합니다. 바라건대, 전대의
공렬을 더욱 넓혀 길이 洪福을 누리소서. 이만 줄입니다.' 기해년 4월 일.31)

작성하기도 하며, 교섭에도 자주 언급하기도 했다. 그리고 미노와의 지적처럼 사용
된 경우도 있었다고 생각한다. 이 글에서는 일단 통신사의 어원적인 의미를 사용하
도록 한다.

28) 예를 들어, 동래부사 유강은 차왜에 대해, 규정 이외의 차왜를 보내지 못하도록
1682년의 약조에 실려 있으니, 지금 이 의빙사를 보낸다는 것은 규정 이외에 속하
는 것입니다. 맡은 일이 무엇인지를 따질 것 없이 선문을 가져온 두왜는 즉시 돌려
보내야 하겠습니다...(중략). 이른바 議聘大差倭의 선문을 가져온 두왜가 이미 나왔
으니, 그 의논할 일이란 것을 관수왜가 필시 모를 이치가 없는데도 끝내 명시해서
보고하지 않으니, 그 실정을 따져보면 매우 교활합니다 (『正祖實錄』, 正祖 15년 11
월 을미).

29) 三宅英利, 앞의 책, <조선통신사일람> 참조.

30) 『禮記』 經解 第26, 故朝覲之禮所以明君臣之義也. 聘問之禮所以使候相尊敬也.

31) 신유한, 「해유록」, 『국역해행총재』 Ⅱ, 민족문화추진회, 1974, 104~105쪽.

1763년 통신사 정사 조엄도 통신사의 빙문을 조선전기부터 이어온 것이
라면서 역사적인 사실을 들어 설명했다.

> 조선이 일본에 사신을 보내어 우호를 통한 일이 前朝 때부터 있었으니,
> 圃隱 정몽주선생이 그중 하나이다. 개국한 이래로 서로 聘問한 것이 많을
> 것이나 사적이 산실 되어 지금은 상고할 수가 없고, 다만 태종 9년(1409)에
> 朴和를 일본에 사신을 보냈는데, 억류시켜 두고 재물을 요구하려 하므로 정부
> 에서 글을 보내어 깨우쳐 이듬해에야 돌아왔으니, 이 역시 겨우 야사에만 나
> 타나 있다.[32]

한편 바쿠후가 에도에 통신사를 초청하는 이유는 무엇인가. 필자는 바쿠
후의 통신사외교를 '고이코'에서 찾으려고 한다. '고이코'는 와타나베 히로
시가 바쿠후의 지배 원리로 설명했는데, 이 글은 통신사외교까지 범위를 넓
히려고 한다.[33] 국어사전에는 '고이코'는 '감히 범하기 어려운 위엄과 권위'
라고 나온다. 쇼군 거주지인, 에도성은 바쿠후가 쇼군의 권위를 높이는 무
대인 동시에 무대장치였다. 다이묘들은 쇼군을 뵙기 위해 모두 1일, 15일,

---

32) 조엄, 「해사일기」, 『국역해행총재』Ⅶ, 민족문화추진회, 1975, 21~22쪽.
33) 바쿠후의 외교정책을 '일본형 화이의식' 또는 '일본형 화이질서'와 관련지어 '武威'
   라는 용어로 일반적으로 사용해왔다. 동시의 '동아시아 국제질서'라는 개념도 자주
   등장했다.
   (池內敏, 『大君外交と武威』, 名古屋大學出版會, 2006, 자세한 것은 서론 참조).
   한편, 마쯔자와 히로아키(松澤弘陽)는 와타나베 히로시가 '탈이데올로기'적인 관점
   에서 근세자료에 자주 등장하는 '고이코'라는 말을 통해 바쿠후의 지배원리를 재구
   성했다고 평가했다.
   (松澤弘陽, 「渡邊浩『東アジアの王權と思想』(東京大學出版會,1997)を讀む」, 『政治思
   想學會會報』7, 1998. 10, 6~7쪽).
   그러나 '武威'와 '御威光'의 차이를 명확하게 밝힌 글은 아직 없는 것 같다. 와타나
   베도 구분 없이 사용하기도 하며 다소 애매한 것도 사실이다. (渡邊浩, 「御威光と象
   徵-德川政治體制の一側面」, 『東アジアの王權と思想』, 東京大學出版會, 1997, 46쪽) 이
   글에서는 '고이코'가 바쿠후의 정책결정에 어떤 영향을 미쳤는지에 한정해 고찰한다.

28일에 에도성으로 가는 것이 의무였다. 그리고 다이묘는 쇼군과의 군신관계를 기준으로 에도성 안에서 앉는 자리도 정해져 있었다. 다이묘는 에도성 안에 들어갈 때마다 자신의 바쿠후 내의 위치를 확인하는 것이 일과였다.[34] 에도성에 들어가면 모두가 정해진 순서에 때라 마치 연기하듯이 의례에 참여하며 바쿠후의 권위 앞에 무릎을 꿇게 했다.[35] 물론 '고이코'는 실체가 없는 이미지에 불과하지만, 반복되는 복속의례를 통해 당대인들에게는 범하기 어려운 사실(또는 현실)로 인식되었다. 역지통신을 추진한 인물들 역시 '고이코'에서 자유롭지 못했고, 정책결정에도 영향을 미쳤다. '고이코'의 지배는 1850년대 이후 개국을 둘러싼 갈등 속에서 쇠퇴하며 바쿠후의 소멸과 함께 사라졌다.

한편 바쿠후 관점에서 보면 통신사 역시 조선의 의도와 상관없이 무대에 올라와 연출에 따라 연기하는 연기자였다. 특히 국서 교환이 이루어진 에도성 안에 오히로마(大廣間)는 가장 중요한 위치를 차지한다. 오히로마는 다이묘뿐만 아니라 칙사, 통신사도 여기서 공식적으로 쇼군과 알현하는 장소였다. 오히로마는 三段으로 되어 있는 데, 가장 높은 곳(上段)에는 쇼군이 앉고, 中段에는 老中, 칙사, 통신사 삼사가 앉고, 下段에는 4위 이상의 다이묘 그리고 나머지 통신사행원들이 앉았다. 각 단에는 21cm씩 차이가 있었다.[36]

다음 [그림 1]은 8대 쇼군 요시무네가 천황이 보낸 칙사를 통해 쇼군 선하를 오히로마에서 받은 의식을 그린 것이다. 가운데 가장 높은 곳에 있는 사람이 8대 쇼군 요시무네(吉宗)<재위:1716~1745>이다. 쇼군 다음에 칙사가 있고, 하단에는 나머지 다이묘들이 앉아 있다.

---

34) 渡邊浩, 같은 책, 28~31쪽.

35) 그렇다고 일본이 인류학자인 C. 기어츠(Clifford Geertz)가 『누가라』(1980)에서 말한 극장[theatre, 劇場]국가인지는 아직 결론을 내리기가 어렵다. 渡邊浩도 바쿠후의 의례에는 종교적, 우주론적인 근거가 없다면서 부정하면서 '의례국가'라는 용어를 사용했다(渡邊浩, 같은 책, 34쪽, 각주 71번, 54쪽).

36) 박화진, 「朝鮮通信使의 에도 入城過程」, 『조선통신사연구』 제4호, 2007.6, 67~72쪽.

[그림 1] 德川八代將軍宣下之圖[37]

통신사의 국서 교환을 1747년 통신사 종사관 조명채는 아래와 같이 기록
하고 있다.

　　오히로마(大廣間)에 이르니 곧 쇼군이 좌정하는 正堂이다. 楹 안의 대청
은 무릇 3층인데, 堂宇와 簾·섬돌의 제도는 대마도주가 사는 집과 조금도
다를 것이 없다. 삼사가 대마도주의 안내로 예식 행할 곳을 자세히 살핀 뒤
에 외헐소에 돌아와 좌정하였다. 조금 뒤에 대마도주가 일어나 삼사를 인도
하여 들어가서 內歇所를 가리켜 주니, 이른바 마쓰노마(松間)이라는 것이다.
국서를 장벽에다 모셔 놓은 다음 삼사는 국서를 향하여 벌여 앉고, 대마도주
는 꺾어진 모퉁이에 앉았다. 북쪽 벽 아래를 보니 왜관 수십 인이 둘러앉아
있다. 그들을 물어보니 각 주의 태수라고 하는데, 그 가운데는 모양이 빼어
나고 깨끗한 자가 없지도 않았다. 앞서 말한 '검고 붉은 적삼을 입고 뒤섞여
앉았다.'고 한 자는 에도의 백관이라 하는데, 용모와 擧止가 箇箇이 어리석
고 누추하여 지나는 길에서 본 여느 왜인만도 도리어 못하였다.(중략)
　　사신이 들어가 제2층 자리 위에 서서 사배례를 행하고서 쇼군을 바라보
니 제1층에 앉았는데, 머리에 쓴 것은 외뿔 모자 같고 몸에는 검푸른 빛깔의

37) 文化遺産オンライン(http://bunka.nii.ac.jp/Index.do). 2017년 4월 7일 검색.

비단 도포를 입었으며, 얼굴빛은 야위고 가무스름하며 좁은데다가 길쭉하여
마치 타다 남은 고목 그루터기와도 같았다. 이때 한더위를 당하여 좌우의 창
가리개를 뜯어 버리지 않은데다가 당 또한 깊숙하여 앉은 자리가 가려서 분
명히 볼 수는 없었으나, 쇼군의 자리 뒤에 모시고 앉은 자가 두서넛 있는 듯
하고, 좌우에도 붉은 옷을 입고 꿇어앉은 자 두서넛이 있을 따름이요, 이밖
에는 임금다운 威儀가 전혀 없었다.[38]

　필자는 쇼군을 축하하는 목적으로 온 통신사를 다이묘들이 마치 조공을
바치는 사자처럼 볼지도 모른다는 생각이 든다. 왜냐하면, 그들이 변함이
없는 충성을 맹세하는 같은 장소에 찾아오는 통신사를 자신들과 동일시하
는 것은 어렵지 않은 일이기 때문이다. 다이묘와 통신사와의 만남은 바쿠후
에 대한 복속의례인 參勤交代를 통해 전국으로 확산했다.

　다이묘들의 화려한 왕래(參勤交代)를 자주 본 민중들도 역시 바쿠후 쇼
군에 대한 복속의례와 외교 의례인 통신사행렬을 구별하지 못했을지도 모
른다. 실제로 통신사를 '특수한 參勤交代'로 보는 일본인 연구자도 있다.[39]
에도까지 왕복하는데 재정적인 부담이 크기 때문에 바쿠후는 기회가 있을
때마다 參勤交代규모를 줄이라고 했으나 다이묘들은 체면 때문에 축소하
지 못했다.[40]

　카가(加賀)번의 행렬 모습을 그린 그림을 보면, 가장 많을 때는 약 4,000
명이 에도까지 이동했다고 한다.[41] 통신사행렬은 통신사행 때마다 차이가
있으나 교토 高麗美術館에 소장된 '조선인 대행렬도'는 크기가 130m에 달
하고 약 500명의 통신사행, 대마도에서 통신사를 호행하는 사람, 각지역에
서 접대를 담당한 인원 등 약 4,600명이 그려져 있다.[42] 통신사는 당대 최

38) 조명채, 「봉사일본시문견록」, 『국역해행총재』속Ⅹ, 민족문화추진회, 1975, 171~172쪽.
39) 丸山雍成, 『參勤交代』, 吉川弘文館, 2007, 93~94쪽.
40) 山本博文, 『參勤交代』, 講談社現代新書, 1998, 59쪽.
41) 같은 책, 86쪽.

고의 다이묘행렬과 못지않은 규모를 자랑하며 그들의 일본방문을 일본인에
게 알렸다.

통신사행원들은 이런 사실을 모르고 있었는가. 아래 자료는 1747년 통신
사의 에도에서의 견문이다.

> 쇼군이 새로 서면 반드시 우리나라에 사신을 보내 줄 것을 청하는데, 사
> 신이 그 나라에 도착하게 되면 諸島에 호령하는 牌文에 '조선에서 조공을
> 바치러 들어온다.'고 하기에까지 이르러 국가의 羞辱이 막심하였다. 그러나
> 사명을 받들고 간 사람은 매양 일이 생길까 두려워서 그대로 두고 못들은
> 체하기 일쑤였다.43)

위의 인용문처럼, 일본을 방문한 사행원도 곳곳에서 자신들을 조공사로
보는 사실을 목격하기도 했다. 그래서 조정에서도 일본이 자신들을 조공사
로 보는 것을 알고 있었다. 그러나 사행원들은 조선멸시를 문제삼는 것보
다, 오히려 그들은 일본 멸시관을 갖고 일본을 바라보왔다. 예를 들어, 1643
년 부사 조경과 1655년 종사관 남용익의 경우, 자신들의 일본 파견을 주자
가 통분함을 잊고 오랑캐와 和親해 남월과 사역을 복종시킨 陸賈나 張騫에
비유해 파견에 대한 정당성을 확보했다.44) 또 1763년 통신사 정사 조엄이
쓴『해사일기』수창록에는 정사 조엄, 제술관 남옥, 서기 성대중, 서기 원중
거, 서기 김인겸 등이 일본을 '島夷'라 하며 문화적인 야만국으로 간주해
문장과 덕으로 교화시켜야 한다고 했다.45) 통신사행들은 문화 선진국이라
는 자부심을 느끼고 한 수 아래인 일본을 가르치겠다는 시혜적인 입장을

---

42) 仲尾宏,『朝鮮通信使をよみなおす』, 明石書店, 2006, 234쪽.

43)『英祖實錄』, 英祖 24년 윤7월 임오.

44) 정은영,「조선후기 通信使와 朝鮮中華主義」,『국제어문』제46집, 2009. 8, 359쪽.

45) 김성진,「朝鮮後期 通信使의 紀文詩文에 나타난 日本觀研究」,『陶南學報』제15호, 1996,
163쪽.

갖고 있었던 것이다.

한편 바쿠후에서 본 에도는 조공사인 통신사를 맞이하는 공간이었고, 조선에서 본 에도는 마치 책봉사처럼 환대한 접대를 받으면서 시문 교류를 하는 공간이었다. 물론 통신사는 조선이 일본에 보낸 조공사가 아니었고, 책봉사도 아니었다. 단지 통신사의 에도입성은 일본의 정치적인 의도가 반영된 행사였다. 중요한 것은 조선도 바쿠후가 자신들을 조공사처럼 보는 것을 알고 있었지만, 빙문의 예를 마지막까지 고수하였다. 조선이 역지통신을 에도의 뜻이 아니라고 판단한 것도 바쿠후가 에도입성을 포기할 일이 없을 것이라고 생각하기 때문이 아니겠느냐는 추정을 해볼 수 있다.

## 2) 조선의 대마도 인식과 기미

전술한 것처럼 에도를 바라보는 조선과 일본의 시각은 상당히 차이가 있었다. 에도에 대한 조선의 인식이 분명해졌으니 역지에 관한 실마리를 찾은 것이다. 그런데 대일정책이 교린과 기미라는 것을 생각할 때, 조선이 대마도를 어떻게 인식했는지도 문제가 된다. 조선이 에도를 원했던 이유에는 대마도에 대한 역사적인 인식이 작용하였을 것이기 때문이다. 대마도에 관한 긍정적인 인식이 조정에서 대세였다면, 대마도 역지통신이 순조롭게 진행되었을 것이다. 반대로 부정적인 인식이 많으면 어려워질 수밖에 없었다. 후술하겠지만, 역사의 사실은 후자였다. 그러므로 교린과 기미라는 정책 중에서 기미책도 검토할 필요가 있다.

원래 기미책이란 중국에서 적대적인 이민족에 취해온 회유책을 말한다. 즉, '사신 왕래를 통한 통교의 유지에 힘을 쓰고, 군대나 관리를 파견해 지배, 통제까지 나아가지 않는 정책'이다.[46] 조선의 대마도에 대한 기미책은

---

46) 김한규, 「漢代의 天下思想과 〈羈縻之義〉」, 全海宗외『中國의 天下思想』, 민음사, 1988, 80~89쪽.

왜구를 평화적인 통교자로 바꾸기 위해 수직왜인제도를 활용한 것이 처음
이다.47) 조선은 약조를 통해 대마도를 통제하려 했고, 임진왜란으로 단절된
조선무역은 1609년 기유약조의 체결을 통해 회복하였다.48) 세견선은 대마

---

47) 왜구가 통교자로 전환된 형태는 세 가지 있었는데 使送倭人, 興利倭人, 投化倭人이
   다. 사송왜인은 사자의 이름으로 오는 자를 말하며 '客倭'라고도 한다. 흥리왜인은
   무역을 위해 오는 자를 말하며 '상왜'또는 '판매왜인'이라고도 한다. 조선에 귀화한
   왜인은 '投化倭' 또는 '降倭', '向化倭'라고 불렸다(손승철, 「대마도의 조·일(朝日)양
   속관계」, 한일관계사연구회 지음『독도와 대마도』, 지성의 샘, 1996, 94~95쪽).
48) 기유약조는 아래와 같다.
   一. 왜관에서 接待하는 것은 세 가지 관례가 있으니, 國王의 使臣이 한 가지 관례이고,
     對馬島主의 特送使가 한 가지 관례이고, 對馬島의 受職人이 한 가지 관례일 것.
   一. 국왕의 사신이 나올 때는 上船副船 만 허락할 것.
   一. 대마도주의 歲遣船은 줄여서 20척으로 정할 것. 대마도주의 特送船은 3척으로
     한 정하는데, 이 밖에도 특별히 사신을 보낼 일이 있으면, 歲遣船에 부친다.
   一. 대마도주에게 해마다 쌀과 콩을 합쳐 100석을 보낼 것.
   一. 受職人은 해마다 한차례 내조하는데, 다른 사람을 보내지 말도록 할 것.
   一. 보통 때의 受職人은 죄를 면해준 것을 다행으로 여기도록 하고, 지금 거론하지
     아니할 것.
   一. 사신은 3등급으로 하는데, 길이 25척 이하를 小船이라 하여 船夫가 20명이고,
     길이 26척을 中船이라 하여 선부가 20명이고, 길이 26척을 중선이라 하여 선부
     를 30명으로 하고 길이 28척에서 30척까지를 大船이라 하여 선부를 40명으로
     할 것이며, 척으로 선체크기를 재고, 또 船夫의 숫자를 헤아려, 선부가 비록 많
     다고 하더라도 정해진 인원수를 넘을 수가 없으며, 만약 그렇지 않고 <정해진
     수보다 적게 오면> 인원수를 헤아려서 糧料를 줄 것.
   一. 무릇 일본에서 보내는 사신은 모두 대마도주의 문인을 받은 뒤에야 나올 것.
   一. 대마도주에게 전례에 의하여 도서를 만들어 주는데, 종이에다 견양을 찍은 다
     음에, 예조와 교사관에 갈무리할 것이며, 또 부산포에도 두었다가 매양 왜인들
     이 서계를 가지고 올 때마다 빙해서 그 진위를 검증하여, 만약 격식에 어긋나
     거나 부합할 수가 없으면 일본에 들려 보낼 것.
   一. 문인이 없는 자는 도적으로 논단할 것.
   一. 바다를 건너갈 때의 양식은 대마도인에는 5일치의 양식을 주며, 대마도주가 특
     별히 보낸 사람에는 5일치의 양식을 더 주고, 국왕의 사신에는 20일치의 양식
     을 줄 것.
   一. 그 나머지 일들은 하나같이 전례에 의할 것(田代和生, 『近世日朝通交貿易史の

도가 1년에 보낼 수 있는 무역선을 말하는데 1443년(50척), 1512년(25척)이 었다. 3조에 있듯이 세견선은 20척으로 가장 적었다. 그리고 제한이 없었던 특송선도 3척으로 제한되며, 20척 중에 포함되었다. 조선은 특별히 사신을 보낼 때는 세견선에 부치도록 하며 무역선의 무분별한 증가를 막으려고 했 다. 조일무역은 배마다 개시무역, 공무역의 액수가 정해져 있었다. 그러므 로 세견선을 얼마나 확보할 수 있는지가 대마도의 주 관심사였다. 조선무역 에 대한 기대가 컸던 대마도는 규정된 것보다 많은 배를 보내려는 계획을 항상 세우게 되고, 그중에 하나가 차왜를 조선에 많이 보내는 방법이었다. 기미약조 1조에 있듯이 왜관에서 접대를 받을 수 있는 사자는 국왕사, 대마 도주의 특송사, 대마도의 수직인 밖에 없었다. 차왜는 통신사 요청이나 표 류민 송환 등을 조선에 알리거나 교섭을 하기 위해 보내는 임시사절이며 특송선으로 보냈던 것이었다.[49]

인삼을 예로 들자면 당시 정기적인 무역(年例送使)에 필요한 인삼은 약 30근이었고, 그 이외에도 차왜가 조선에 올 때마다 많을 때는 1년에 약 100 근 정도 필요했다. 이것은 대일관계를 유지하기 위해 대마도에 지급하는 것 이고, 통신사가 갖고 갈 信蔘은 약 200근이었다.[50]

조선은 기미의 대상인 대마도에 대마도 정벌 이후 1510년까지 敬差官을 보냈다. 경차관은 조선왕이 내린 명령을 대마도에 전달하고, 명령을 공경히 따르도록 종용하기 위해 파견된 사절이었다. 조선은 경차관을 영접하는 대 마도에 조선왕에 대한 忠誠과 尊敬을 표시하는 의례를 마련해 따르도록 했 다. 예조에서 작성한 문서를 받을 때는 숙배의식이 의무화되었다.[51]

아래 인용문은 대마도 도주가 예조판서에 올린 글이다.

研究』, 創文社, 1981, 45~46쪽).

49) 田代和生, 같은 책, 76~85쪽.

50) 糟屋憲一, 「なぜ朝鮮通信使は廢止されたか」, 『歷史評論』355, 1979, 11쪽~12쪽.

51) 정다함, 「朝鮮初期 野人과 對馬島에 대한 藩籬・藩屛인식의 형성과 敬差官의 파견」, 『東方學志』141, 2008, 233~236쪽.

　　예조에서 소우 시게모토(宗成職)의 迎命儀를 아뢰기를, "경차관이 이르
는 날에 향탁을 대청의 위에 설치하고, 시게모토가 時服 차림으로 휘하를
거느리고 교외에서 맞이한다. 敬差官이 장차 예물과 관교를 가지고 이르면,
시게모토가 길 왼쪽에서 국궁하고 앞에 서서 인도하여 대문 밖에 이르러 몸
을 굽힌다. 敬差官이 시게모토의 집에 이르러, 관교와 예물을 받들어 탁자
위에 놓고 서쪽을 향해 서면, 시게모토가 휘하를 거느리고 차례로 서서 머리
를 조아려 네 번 절한다. 敬差官이 관교를 받들어 시게모토에 주면, 시게모
토가 내려와 제자리에 돌아가서 머리를 조아려 네 번 절하고 예식을 마친
다." 하였다.52)

　　대마도는 조선후기에도 계속해서 숙배의식을 해야만 했다. 대마도에서
사자가 오면 조선은 下船宴·封進宴·中宴·乘船宴 등의 연회를 베풀었다.
조선국왕에 대한 배례인 숙배의식은 封進宴이 있는 날에 있었다.53)
　　아래 그림은 『東萊府使接倭使圖』중 숙배의식의 모습이다. 그림에서 확
인할 수 있듯이 사신들이 부산에 도착하면 접위관의 안내를 받아 역대 국
왕의 전패에 숙배를 올리고 예물을 증정하는 등 숙배의식을 했다. 당하에서
행하는 숙배의식에 대해 대마도는 1638년에 개선을 요구했다. 즉, 대마도는
"조선 사신이 일본에 들어오면 上壇 사이에서 절하는데, 일본에서 보낸 사
신은 모래밭에서 절을 하니, 예가 어떤지 모르겠다"고 항의하였다.54)

---

52) 『世祖實錄』, 世祖 7년 7월 기미.

53) 田代和生, 『倭館』, 文春新書, 2002, 128쪽.

54) 差倭平成連來, 以七條事言之. 一曰: 交易物貨, 不如舊, 唐路不通而然耶? 因北狄之難
　　耶? 二曰: 朝鮮使价入日本, 則拜於上壇之間, 日本送使, 則拜於沙中, 未知禮樣如何. 三
　　曰: 歲賜米, 太, 勿書賜字. 四曰: 封進價三字, 亦不可書. 五曰: 書翰中, 對馬島稱以貴州.
　　六曰: 使船來泊處, 以石築之, 俾免風波. 七曰: 石築未易, 則改築館字云 (『仁祖實錄』,
　　仁祖 16년 1월 병술).

[그림 2] 『동래부사접왜사도』[55)]

조정 내부에서도 당상에서 숙배의식을 하는 것을 지지하는 사람도 있었
으나 인조는 허락하지 않았다.[56)] 그래서 차왜의 요구는 대마도의 의도대로

---

55) 이 그림의 크기는 81.5×460.0cm이고 소장품번호 본관(本館)-008360-000 (국립중앙
박물관 소장). 2017년 4월 7일 검색
56) 上以差倭七條事, 引見大臣, 備局堂上. 謂領議政李弘胄曰: "於卿意如何?" 對曰: "今此
來請, 果似異常, 而至於肅拜之禮, 欲行於壇上者, 非大段難從之請也." 上曰: "此則島主
差倭, 何敢如是?" 禮曹判書韓汝溭曰: "彼以我國使臣, 爲禮曹差官云矣." 上曰: "禮曹

개선되지 않았다. 조선이 숙배의식을 대마도의 반발에도 불구하고 계속 강행한 이유는 대마도를 '조선의 예질서의 편입한다'는 목적이 있었기 때문이다. 이러한 숙배의식은 조선 시대 내내 조선과 대마도의 관계를 대마도가 확인하는 장치였다.

이상에서 조선의 대일정책이 바쿠후와 대마도를 분명히 구분하고 있다는 것을 알 수 있다. 조선은 교린관계의 시각에서 바쿠후를 이해하였고, 대마도는 기미의 시각으로 이해하였다. 그래서 자연스럽게 통신사와 문위행에는 차등을 두었다. 그중에서 무엇보다 큰 차이점은 에도까지의 이동여부였다. 그럼에도 불구하고 역지 교섭이 시작할 때까지 에도의 중요성이 강조된 적이 없었다. 왜냐하면, 통신사는 단연히 에도까지 간다는 인식을 조선뿐만 아니라 바쿠후도 갖고 있었기 때문이다. 그래서 강정절목에도 에도에서 시행한다는 말이 처음부터 없었다.

한편 두 사행을 구분한 것은 바쿠후를 우대한다는 측면과 대마도는 어디까지나 기미의 대상인 것을 보여주는 효과도 있었다. 그런데 조선입장에서 볼 때 만일 역지를 허락한다면 그동안 유지해 온 외교질서가 무너질 수도 있다는 우려도 있었다. 더군다나 부정적으로 인식해온 대마도에서 통신사의 국서교환을 하자는 말은 조선입장에서 도저히 수용하기 어려운 것이었다. 역지의 이면에는 대일정책의 근간은 흔들 요소가 많이 포함되고 있었다. 조선이 역지에 신중한 태도를 보이는 것도 어쩌면 당연한 일이었다.

---

差官, 便是國使也." 因問於任絖曰: "我國使臣入日本, 拜於何處?" 對曰: "我國使臣拜於關白所坐上壇矣."上曰: "肅拜之禮, 出於受職人, 非受職者, 則不必强使爲之. 以此言及似可." 弘冑曰: "差倭之意, 非不欲肅拜, 只以行於沙中爲難耳." 上曰: 前規不可撓改也 (『仁祖實錄』, 仁祖 16년 1월 무자).

## 3. 조일 양국의 통신사 개혁론

### 1) 조선의 통신사 沿路接待 개혁

통신사의 시기 구분에서 언급했으나 1747년과 1763년에도 통신사의 인원을 줄이자는 논의가 있었지만, 조선이 거부함으로 이루어지지 않았다. 그러나 조선에서는 통신사행의 국내 沿路 接待개혁이 실현되었다. 여기에서는 영조대의 통신사에 대한 논의를 통해 선린우호를 앞세운 연구 성과와 다른 18세기의 모습을 찾으려고 한다.

통신사의 연로 접대를 간소화해야 한다는 논의는 1719년 통신사 파견을 앞두고 거론이 되었다. 1718년 4월 영의정 김창집은 '통신사의 연로 접대가 지나치게 풍성하고 사치스럽고, 접대비용이 작은 읍에서도 수백 량에 이른다'고 하면서 대책의 필요성을 호소했다.[57] 원래 통신사에 대한 국내 전연은 4곳에서 열린 것이었지만, 1655년 이후 부산에서만 열렸다. 그리고 1719년 통신사 때부터는 정식으로 부산에서만 전연이 열리게 된 것을 아래 인용문에서 확인할 수 있다.

> 통신사 정사 홍치중이 아뢰기를, "그전부터 통신사 행차에는 으레 충주·안동·경주·부산에서 잔치를 베푸는 일이 있었습니다. 그러나 1655년과 1682년 및 1711년의 통신사 행차에는 흉년으로 인해 세 곳의 잔치를 모두 정지시키고 부산만은 왜인들이 보는 곳이므로 잔치를 베풀었다고 합니다. 영남

---

57) 今四月初三日藥房受針入侍, 領議政金同爲 入侍時, 領議政金所啓, 通信使今當差出, 而信使之行, 沿路各邑接待, 過爲豊侈, 下至廝役, 亦設方丈之饌, 此乃朝家慰勞越海遠役之意, 故辛卯年信使, 自請裁損, 而聖上不爲允許者, 亦以此也, 然而各邑所費過多, 小邑亦不下數百兩云, 徒竭一路之財力, 實無益於行者, 今雖稍損, 亦倍徙於他別星之廚傳, 朝議常立其可以變通, 矧今諸路荐飢, 民窮財竭之日, 豈宜豊侈無節, 以暴殄天物哉, 宜早講定裁損, 俾外方知所以供帳也(『備邊司謄錄』, 肅宗 44년 4월 4일).

김덕진, 「1763년 通信使 使行費의 規模와 그 意義」, 『전남사학』제25집, 2005, 138쪽.

은 해마다 기근을 겪은 나머지 작년의 농사는 그런대로 풍작이었다고 하나 아직 소생되지 못하였으며 전염병도 날로 치열하여 그렇지 않은 고을이 없습니다. 이에 통신사 행차를 접대할 때의 소비가 매우 광대할 것이니 모든 일에 충분히 덜어주지 않으면 민폐가 참으로 적지 않을 것입니다. 통신사 일행을 공궤할 절차를 이미 묘당에서 작정하여 알렸다고 하는데 잔치 베푸는 일은 복구시킬 필요가 없겠습니다. 동래 이외의 충주·안동·경주 등지의 세 곳은 그전대로 줄이고, 미리 분부해서 여러 고을에 허비의 폐단을 없애도록 하는 것이 마땅하겠으므로 감히 아룁니다."하니, 영하기를 "잔치 베푸는 일은 동래 이외는 그전대로 줄여 없애는 것이 좋겠다." 하였다.58)

이에 따라 1719년 통신사 정사 홍치중은 복명하는 자리에서도 연로 접대를 간소화하도록 힘썼다고 하였다.59) 이것을 통해 1719년 통신사 때는 어느 정도의 성과를 거둔 것으로 판단된다. 그러나 1747년 통신사의 경우 순풍을 기다리다가 오래 부산에 체류하는 바람에 민폐가 심했다.60) 정사 홍

---

58) 今正月二十九日, 通信正使洪致中, 副使黃璿, 從事 官李明彦, 請對引接入對時, 正使洪致中所達, 自前信使行, 例有忠州·安東·慶州·東萊設宴之擧, 而乙未·壬戌·辛卯年信使時, 因年凶三處竝皆停宴, 東萊則爲彼人所見, 獨爲設宴云, 嶺南連歲荐飢之餘, 昨年年事, 雖曰稍稔, 民生尙未蘇息, 癘疫日熾, 無邑不然, 而使行接待時糜費, 極其浩大, 凡事若不十分減省, 則民弊誠甚不貲, 一行支供之節, 廟堂旣已酌定知委云, 設宴一款, 亦不必復舊, 東萊外忠州·安東·慶州三處, 竝依前停減, 亦爲先期分付, 俾除列邑浮費之弊似宜, 敢達, 令曰, 設宴事東萊外, 依前除減可也(『備邊司謄錄』, 肅宗 45년 2월 1일).

59) 今正月二十四日通信三使臣留對, 引接入對時, 正使洪致中所達, 使行時供饋, 糜費甚多, 自廟堂別爲申飭, 臣等, 亦以減省之意, 有所陳達, 故沿路支待, 務從簡略, 而今番回還時, 畿湖支供各邑, 多不來待, 凡事極其苟簡, 行中軍官以下, 多有闕食之時, 自有使命以來, 未有如許事體, 事之寒心, 莫此爲甚, 申飭忠淸·京畿兩道監司, 査覈處之, 何如, 令曰, 兩道監司處, 申飭可也(『備邊司謄錄』, 肅宗 46년 1월 26일).
김덕진, 앞의 논문, 재인용.

60) 1747년 11월 27일 통신사가 하직인사를 올리고 사행 길에 올라, 12월 18일 부산에 도착했다. 부산에서 일본을 향해 2월 12일 출항했다. 약 3개월 정도 부산에 체류한 셈이다 (한태문, 「〈雨念齋手書〉 所載 通信使行 관련 편지 연구」, 『韓國民族文學』 제 57집, 2010, 395쪽).

계희가 사행원을 강력하게 통제하지 않았기 때문에 무관들이 교만하고 멋
대로 행동하기도 하였다. 그래서 접대를 맡은 부산의 70고을에서 심각한 부
작용이 생긴 것을 아래 자료에서 알 수 있다.

　　통신사 홍계희·부사 남태기·종사관 조명채가 돌아왔다. 홍계희 등이 지
　난해 겨울 11월에 사폐하고 3월에 배를 타고 출발하였으며 5월에 에도에 도
　착하여 예폐를 전하였는데, 이때에 이르러 復命하였다. 통신사의 일행이 모
　두 5백여 인이었고 대동한 褊裨들은 모두 문벌이 있는 이름난 무관들을 선
　발하였으며 기예를 지닌 百工들이 다 따라갔는데, 홍계희가 강력하게 제지
　하지 않았고 또 만리 먼 길을 수행한다 하여 차마 법으로 다스리지 않았기
　때문에 무관들이 교만 방자하여 멋대로 행동하였고 또 主將이 관대하게 대
　하는 것을 믿고서 도착하는 곳마다 횡포를 부림에 있어 돌아보아 꺼리는 것
　이 없었다.
　　홍계희 등이 부산에서 4개월 동안 머물고 있었는데, 70 고을에서 돌려가
　며 이들을 支供하느라 온 도내가 말할 수 없이 피폐하였고 열읍이 거의 몇
　해 동안 蘇復되지 못하였다.[61]

또 같은 날에는 수송물품의 손실로 다시 준비해야 하는 일까지 다음과
같이 있었다.

　　대마도에 이르러 삼사가 육지에 올랐으나 예폐와 반전은 모두 배에 있었
　는데, 부선에서 실화하여 모두 다 타버렸고 죽은 사람도 3명이나 되었다. 이
　런 사실이 보고되자 좌의정 조현명이 건의하여 삼폐와 餼資를 다시 준비하
　여 보냈는데, 이 때문에 국가의 저축이 탕진되었으니, 어떤 사람은 말하기

---

61) 通信使洪啓禧, 副使南泰耆,書狀官曺命采還. 啓禧等以去年冬十一月辭陛, 三月開船, 五
　　月至倭都傳幣, 至是復命. 信使一行凡五百餘人, 所帶褊裨, 皆選名武, 而百工技藝皆從,
　　啓禧不能剛制, 且以爲萬里從行, 不忍以繩之, 名武輩驕恣放縱, 且恃主將之寬假, 所至
　　暴橫, 無所顧忌. 啓禧等至釜山留四朔, 七十州輪遞支供, 一道糜爛, 列邑殆數歲不復 (『英
　　祖實錄』, 英祖 24년 윤7월 임오).

를, '배에서 화재가 발생한 것은 이에 일부러 불을 지른 것인데 조정을 속인 것이다.' 했다.[62]

갑자기 예단을 다시 구해야 하는 일이 생겼는데, 1747년 통신사 때는 호조판서 김약로가 "통신사의 사행을 위해 힘을 다해 보냈으므로 지금 저축된 인삼은 단지 10근"이라고 할 정도로 인삼을 다시 구하기가 힘든 상황이었다. 그러나 영조는 "교린의 도리는 誠字 하나뿐"이라고 하면서 빨리 보내도록 지시했다.[63] 물론 두 번 인삼을 준비하느라 재정적인 손실도 컸다는 점도 예상할 수 있다.

외교에서 전례를 중시하는 것은 중요하지만, 전례를 지키는 일이 쉽지는 않았다. 그래서 1755년에는 좌의정 김상로가 통신사에 대해 다음과 같이 말하기도 했다.

좌의정 김상로가 말하기를, "옛날부터 통신사에 대하여 그 물자를 후하게 하고 그 행차를 사치스럽게 한 것이 燕京에 가는 사신과 비교하면 대우를 받음이 특이했습니다. 그래서 각도의 營邑에서 백성들부터 강제로 재물을 빼앗는 것과 沿路 州縣에서 제공하는 비용이 엄청난데, 영남에 이르러서는 통신사의 행차가 한번 지나가면 한 도의 재력이 거의 떨어진다니, 이는 관부

---

62) 及至馬島, 三使登陸, 禮幣,盤纏皆在船中, 副船失火盡爲燒爐, 死者三人焉. 事聞, 左議政趙顯命建議, 蔘幣, 儀資更爲備送, 國儲爲之蕩然, 或曰, '舟中之火, 乃故縱而欺瞞朝廷'云 (『英祖實錄』, 같은 날).

63) 上引見大臣, 備堂. 命承旨讀通信使狀啓.上曰: "人蔘有餘存乎?" 領議政金在魯曰: "秋採前, 無辦送之路矣." 戶曹判書金若魯曰: "信使之行, 我國竭力齎送, 卽今曹儲只有十斤 (『英祖實錄』, 英祖 24년 3월 을유).
顯命曰: "燒火七十斤, 乃是使臣私禮單, 國書禮單則見燒數不多云, 此則某條充送. 私禮單則待秋採追送好矣. 萬不得已則抑有一道. 內局御藥所用外, 有江蔘若干斤, 此非自下所敢仰達者矣." 上曰: "交隣之道, 卽一誠字而已. 昔唐宗征遼, 於馬上, 親擧土偾, 以犒三軍, 內局蔘特爲顧助, 則爲道臣,帥臣,府使者, 焉敢忽視? 令備局急責諸道, 使於今月內聚送. 使行所燒他物, 亦令該曹備給 (같은 책, 24년 3월 병술).

만 폐해를 당하는 것이 아니라 그 근본을 따져 보면 모두가 백성들이 피땀 흘려 얻을 이익에서 나온 것이니, 조정에서 불쌍히 여기지 않을 수 없습니다. 그러니 한번 바로잡아 고치는 것이 마땅하겠으니, 홍봉한·리성중·한익모·김치인으로 하여금 각도의 式例를 가져다 열람하게 하여 상의하여 줄이도록 함이 마땅하겠습니다." 하니, 임금이 그대로 따랐다.[64]

조선이 보내는 통신사의 특별함에 대해서는 조엄도 비슷한 언급을 아래와 같이 하였다.

전부터 조정에서 통신사를 대우하는 제반 절차가 지극히 특별하고 후하였다. 원역으로 말하면, 軍官을 이름 있는 무관으로 한 것은 변방 사정에 익숙한 자를 하려 한 것이요, 자제를 데리고 간 것은 親屬끼리 서로 의지하게 하려 한 것이며, 壯士를 데리고 간 것은 그 용맹과 힘을 남에게 보여 주려고 한 것이요, 製述官과 書記를 데리고 간 것은 文字를 수응하게 하려 한 것이며, 倭譯과 漢譯을 데리고 간 것은 언어를 서로 통하게 하려 한 것이요, 의원을 데리고 간 것은 그 병을 치료하게 하려 한 것이며, 寫字官·畵員 및 別破陣·馬上才·典樂·理馬를 데리고 간 것은 技藝를 어느 것이나 이웃 나라에 지지 않게 하려 한 것이다.
路資로는, 호조에서 쌀을 주고, 尙衣院에서는 의복을 주며, 八道에는 元卜定과 別卜定이 있고 따로 청구하는 것도 허락해 준다. 威儀로 말할 것 같으면 節鉞을 주는데 공조에서 만들고, 새로 印信을 주조하는데 예조에서 주관하며, 벌이는 깃발은 方伯과 비등하고 칼과 창을 늘어세우는 것은 군사의 출동과 같다. 이 밖에도 조정의 응대와 외방의 접대가 모두 보통 격식을 넘는데, 수로를 가는 것이 육로와 달라서 만이 아니라, 그 사변이 헤아리기 어렵기 때문이다. 무릇 아랫사람이 윗사람에게 중한 대우를 받으면 책임지고

---

64) 上引見大臣, 備堂. 左議政金尙魯言: "自昔通信使之厚其資侈其行, 視赴燕使价, 見待特異. 各道營邑之誅求, 沿路州縣之供億所費浩大, 至於嶺南, 則一經信使之行, 一道財力幾乎蕩盡, 此不但官府之受弊, 究其本則皆出於生民膏血, 自朝家不可不恤. 宜有一番釐正, 宜令洪鳳漢, 李成中, 韓翼謩, 金致仁, 取覽各道式例, 商量刪減." 上從之 (『英祖實錄』, 英祖 31年 2月 병오).

보답하는 바가 깊어야 하니, 생각이 여기에 미치자 더욱 負乘의 두려움이
간절해진다.[65]

두 사람의 공통점은 통신사에 소용되는 물자가 후하다는 점이다. 김상로
는 통신사가 출발하며 일본에 갈 때까지 머무는 국내 노정에서 비용이 많
이 들어 폐단이 많다고 지적하였다. 한편 조엄은 통신사행의 선발, 조정에
서 준비하는 노자가 후하다고 지적하였다. 흥미로운 것은 조엄이 조선이 통
신사행을 특별하게 하는 이유를 설명한 부분이다. 조선이 통신사행을 후대
하는 이유는 첫째 일본에게 지지 않으려는 것이고, 둘째 일본이 헤아리기
어렵기 때문이라고 하였다. 조선이 통신사를 보내 일본을 압도하려는 의도가
있었다는 점을 지적한 것이다. 이러한 조선의 의도는 통신사 교섭과정을 이
해하는 데 도움을 줄 것이고, 동시에 개혁의 어려움을 암시하고 있기도 하다.
  한편 통신사의 일본행을 준비하면서, 부산 이외의 통신사 진연을 정지하
는 것을 확인하고, 부산의 진연에 대해서도 영조는 '간략히 베푸는 것이 좋
겠다'고 하였다.[66]
  1763년 2월 비변사는 백문과 文을 고쳐 路文을 만들었다. 선문은 사행에
앞서 미리 문서를 보낸다는 것이며 백문은 수행인원이라든지 말을 기록하
지 않고 임의로 작성된 것이다. 그리고 노문은 병조에서 일정한 형식의 노
문을 인쇄하고 규정에 따라 인원과 말을 기록한 것이다. 이것은 행차하는
사행의 인원을 억제하고 폐단을 줄이자는 의도에서 나온 것으로 보인다
다.[67] 「備邊司路文變通節目」 중 통신사 삼사에 대해서는 아래와 같다.[68]

---

65) 조엄, 앞의 책, 25~26쪽.
66) 今十月二十八日召對入侍時, 檢討官李得培所啓, 使行發程後, 例有忠州·安東·東萊·慶
   州四 處設宴之事, 而自乙未信使以後, 連因歲飢, 三處設宴, 俱爲停止, 惟東萊以終到邑,
   設宴餞之, 今番亦於東萊設宴外, 三處則一倂停減何如, 上曰, 依爲之, 雖東萊, 比前略設
   可也 (『備邊司謄錄』, 英祖 38년 10월 29일).
67) 송철호, 「조선후기 路文에 관한 연구 -'路文式例'와 문서 양식을 중심으로-」, 『古文

路文別單 통신사

정사 : 군관-7명 내에서 자제군관 2명, 반당 1인, 노자 2명, 나장 1쌍, 軍
牢 1 쌍, 기수 2쌍, 취수 6명-말을 갖춤-, 인배마 1필, 기복마-마패
의 수에 따름-, 역인부 11명, 節鉞奉持馬 2필.

부사 : 군관-7명 내에서 자제 군관 2명, 반당 1인, 노자 2명, 나장 1쌍, 軍
牢 1쌍, 기수 2쌍, 취수 4명-말을 갖춤-, 기복마-마패의 수에 따름-,
역인부 8명, 節鉞奉持馬 2필.

종사관행 : 군관-3명 내에서 자제 군관 1명-, 반당 1인, 노자 2명, 나장 1
쌍,軍牢 1쌍, 기수 2쌍, 취수 2명-말이 없음-, 기복마-마패의 수
에 따름-, 역인부 8명.

1763년 6월에는 비변사에서 통신사에 대한 연로에서의 지공 삭감 절목을
올렸다. 즉「通信使員役以下支供裁減節目」은 10조로 되어 있다.[69] 그러나

---

書研究』 제40호, 2012.2, 147쪽.
68) 『備邊司謄錄』, 英祖 39년 2월 4일.
69) 「通信使員役以下支供裁減節目」
一. 信使之行, 沿邑供億, 殆無限節, 從前朝議, 一欲釐正, 而況且今年大歉之餘, 公·私
赤立, 雖係應行之事, 不可不量宜撙略, 故筵稟奉奪後, 三使臣·員役以下支供等節,
量加裁減爲白去乎, 各道·各邑, 一從本司定式爲白乎矣, 今此裁酌, 比前剋減, 則儲
置會減, 足可需應, 從前各邑收斂民間之弊, 一切革去, 而若有違越朝令, 依前責徵
之弊, 則使臣, 難免不能檢飭之責, 營·邑, 亦當有從 重論罪之擧, 各別惕念擧行爲
白齊,
一. 使臣在道時, 三時飯供及茶啖, 竝依前仍置, 而釜山留住時茶啖段, 每日一次爲, 備
供爲白齊,
一. 在前軍官以下員役之額外, 加率及奴屬輩私人支供誅之弊, 纔有朝家禁令, 如有違越
現發者, 則守令枚報巡營, 巡營轉報本司, 以爲各別重繩之地爲白齊,
一. 釜山候風時, 嶺南各邑之三日輪供, 自是前例, 而鋪陳器皿之邑邑替待, 大爲官·民難
支 之弊爲不喩, 轉輸之艱, 有倍廚傳, 使臣入住釜山後, 曾前各邑各樣鋪陳替待之

1조는 절목을 만든 배경을 설명하고 있고, 10조는 미진한 부분은 추후 마련한다는 내용이라서 8조로 구성되어 있다. 먼저 절목을 만든 배경을, '통신사의 沿邑에서의 접대가 폐단이 많아서 전부터 조정의 논의가 있었으나, 올해는 큰 흉년이 들어서 公私 모두 어렵다'고 하면서 배경을 설명하였다. 즉, 통신사가 국내 노정에서 받을 접대에는 문제가 많았는데, 통신사 파견을 앞두고 흉년까지 겹쳐 문제 해결에 나섰다는 것이다. 2조부터 8조까지를 제시하면 아래와 같다.

規, 永爲革罷, 自本營就支供各邑, 使行各房鋪陳等物, 幾邑當正使, 幾邑當副使, 從事官以下, 各定差備, 至於別破陳·盤纏直段, 勿用紋席, 以道內莞草席備給, 而使行一體一番鋪陳後, 限發船, 毋得替鋪之意, 預爲知委列邑, 俾有實效爲白遣, 盤纏外沿路所需各樣雜物段, 自各其道往復使臣, 務從容入, 俾除歉歲一分之弊爲白齊,

一. 員役以下飯食·鋪陳, 精潔足矣, 而不計等級, 各自務勝, 三重席·茶啖, 必欲與使臣等, 故各邑所費, 輒至數千金, 至於併邑而供, 無以支當, 今番段, 堂上譯官至書記外, 其下別破陣至盤纏直, 所謂三重席·要江·唾口等物, 一併除減, 每房只以官隷一名待令, 以爲使喚之地爲白齊,

一. 別星接待, 自有規例, 而從前信使員役之皆以綿紬刷馬赤責納者, 極甚猥濫益不喩, 各驛措備之際, 耗費不些, 今番段, 別破陣以下至盤纏直, 則以木綿刷馬赤待令爲白齊,

一. 下屬輩沿邑誅求之弊, 自前使臣, 非不禁飭, 而至於船將格卒, 則前期發船, 因事索賂, 罔有紀極, 故嶺沿各邑支應接待外, 爲其人情雜費之夤緣侵漁, 一經信行, 官·民俱疲, 事之寒心, 莫此爲甚, 今當本道大賑之餘, 此等不法之事, 尤不可不一切痛禁, 分付譯院及本道道臣, 各別禁斷爲白乎矣, 如是定奪之後, 復有如許所聞, 則當該下屬回還後, 摘發重繩, 斷不饒貸, 使臣及該道道臣, 亦自本司草記論責, 竝以嚴飭施行爲白齊,

一. 軍務外用棍, 明有朝禁, 則雖使臣, 亦不宜輕施 棍罰是白去等, 況所帶員役, 自前濫杖, 致傷人命者, 比比有之, 事已萬萬驚駭, 今番段, 各邑下屬之不可不警治者, 告于使臣責治是白遣, 員役私自濫杖之弊, 一切嚴禁爲白齊,

一. 近來大·小使星之濫把驛馬, 誠極駭然, 而至於此 行段, 員役以下名色數多入把之馬, 其 數夥然, 若又加把, 則罷殘各驛, 殆難支吾, 應額馬牌外, 如有 加把之弊是白去等, 該驛察訪, 隨卽報聞, 以爲依法典勘罪之地爲白乎矣, 如或欺隱, 而因事現發, 則察訪以下, 亦爲入啓論罪爲白齊,

一. 未盡條件, 追于磨鍊爲白齊 (『備邊司謄錄』, 英祖 39년 6월 13일).

一. 사신이 행차 중일 때의 세 끼의 식사와 다담은 아울러 그전처럼 그대
로 두되, 부산에 머물 때의 茶菓는 한 차례만 챙겨서 제공한다.

一. 군관 이하 원역의 정원 외에 더 帶率하는 자와 奴僕들을 사인에서 지
공을 誅求하는 폐단이 있었으나 얼마 전에 조정의 금령이 있었으니
만일 위반하다가적발된 자가 있으면 수령은 낱낱이 순영에 보고하고
순영에서는 본사에 전보하여 특별히 무겁게 다스리게 한다.

一. 사신이 부산에 들어와 머문 뒤로는 종전에 각 고을에서 각양으로 포
진을 바꾸어 가면서 대접하던 준례를 영원히 혁파하고, 본영에서 지
공한 각 읍에 대하여 사신 행차의 각방 포진 등물을 어느 고을에서는
정사를 맡고, 어느 고을에서는 부사와 종사관 이하를 맡는다고 각기
차비를 정한다.

一. 堂上譯官에서 書記까지를 제외한 그 아래 별파진에서 반전직에 이르
기까지는이른바 삼중석·요강·타구 등의 물품은 모조리 제감하고 매
방마다 관례 한 명만 대령시켜 使喚하도록 한다.

一. 통신사와 원역이 모두 綿紬로 刷馬赤을 책납하게 한 것은 극도로 외
람될 뿐 만 아니라 각역에서 措備할 즈음에 소비가 적지 않으니 이번
에는 별파진 이하에서 반전직에 이르기까지 木棉의 刷馬赤을 대령하
게 한다.

一. 船將과 格卒에서는 기일보다 앞서 출발하면서 일을 인연하여 뇌물을
요구하는 것이 끝이 없었다. 司譯院과 본도의 도신에 분부하여 특별
히 금단시키되 이처럼 定奪한 뒤에 다시 이와 같은 소문이 있으면 당
해 하속은 돌아온 뒤에 적발하여 무겁게 다스린다.

一. 이번에는 각 고을의 하속으로서 경책하고 징치하지 않을 수 없는 자
는 사신에 고하여 경책하고 징치하게 하고 원역이 사사로이 곤장을
남용하는 폐단은 일체 엄금한다.

一. 정해진 마패 외에 만일 더 입파하는 폐단이 있으면 당해 역의 찰방은
그때마다 즉시 보고하여 법전에 의거 감죄하도록 하되 혹시라도 속이
거나 숨겼다가 일에 인해 11명 찰방 이하도 입계하여 논죄한다.

2조와 4조는 부산에서 접대할 때 일어나는 폐단에 관련된 것이다. 부산

에서 배를 타고 출발하기 때문에 출발시기가 항상 길어질 수 있었다. 그 결과, 1747년의 경우 4개월이나 부산에 체류했기 때문에 70고을이 몇 해 동안 회복하지 않기도 하였다.[70] 체류기간이 일정하지 않았기 때문에 2조에서 다과의 회수도 한 번만 한다는 제한을 둔 것이다. 4조도 같은 맥락에서 이해할 수 있다. 鋪陳과 器皿을 고을마다 바꾸어가며 접대하는 것은 폐지하고, 본영에서 삼사 중 누구를 맡아서 할 것인지를 정한다는 것이다. 이렇게 하면 각 고을에서 하는 것보다 겹치지 않는다는 것이다.

3조, 7조, 8조는 통신사행들의 횡포에 관한 것이다. 3조와 5조는 통신사 행원 중 지공을 챙겨보려는 사람들을 엄하게 다스린다는 것이다. 선장과 격졸 같은 경우 일부로 빨리 출발해서 뇌물을 요구하기도 했다는 것이다. 8조는 통신사행원들이 대솔하는 사람들 가운데 곤장을 남용하는 사람이 있었기 때문에 폐단을 막겠다는 것이다.

5조는 삼중석·요강·타구 등의 물품을 지급하지 않겠다는 것이다. 대상은 별파진에서 반전직까지이다. 6조는 별파진 이하에서 반전직 까지는 綿紬의 刷馬赤부터 木綿의 刷馬赤으로 바꾼다는 것이다.

마지막으로 9조는 이미 사신들이 역마를 입파한 수가 많은데, 더 추가해서 입파하는 사람에 관한 처벌에 관한 것이다.

영조는 같은 날 「通信使沿路支應裁減節目草記」에 아래와 같이 답했다.

"알았다. 지금 초록한 단자를 보니 만리의 바닷길을 건너는 행차에 대해서 알 수 있겠으나 불필요한 경비가 어찌 이리 지나치느냐? 이러할 즈음에 吏屬과 백성이 당하는 괴로움은 어찌 다 말하겠느냐? 이대로 엄히 신칙하되 그 가운데에서 3일의 留供은 빠뜨릴 수 없으나 鋪陳을 바꾸는 것은 백성의 膏血이 아니더냐? 원역이 곤장을 사용하는 것은 더욱 형편없다 하겠다. 이처럼 절목을 마련한 뒤에도 다시 이런 폐단이 있으면 사신이 바다를 건너온 뒤에 무겁게 決棍하고 그대로 그곳의 水軍에 충정하여 연로의 주민에 사과

70) 『英祖實錄』, 英祖 24년 윤7월 임오. 재인용.

하게 하라고 분부하라." 하였다.[71]

1763년 통신사는 새로운 기준으로 일본으로 가게 되었는데, 조엄은 아래
와 같이 설명하고 있다.

> 이번 사행에서는, 支供하는 범절을 전보다 줄였을 뿐만 아니라, 원역이
> 개인적으로 데리고 가는 사람 또한 이미 금하였었다. 또 각 고을에서 배정한
> 驛卒이나 驛馬 등의 일까지도 일체 간략하게 할 것을 먼저 지휘하였다. 그
> 러고도 오히려 각 고을이 전처럼 시끄러울까 염려하여 강을 건넌 이후부터
> 는 각 고을에서 잘못 대접한 일이나 실수들을 일체 버려두고 문책하지 않기
> 로 하였다. 첫 참인 良才에서부터 鳥嶺을 넘어오기까지 일행의 소속은 매양
> 단속하면서도, 각 고을의 거행에 대해서는 일찍이 탈잡아 매를 때린 일이 없
> 었다. 그러나 戌灘을 건널 때는 人馬가 거의 다칠 뻔하고, 紀綱이 너무 해
> 괴하기에 마지못해 그 고을 座首 및 그 色吏를 잡아다가 엄하게 형벌하고,
> 수령에 대한 論罪는 아직 보류해 두었다.[72]

구체적인 숫자에 관한 언급이 없기는 하지만, 개혁안이 그대로 시행된
것을 확인할 수 있다. 흉년이라는 직접적인 이유가 있었지만, 과도한 통신
사 대우에 관한 개혁이 진행된 것이다. 그러나 모든 문제를 해결하기에는
역부족이었다. 아래 자료와 같이 부산에 많은 인원이 체류하는 구조에는 변
화가 없어서 아래와 같이 실효성에 문제가 있었다.

> 삼사가 부산에 머물 때에는 일행의 支供을 으레 영남의 71 고을에서 돌
> 려가며 나누어 담당하도록 하였는데, 수 백리 밖에서 실어 나르는 폐단은 말

---

71) 同日通信使沿路支應裁減節目草記, 答曰, 知道, 今覽抄單, 可見爲萬里滄浪渡涉之行,
　　其所浮費, 一何過乎, 若此之際, 吏·民受困, 可勝言哉, 依此嚴飭, 而其中, 三日之宙供,
　　不可闕, 替易鋪陳, 非民膏血, 員役用棍, 尤涉無形, 若是節目之後, 復有此弊, 令使臣回
　　渡, 從重決棍, 仍充其地水軍, 以謝沿民事分付 (『備邊司謄錄』, 英祖 39년 6월 14일).
72) 조엄, 앞의 책, 29쪽.

할 것도 없거니와, 40~50일 동안 공급되는 물자의 비용이 얼마이겠는가?
부산 사람들이 말하기를, "이번 행차에 지공할 假家를 마련하고 가마·솥·
그릇 등을 갖추는 하루의 貰가 백여 金이 넘게 들었다." 한다. 일이 너무 지
나치기에, 주관하는 사람을 엄히 다스리고, 동래부에 공문을 보내 3분의 2로
줄이게 하고, 그 외의 중간에서 소모하는 폐단을 특별히 금하도록 하였지만,
어찌 각 고을의 폐단이 없어지기를 바랄 수 있으랴?73)

지금까지 본 것처럼, 일본만이 통신사 개혁을 원했던 것은 아니었다. 그
럼에도 불구하고, 지금까지 조선의 통신사 개혁에 대해서는 연구자들이 특
별한 관심을 두지 않았다. 아무래도 하쿠세키의 개혁이라든지 역지 주장 등
일본의 개혁이 양국관계에 직접 영향을 미쳤기 때문이다. 반면 영조대의 논
의는 통신사의 국내 노정 때의 폐단을 잡으려는 것이었다. 그러므로 마치
국내 문제처럼 이해되어 왔다.

그러나 1719년 통신사 때 폐단이 지적되며, 늦었지만 1763년 통신사 때
는 문제를 해결하기 위해 구체적인 개혁안이었다는 점을 평가해야 한다. 그
리고 일본처럼 통신사가 물자를 후하게 하고 그 행차가 사치스럽다는 재정
적인 문제를 비판하는 김상로 같은 논자도 있었다. 만일 이 논의가 공론화
되면 조선이 역지를 제기할지도 모른다는 생각이 든다.

그런데 일본에서 역지의 논의가 있을 때, 조선에서는 오히려 인원을 줄
이지 않기로 하고, 차왜도 별차왜로 인정했다. 결과적으로 통신사 외교가
확대된 것이다. 연로 접대 개혁은 이루어졌지만, 통신사외교가 확대한 이유
는 어디에 있었는가. 여기에는 영조의 교린관이 크게 작용한 것으로 보인
다. 영조는 1763년 통신사를 앞두고 아래와 같이 전교했다.

전교하기를, "아, 지금 칠순에 信을 바탕으로 交隣을 하므로 일의 체모가
더욱 중하다. 세 건의 일로 하교하여 신사에게 신칙해서 조정에 수치를 끼치

73) 조엄, 같은 책, 45쪽.

는 일이 없게 하라. 그 하나는 접대 交隣은 誠 하나일 뿐이다. 더구나 저들
과 우리나라는 약조가 있었고, 약조한 뒤에 하나라도 혹 흔들린다면 이는 저
들과 우리가 모두 誠이 없는 것이다. 이번 사행이 이 규례를 준수하지 않을
경우, 삼사가 비록 만 리의 푸른 바다를 건넜다 하더라도 절대 용서하지 않
고 엄하게 다스릴 것이오, 역관도 重律로 시행할 것이다. 이렇게 엄중 신칙
하라.

　두 번째는 紋緞의 일로 이미 北使에게 금지하였는데 더구나 南行란 말인
가? 혹 문단과 기교한 물건을 잠매하거나 혹 저들에게서 음주하거나 혹 설
만한 일이 있으면 사신이 바다를 건너 돌아오는 날 먼저 효시한 뒤에 장문
하라고 엄중 신칙하라.

　세 번째는 교린에 있어 禮貌를 근엄하게 하는 것이다. 원역이 저들을 대
할 때에 바로 그 자리에서 곧장으로 다스리고, 저들이 우리나라 사정에 무엄
하게 하는 자가 있으면, 당해 역관을 삼사가 돌아온 뒤에 아뢰면 일율을 시
행할 것이다. 이처럼 엄중 신칙하라."[74]

　영조는 통신사(교린)에서 가장 중요한 것은 誠이라고 했다. 성을 나타내
기 위해 약조를 정하고 약조를 지킨다고 하였다. 그러므로 하나라도 고친다
면 성이 없다고 강조했다. 그래서 영조가 선택한 개혁은 인원이라든지 예단
등 대외적인 부분에서는 변화가 없게 하며 국내 노정에 관해서만 개혁함으
로써 그의 통신사외교를 완성했다. 이 시기에는 역지에 관한 논의가 없었으
나 영조의 시선은 에도를 향했다. 영조는 에도통신을 지키기 위해 통신사의
규모를 줄이지 않고 국내노정만 개혁을 추진한 것이다. 영조는 에도통신을

---

74) 傳曰, 噫今七旬憑信交隣, 事體尤重, 以三件事下敎, 申飭信使, 俾勿貽羞朝廷, 其一, 接
　待交隣, 一誠而已, 況彼我國, 已有約條, 約條之後, 一或撓攘, 此彼我 俱無誠也, 今番使
　行, 若不遵此規, 三使臣雖萬里滄海越涉, 決不饒貸, 當以重繩, 譯官亦施重律, 以此嚴飭,
　其二, 紋緞旣禁於北使, 況南行乎, 若或有紋緞與奇巧之物潛買者, 其或彼中飮酒者, 其或
　有褻慢之事, 使臣渡海回來日, 先梟示後, 狀聞事嚴飭, 其三, 聘問交隣之際, 禮貌宜嚴,
　員役中對彼人之時, 若有褻狎不敬者, 卽其地棍治, 彼我國事情, 若有不嚴者, 當該譯官,
　三使臣回來後以奏, 當施一律, 以此嚴飭 (『備邊司謄錄』, 英祖 39년 6월 14일).

통신사외교의 핵심으로 생각하고 있었다.

그러나 영조 대의 통신사외교를 '확대 발전'이라는 긍정적인 측면만으로 평가하면 안 된다. 통신사외교의 구조적인 문제가 제기된 상황에서 그 문제를 해결하지 않는다면 후대에 큰 부담으로 적용될 수 있다는 것이다. 실제로 정조대를 보면 통신사 예단 중 信蔘 확보가 어려워지는 등 심각한 부작용이 나타났다.

## 2) 일본의 '通信使停止論'

### (1) '고이코'로 본 아라이 하쿠세키(新井白石)의 역지통신론

역지통신을 최초로 주장한 사람이 아라이 하쿠세키였다. 그리고 치쿠잔을 거쳐 1791년에 사다노부가 바쿠후 정책으로 정식으로 추진했다. 다시 말해 18세기에 거론된 통신사 개혁론이 1811년 대마도 역지통신을 통해 실현되었다고 말할 수 있다. 여기서는 하쿠세키가 말한 역지통신을 '고이코'의 관점에서 검토하도록 한다.[75]

하쿠세키는 1711년 통신사 때 접대 개편을 단행했다. 미야자키 미치오(宮崎道生)는 하쿠세키의 시도를 네 가지로 정리했다.

① 외교문서의 쇼군호칭을 大君號부터 國王號로 변경(復號問題)한다.
② 통신사의 대우를 변경한다.
③ 國諱論爭.
④ 조선사절과의 교류이었다.[76]

---

75) '고이코'의 관점에서 역지통신을 연구한 논문에는, 졸고, 「定祖代 대마도 易地通信 교섭과 '江戶通信' 연구」, 『韓日關係史研究』52, 한일관계사학회, 2015.12. 가 있다.
76) 宮崎道生, 「新井白石と朝鮮聘使問題」, 『弘前大學人文社會』3, 1953, 45쪽.
    대표적인 연구 성과는 다음과 같다.
    宮崎道生, 같은 논문.

하쿠세키의 통신사 개혁은 성공한 것처럼 보였지만, 조선에 귀국한 통신
사행이 조정으로부터 처벌을 받았다. 하쿠세키는 앞으로 혼란이 생기지 않
도록 『朝鮮聘使後議』를 1715년에 쇼군에게 올려 새로운 개혁을 모색하게
되었다. 하쿠세키가 생각한 역지통신은 그가 쓴 『朝鮮聘使後議』에 나타나
있다.77) 이 글은 그의 역지통신에 관한 언급을 세 가지로 나누어 분석하도
록 한다.

첫째, 통신사 개혁의 필요성이다. 하쿠세키는 "통신사를 기존의 방식대로
한다면 조만간 조선과 다투게 될 것이며, 爲政者의 지도력이나 관리들의
능력이 없으면 수모를 당할 수 있다"고 경계했다. 더 나아가 "5畿7道(日本
全土)가 통신사 접대를 위해 동원되는 것은 국가적인 낭비이며 長策이 아
니라"고 주장했다.78) 하쿠세키의 말을 분석하면 자신이 통신사 의례 개편
을 진행하면서 그가 경험한 일을 염두에 둔 것으로 보인다. 하쿠세키가 통
신사의 접대를 개편하려고 한 것은 지나치게 통신사를 후대한다는 점과 재
정적으로 1682년도 통신사 접대제도를 유지하기 어렵다는 판단 때문이었
다. 그래서 국내를 이동할 때 시행했던 路宴의 회수 등을 줄이는 개혁을 단
행한 것이다.

둘째, 역지의 명분이다. 하쿠세키는 後漢의 光武帝가 西域과의 관계를

三宅英利 저 손승철 옮김, 「1711년 辛卯通信使의 聘禮制度의 改定」, 앞의 책.
仲尾宏, 「日本國王號의 再登場と白石의 改革」, 앞의 책.
山本博文, 『對馬藩江戶家老』, 講談社, 2002, 36~44쪽.
정응수, 「아라이 하쿠세키(新井白石)의 조선통신사 의례 개정에 관하여」, 『日本文
化學報』, 제24집, 2005. 2.
민덕기, 『前近代 동아시아 세계의 韓·日관계』, 경인문화사, 2007.
77) 新井白石, 「朝鮮聘使後議」, 『新井白石全集』4, 國書刊行會, 1977, 681~684쪽.
78) 日本朝鮮隣好を修められし御事は、兩國の和睦を講ぜらるべき御爲に候を、只今迄の如
くにては遂には兩國の相爭う事の媒と申べく候、 其時にあたりて上に英主の剛斷と申
御事もなく下に國家の大禮古今の典故抔申事をも存じ知る者もなく候はんには、 必我
國の恥辱をとらるべき御事にて候、 況や彼國一行の使を迎えられむ爲に5畿7道の人民
を相累され候事國家の長策とは申べからず(新井白石, 같은 책)

금지하기 위해 國境의 옥문관을 폐쇄한 것과 『禮記』『曲禮』에 있는 '禮常
往來' "가기만 하고 오지 않는 것을 예가 아니며, 오기만 하고 가지 않는
것은 예가 아니다."부터 명분을 찾았다. 그러면서 "조선은 한양에서 멀리
떨어진 부산 왜관에서 대마도 사신을 접대한다. 우리도 에도가 아닌 대마도
에서 사신을 접대하자"는 '통신사 대마도 정지론'(역지통신)을 주장한 것이
다. 만일 "조선이 역지를 거절한다면 통신사가 우리나라에 오는 것을 사절
해야 한다."는 말까지 했다.[79] 또 '御使(上使)를 대마도에 파견한다.'는 말
이 나온다. 御使는 바쿠후가 老中, 高家 중에서 목적에 따라 사람을 임명하
며 사자로 보내는 것인데 무로마치시대(室町時代)부터 운영된 것이다. 하쿠
세키는 "高家 2명과 使番(視察·觀察 임무 담당)을 동반시켜 보내자"고 기
술했다.[80] 그러면서 "禮를 간소화하며 오래도록 시행할 수 있도록 한다."는
말도 잊지 않았다. 역지는 조선후기 통신사 외교를 근본적으로 바꾸자는 문
제 제기였고, 다소 변칙적으로 이루어진 외교체제에 대한 개혁이었다.

셋째, 통신사 사절의 논리이다. 조선전기에 일본 국내의 정치사정으로 통

---

79) むかし後漢の光武帝玉門關を閉て西域を謝絶せられしを, 威德の御事と万台の今に申
傳て候ひし御事はしろしめされし所にて候へば,  此時を以て彼國を謝絶せられ候て然
るべき御事に候,  但し其謝絶の御こと葉には禮尙往禮尙往來といふ事は,  我往て彼來ら
ざるも禮にあらず,  彼來たりて我往ざるも禮に非ず,  彼使の來る我國の境上に至り止
り, 我使もまた境上に就て其使を迎接して禮に報ゆべし,  然れば則彼も來り我も往て往
來の禮においてふたつながら相失する所なかるべき,  彼國もし此事を欲せざらんには
請う今よりして我に辱き事なかるべし, 此由を以て彼國に告知らすべきよし, 對馬守に
御下されなば彼國必ず我にしたがはずといふ事有べからずも, しからば彼國の使對馬の
國に至り止りて,  對馬守其禮物の物を轉送し,  我國よりは御使を對馬の國へ遣わされ,
此御使は高家貳人に,  御使番衆を差副らるべく候歟,  報禮の物を彼使に附還せられ候
はんには, 其禮は簡易にして, 其事も永久に行はるべき御事に候, もし彼國我にしたが
ふ事なくして信使をば進ずまじき由を申事も候はんには,  我より其の好みを絶れしと
申御事にもあらずして, 自ら彼國を謝絶せられるべき事 (新井白石, 같은 책)

80) 御使 및 使番은 『國史大辭典』(http://www.japanknowledge.com/body/display/)을 참조
했다. 2017년 4월 7일 검색.

신사행을 사절한 예를 들으면서 개혁의 필요성을 강조했다.[81] 조선이 아시
카가 요시카쯔(足利義勝)가 새 쇼군이 되었다는 소식을 대마도가 알리자
통신사 파견을 결정했다. 1443년 정사 卞孝文, 부사 尹仁甫, 종사관 申叔舟
를 비롯한 약 50명이 일본을 방문했는데, 교토에서 쇼군을 만나려고 하자
바쿠후 사정으로 거부를 당한 적이 있었다.[82] 하쿠세키는 "만일 무로마치
시대에 일어난 일이 다시 일어난다면 우리의 약한 모습을 외국에 보여주는
결과가 될 것"이라고 주장했다. 하쿠세키가 조선전기의 예를 들은 이유는
그의 개혁의 후속조치로 쇼군권력을 강화하는 통신사 개혁을 진행하는 적
기라는 것이다. 대마도 역지통신 때 사다노부가 제기할 통신사행을 사절하
는 '에도입성정지론'의 원형이 여기에 있다.

하쿠세키가 주장한 역지통신에는 중요한 키워드가 있었다. 즉 통신사의
'에도입성정지론'이다. 이는 '에도통신의 포기' 또는 '에도통신의 회피'를
의미한다. 다시 말해 이제 에도에서 통신사를 맞이하지 않겠다는 하쿠세키
의 선언문이었다. 하쿠세키의 경우 재정적인 문제도 있겠지만, 에도에서 외
교 분쟁이 일어날지도 모르니 통신사를 사절하자는 일종의 회피론이다. 왜
냐하면, 바쿠후의 권위의 상징인 에도성에서 조선과 분쟁이 일어나면 실추
된 '고이코'를 회복하기가 쉽지 않다고 하쿠세키는 판단했기 때문이다. 그
는 바쿠후의 '고이코'가 시험받거나 도전받는 일을 절대 용납할 수 없다고

---

81) 前御代の御時某今より後は，朝鮮の使を我國中に返るべからずと申候ひし事は其謂れ
あることどもに候，むかし慶雲院の公方義勝代に初に朝鮮の使來り候ひしに，天下諸大
名の財用つずかずして，京都にむかへらるる事かなふべからず，兵庫より還さるべきな
ど議せられ候事も候ひき，天地の運も必ず盛衰の時候ふによりて，國家の財用も常に贍
足る事はあるべからず候へば，もし今より後萬代の御間に京都の代の事のごとくなる
御事も出來候はんには，我國の弱を外國にしめされん事尤以て然るべからざる御事に
候，當時富強の御時に當りて御子孫萬代までの御事を深く遠く思召ぐらされ，何れの
御代までもたやすく事行はるべき所を議定し，置かれ候を以て國家の長策と申すべき
御事に候 (新井白石，같은 책)
82) 三宅英利, 앞의 책, 1991, 65~67쪽.

생각한 것으로 보인다. 하쿠세키의 회피론은 18세기말부터 이어진 서양의 통상요구를 둘러싼 갈등 속에서 더욱 분명해진다. 예를 들어, 러시아는 래자노프(1804)를 보내 통상을 요구했으나 바쿠후는 통상을 거절했다. 래자노프는 보복처치로 가라후토(樺太) 등을 습격한 사건이 일어났다. '고이코'에 대한 도발행위가 있었는데도 바쿠후는 아무런 대응도 하지 않았다. '고이코'는 용감하게 러시아와 싸우는 것보다 침묵과 무대응을 선택했다. 직접적인 충돌을 피하려는 미봉책으로 일관된 것이다. 와타나베 히로시는 이런 바쿠후의 대응방식을 '고이코'의 질서를 유지하기 위해 '고이코'가 시험받는 일을 회피한다'고 정리했다.[83] 와타나베가 제시한 것은 19세기의 대외관계이지만, 18세기 하쿠세키가 활동했을 때도 이미 회피의 논리는 조일 관계에 있었다. 하쿠세키가 말한 '에도 포기론'은 간단한 문제가 아니라서 바쿠후 내에서 지지를 받기가 힘들었다. 하쿠세키가 물러나 통신사는 다시 1682년도를 기준으로 시행했다. 하쿠세키의 역지통신론은 잊혀진 개혁론이 된 것이다. 사다노부가 정부정책으로 역지를 추진하기까지 70년 이상 걸린 것도 '에도통신'의 포기라는 바쿠후 정책의 대전환을 의미했기 때문이다.

### (2) 아메노모리 호슈(雨森芳洲)의 '通信使停止論'

앞서 바쿠후 내부에서 제기된 역지통신에 대해 언급했다. 그렇다고 대마도에서도 역지에 대한 움직임이 없었던 것이 아니었다. 여기서는 대마도 유자 호슈가 1753년(당시 86세)에 대마도 藩主 소우 요시시게(宗義蕃)에 제출한 상소문 「信使停止之覺書」를 검토해보고자 한다. 선행 연구는 조선멸시관과 역지통신을 연결만 하고 다른 역지론에는 관심을 두지 않았다. 이 글에서는 역지통신의 또 다른 양상을 찾고자 한다.

호슈가 1728년에 쓴 『交隣提醒』에는 통신사에 관한 언급은 많지만 역지

---

83) 渡邊浩, 앞의 책, 40~43쪽.

에 대한 언급은 없었다. 하쿠세키와 동문인 호슈는 역지통신에 대해 알고 있었을지도 모르지만, 역지를 언급하지 않았다.[84] 「信使停止之覺書」를 통해 그의 통신사정지론을 네 가지로 정리한다.[85]

첫째, 호슈는 통신사 접대 비용이 많이 든다는 것을 지적하였다. 호슈는 바쿠후의 부담뿐만 아니라 접대를 맡은 다이묘들에도 큰 부담이라고 하면서 통신사 접대가 낭비라고 주장하였다.[86] 생각해보면 아무리 비용이 든다

---

84) 기노시다 준안(木下順菴) 호는 순암이다. 박학하고 시에 능하였으며, 문인이 모여들었는데, 이학으로 이름났다. 문인 源璵의 호는 白石 아라이 하쿠세키(新井白石)이고, 우삼동(雨森東)의 호는 芳洲, 아메노모리 호슈(雨森芳洲)이다. 준안이 나라의 풍속을 고쳐 머리를 깎지 않고 火葬을 하지 않고서 중국 제도를 따르게 하려 하였으나, 그 말이 행해지지 않고 귀양 가서 죽었다. 하쿠세키는 재주가 있으나 경박하여, 스승의 학설을 준수하되 자기를 뽐내고 남에 오만하였는데, 역시 버림받아서 죽었다. 호슈도 職所를 잃고 대마도의 記室에서 불만스럽게 죽었다. 하야시 노부아쯔(林信篤)과 하쿠세키가 門派를 나누어 서로 맞섰는데, 노부아쯔는 온후하고 남을 사랑하였으나, 하쿠세키는 剛愎하고 제 고집을 세웠다. 그가 林氏의 職權을 빼앗으려 하였으나 실패하였다 (이덕무, 「蜻蛉國志 1 人物」, 『靑莊館全書』, 한국고전 DB).

85) 대마도에서 정책 결정권을 가진 사람은 대마도주였다. 그러나 실제로 대마도를 움직이는 사람은 家老(對馬島家老과 江戶家老들)이었다. 특히 에도에 살면서 바쿠후 교섭을 담당한 江戶家老는 대마도주에게 보고 없이 조선외교의 중요한 사항을 바쿠후에 올리기도 했다. 과거제도가 없는 일본에서는 기본적으로 家老職도 세습이었고 가문도 정해져 있었다. 호슈는 對馬藩 藩儒이며 藩主에 대해 유학 강의를 하거나 대조선 외교문서를 정리하는 부서(朝鮮方)에서 근무하거나 임시로 통신사에 수행하거나 외교교섭을 위해 조선은 방문했다. 호슈를 논할 때 이러한 점에 유의하면서 호슈의 상소문을 통해 통신사의 에도 방문 정지라는 또 다른 역지의 흐름을 찾고자 한다.

86) 信使上下五百人ニ而罷渡り, 渡海より歸國迄ハ大形半年, 又は半年余ニも罷成候故, 公儀之御費は不及中, 道中往來ニ, 二日或は三日之逗留ニ候而も, 其所々之大名衆勞費不斜候. 增而, 平戶·筑前·長門·安芸·肥後·肥前·播馬, 海路所々之大名衆ハ風順次第之事候故, 往來或は二十日, 或は三十日, 領內ニ令逗留候故, 其浪費無限 公命を重し, 隨分被精出候とは相見候へ共, 內證物入之所は可被到難義と存事候. 此外人馬斗被出候大名衆も, 是又勞費些少とは難申候 (雨森芳洲, 「信使停止之覺書」, 『芳洲外交關係資料書翰集』, 關西大學出版會, 1982, 310~311쪽).

더라도 필요한 경비라면 낭비는 아니다. 하지만 통신사를 통해 바쿠후가 얻을 수 있는 효과(예를 들어 바쿠후에 대한 국내 다이묘들의 통제라든지 충성심을 높일 수 있는 등)보다 상대적으로 적다고 파악한 것이다. 호슈는 통신사 자체를 재평가해야 하는 시기가 왔다고 생각한 것이다.

둘째, 호슈는 대마도가 무역의 이윤으로 군비를 조달하고 대조선 외교를 해 왔다는 對馬藩屛論을 주장하였다. 대마도는 통신사 내빙에 필요한 경비를 조선무역을 통해 조달해왔다. 바쿠후가 조선무역을 대마도에 허락한 것도 조선과의 각종 교섭에 필요했기 때문이다. 조선무역은 대마도만이 갖는 특권인 동시에 의무이기도 했다. 이는 1714년에 쓴 『隣好始末物語』에도 언급되어 있어서 대마도가 바쿠후에 지원을 요청할 때 항상 주장한 것이었다.[87]

그런데 무역에서 이윤이 많을 때는 대마도가 통신사의 접대비용을 부담할 수 있지만, 만일 이윤이 적으면 부담할 수 없다. 결론이 된다. 따라서 바쿠후의 정책에는 기본적으로 변화가 없었기 때문에 바쿠후는 대마도에 대한 지원을 계속할 수밖에 없었다. 대마도가 바쿠후의 지원을 받지 않으려면 조선무역이 활발하게 이루어져야 하는데 현실적으로 어려운 상황이었다. 즉, 대마도는 바쿠후의 지원만 바라보며 조선 교섭을 해야 한다는 것이고, 바쿠후가 지원을 끊는다면 대마도가 존속하기 어려운 일이었다.[88]

셋째, 公儀(바쿠후)에는 통신사 정지가 일본의 '永久之良計'라는 책까지 있다고 호슈는 주장하였다. 이 책이 하쿠세키의 책인지는 확실하지 않으나 통신사에 대한 인식변화가 바쿠후 내부에 있다는 것이 문제였다. 하쿠세키와 함께 소멸한 역지통신이 다시 지지를 얻고 있다는 증거였다. 그래서 호

---

87) 泉澄一, 『對馬藩藩儒雨森芳洲の基礎的研究』, 關西大學出版會, 1997, 307~308쪽.

88) 然者, 信使來聘は, 日本國內大分無益之費と罷成候事候. 第一當對馬之儀は銀貨差渡, 彼國と令貿易候余利を以武備をも備え, 信使をも護行いたし候様＝と被仰付置候へ共, 七世之祖より義眞様代迄ハ, 朝鮮之交易順路＝候故, 利之力を以, 武備ため身分不相應之家中人數をも備置, 信使をも一力を以令護行候へとも, 義眞様(第21代)末年より朝鮮之貿易左前＝成り候故(雨森芳洲, 앞의 책, 311쪽).

슈는 통신사의 에도 방문을 정지하도록 제안한 것이었다. 대마도 역지라는 직접적인 언급은 없지만, 통신사는 반드시 대마도를 거쳤기 때문에 대마도 역지를 염두에 둔 것으로 보인다. 대마도로서는 통신사가 계속 존속하기를 바라지만, 실은 그 열쇠를 쥔 것은 '양국의 의지'였다. 바쿠후의 인식변화는 최악의 경우 통신사의 폐지까지 이루어질지도 모르는 위험한 징후였다고 호슈는 판단한 것이다.

두 사람의 역지통신론에는 분명한 차이가 있다. 하쿠세키는 일본이 수모를 당할지 모른다는 이유였지만, 호슈는 대마도가 살아남기 위해 무슨 일이 있어도 통신사를 존속시켜야 한다는 것이다. 에도가 아니라도 통신사를 존속시키는 편이 대마도에게는 좋다는 것이다. 그래서 바쿠후가 통신사에 관해 묻는다면 '隣好를 명확하게 하면 통신사가 에도까지 가지 않게 하는 것이 60~70% 정도의 확률로 가능하다'고 답하라고 하였다.[89] 통신사는 대마도를 거쳐 에도까지 갔기 때문에 에도 방문 정지는 대마도 역지통신을 의미했다.

넷째 호슈는 조선이 전례를 중시하는 것을 지적하며 역지 교섭이 쉽지 않은 것을 암시하고 있다. 앞에서 언급한 60~70% 가능하다는 말은 실제 가능 여부에 대한 것보다 바쿠후를 의식한 말일지도 모른다. 호슈는 조선과 직접 교섭한 경험이 있어서 역지가 쉽지 않은 것을 알고 있었기 때문이다. 그렇다고 해서 대마도가 먼저 에도 방문 정지를 교섭할 수는 없었다. 우선 에도 방문 정지를 바쿠후가 결정할지도 모르니 대마도도 대비하자는 것이었다.[90]

---

89) 公儀=も信使御止メ被成候事, 日本國永久之良計=候と申御書キ物出來居候樣=聞及候ヘ, 若も日本國中之浪費を被思召公儀より御尋も有之候ハ, 御隣好ハつきりと相立, 信使江戶迄不罷越候樣=仕成候仕形, 十=六七可有之哉と存候ヘ共(雨森芳洲, 같은 책, 311쪽).

90) 是又異國之事と申, 彼國先規を重し候國風=候故, 此方よりはなから, 必定被申上候事=而は無之, 上之被仰付を相待候のみ=候. しかし右申候日本國無益に大成費候段ハ, 公儀=御存被成候樣有之度事と存候. 若も信使之事=付, 彼方より相尋候人有之候而, 右之通答候は勿論, 左なく候ても, 事之序は此方より此方費用が拙出し, 何とそ事たる

호슈가 예상한 대로 역지통신은 실시까지 약 20년이라는 시간이 걸렸다. 여기에는 대마도 역지통신을 추진한 家老와 에도 방문을 추진한 家老의 대립구도가 영향을 미쳤다. 심지어는 역지에 반대하는 家老가 조선 역관에게 뇌물을 주고 역지에 반대하도록 유도했다.[91] 물론 호슈가 이 시점에서 통신사를 둘러싼 내부대립을 예상한 것은 아니었다. 단지 통신사가 역지라는 형태로 바뀔지 모르는 상황에서 대비가 필요하다는 글을 藩主에 올렸다는 것이었다. 그러나 호슈의 기대와는 달리 대마도는 역지에 관한 대비를 하지 못하고 역지교섭을 담당하게 되었다. 바쿠후의 정책전환으로 대마도가 仲介者의 역할을 유지할 수 없는 날이 다가오고 있었다.

역지통신은 단순히 장소만 대마도로 바꾼 것이 아니라, 조일 양국이 오랜 논의 끝에 만든 新例였다. 역지의 필요성은 하쿠세키가 이미 1715년에 제기했지만, 실현되지 않고 일단 폐기되었다. 역지를 외교 현안으로 인식해 추진하려는 사람도 아직 바쿠후에 없었고, 조선에 알리지도 않았다. 그런데 18세기 후반이 되자, 조일양국에서 통신사 개혁을 지향하는 움직임이 다시 일어났다. 조선에서는 통신사의 沿路개혁이 논의되고, 대마도에서는 호슈가 통신사가 에도까지 가는 것을 중지하도록 건의했다. 통신사의 개혁은 조일양국에서 공통된 문제였지만, 지향점이 각각 달랐다. 조선은 통신사가 출발하기 전 국내에서 통신사를 접대하는 민의 부담을, 일본은 일본에서 통신사를 접대하는 민의 부담을 각각 줄이자는 것이었다.

---

御役人用事相願候(雨森芳洲, 같은 책, 311쪽).
91) 川本達, 『對馬遺事』, 嚴原, 1926 참조.

# II. 통신사 연기와
# 대마도 역지통신 교섭

## 1. 조선의 통신사 연기교섭 과정

### 1) 통신사 준비과정과 연기교섭

조선이 10대 쇼군 이에하루(家治)가 서거했다는 소식을 왜관관수를 통해 접한 것은 1786년 10월이었다.[1] 대마도는 關白告訃差倭를 보내기 전 미리 조선의 소식을 알렸다. 조선은 통신사가 가지고 갈 禮單人蔘 200근과 미삼 40근을 평안도(강계부)에 卜定하게 했다.[2] 信蔘이 분정된 초기에는 평안도, 함경도, 강원도, 경상도 등 여러 지역의 공동납부가 원칙이었으나 강계부가 대부분을 부담하는 형태로 변경되었다. 강계부는 1747년의 경우 총 213근 중에서 100근(46.9%)을 부담했고, 1763년의 경우 234근 중에서 160근 (68.3%)을 부담했다.[3]

그런데 이 시기는 아직 정식으로 서거 소식을 전하는 關白告訃差倭가 오지도 않았고, 새 쇼군이 승습했다는 關白承襲差倭도 오지 않았다.[4] 그리고 통신사 파견을 요청하는 通信使請來差倭 역시 오지 않은 상황이었다. 하지만 17세기 이후 통신사 파견 절차는 정해져 있었기 때문에 조선은 예측 가능한 상황에 따라 통신사 파견을 준비하고 있었던 것이다.[5]

---

1) 『通信使謄錄』, 正祖 10년 10월 6일.
2) 戶曹判書鄭一祥啓言: "關白新立後, 三年內來請通信使, 舊例然也. 禮單人蔘二百斤, 請令江界府, 趁丹, 黃等把, 準貿爲宜." 允之 (『正祖實錄』, 正祖 10년 10월 신해).
3) 문광균, 「18세기 江界지역 貢蔘制의 운영과 변화」, 『朝鮮時代史學報』 57, 2011, 174쪽.
4) 關白告訃差倭가 부산에 온 것이 1787년 3월이고, 關白承襲差倭가 부산에 온 것은 1787년 7월이었다(『通信使謄錄』, 正祖 11년 3월 25일, 7월 18일).
5) 조선후기 조선이 정식으로 허락한 별차왜는 27종에 달한다. 그중 17세기에 19종, 18세기에는 8종이었다. 조선은 외교의례별로 차왜를 大差倭와 小差倭로 구분했다.

조선이 발 빨리 예단삼을 왜 마련하려고 한 것인가. 조선의 대일무역에
는 연례송사와 차왜가 있었다. 약조로 정한 무역선이나 大小差倭가 올 때
마다 지급하는 인삼을 단삼이라 한다. 연례송사에 필요한 인삼은 30근이고,
그 이외에도 통신사청래 18근, 통신사호행 12근 등이 있고 매년 차이가 있
지만, 70근 정도 준비해야 했다.6) 통신사가 언제 일본에 갈지 모르지만 매
년 필요한 인삼에다가 별도에 200근이나 필요하였다. 그리고 무엇보다 영
조대에 파견된 두 번의 통신사는 예단삼을 준비하는 데 어려움이 많았다.
약 20년 만에 다시 예단삼을 준비하는데, 그때보다 좋지 않은 상황에서 예
단삼을 빨리 준비한 것으로 보인다.

조선이 信蔘 준비에 분주하는 가운데 關白告訃差倭와 關白承襲差倭가
잇따라 부산에 도착한다는 소식을 접하게 되었다. 비변사는 전례에 따라 경
접위관과 차비역관을 보내 접대할 것을 청했다.7) 이 차왜는 조선이 통신사
파견을 위해 허락한 차왜였기 때문에 비변사가 전례에 따라 접대하도록 청
한 것이다.

그런데 통신사의 예단삼을 준비하기로 한 강계부사 이이상이 상소문을

---

大差倭는 關白(쇼군)에 관한 것이 14종, 대마도주에 대한 것이 9종, 기타가 4종이었
다. 소차왜는 주로 표류민송환이라든지 공작미 교섭 등을 목적으로 했다. 물론 조
선이 허락하지 않은 차왜는 성과 없이 귀국했고, 조선이 허락한 차왜는 조선이 정
한 접대를 받았다(홍성덕, 「17世紀 別差倭의 渡來와 朝日關係」, 『全北史學』 제15호,
1992, 116~117쪽).

6) 『萬機要覽』 財用編 單蔘, 경인문화사, 1979.

7) 司啓曰, 卽見東萊前府使洪文泳, 狀啓, 則以爲關伯身死告訃, 大差倭, 匪久出來, 京接慰
官及差備譯官, 預先差出, 所贈宴禮, 公私禮單, 依例擧行事, 請令廟堂, 稟旨分付矣, 京
接慰官及差備譯官, 堂上堂下各一員差出, 禮單磨鍊等事, 竝令該曹該院, 考例擧行之意,
分付, 何如, 答曰, 允(『備邊司謄錄』, 正祖 10년 12월 11일).
司啓曰, 卽見禮曹粘目, 則枚擧東萊府使李敬一狀啓, 以爲關白承襲告慶大差倭匪久出
來, 京接慰官及差備譯官, 預爲差出事, 請令廟堂稟處矣, 京接慰官及差備譯官差送, 自
是前例, 依此擧行之意, 分付該曹該院何如, 答曰, 允 (『備邊司謄錄』, 正祖 11년 6월
18일).

올리며 信蔘을 마련하는 어려움을 호소했다.

> 강계 백성이 蔘弊 때문에 지탱하기 어려운 실상을 힘주어 말하고 이르기
> 를 信蔘 2백 40근의 별무를 졸지에 지극히 殘廢한 3천의 民戶에 내라고 다
> 그치면 물고기가 놀라듯 새들이 숨듯 동으로 달아나고 북으로 떠날 것은 지
> 각이 있는 사람이 아니라도 족히 알 만합니다... 구례대로 함경도의 삼 40
> 근·미삼 10근을, 평안감영에 삼 20근을 분정하게 하면 본부에서 내야 할 삼
> 은 1백 70근이 되는데 통신사의 행차는 내명년 봄 여름 사이에 있게될 터이
> 니 두 해에 나누어 챙겨서 바치는 것은 심히 어렵지는 않을 것 같습니다.[8]

강계 백성에게 삼폐가 얼마나 큰지를 강조하면서 통신사가 일본에 갈 시
기를 1789년 봄 또는 여름으로 예상하고 있다. 그래서 2년으로 나누어서 예
단삼을 준비하는 방도를 말하였다. 왜냐하면, 대체로 關白承襲差倭의 도착
후 3년 이내에 통신사를 파견하는 것이 전례였기 때문이다.[9]
그런데 信蔘을 확보하는 일이 계획대로 진행되지 않았다. 함경감사 이승
호가 1년에 20근 분정하는 것을 감해달라고 청한 것에서 그 내용을 알 수

---

8) 今八月二十九日次對入侍時, 領議政金所啓, 此江界府使李頤祥上疏也, 盛陳江民蔘弊難
支之狀, 以爲信蔘二百四十斤別貿, 猝然責徵於至殘三千之戶, 則其魚駭鳥竄, 東走北去,
不待智者而知之, 依丙寅年例, 一百斤自本府貿納, 尾蔘四十斤內 從略分定, 而信蔘添
價, 自有其例, 丁卯則許以隨其品色高下, 一從市直施行, 民到今便之, 今亦依丁卯年例,
從其蔘品, 折其添價, 則遠方之蔘, 庶或有聞風而至者, 而低昂折定之道, 亦非付之於奸
鄕猾吏之手者, 戶曹計士, 旣以稅蔘年年下來, 另擇勤幹解事者以送, 俾有商確, 則事歸
完備, 例貿蔘價, 每以米綿 參互割送, 而列邑木品, 年久尺短, 至於小米屢豐之餘, 賈用
不售, 今或以米綿分割, 則尤無以措手, 知此信蔘價純錢上下, 其亦自來之規, 凡此數事,
不可不變通, 請令攸司, 一依丙寅定奪施行, 江蔘之弊, 自上已洞燭, 今不必煩陳, 而信蔘
二百四十斤別貿, 又在此際, 本倅之疏請變通, 其勢無怪, 丙寅年例, 雖未知如何, 而許多
之數, 誠難專責於本府, 依舊例北關蔘四十斤, 尾蔘十斤, 平安監營二十斤, 許其分定, 則
本府當納之蔘, 爲一百七十斤, 信使之行, 當在再明年春夏間, 則分兩年備納, 似不甚難
(『備邊司謄錄』, 正祖 11년 9월 4일).
9) 田保橋潔, 「朝鮮國通信使易地行聘考」, 『東洋學報』 23, 1936, 325쪽.

있다.

　이번 1월 13일 차대에 입시하였을 때에 영의정 김치인이 아뢰기를, "이는 함경감사 이숭호의 장계입니다. 이르기를 '信蔘 40근을 2년으로 나누어 본도에 분정한 것은 10월의 일이나 동호가 캐서 돌아간 지 이미 오래이고 관서의 상인이 사 간 것이 이미 많아 京鄕에서 백방으로 사 들여서 겨우 15근을 만들어 해조에 올려 보냈습니다. 대저 信蔘의 분정은 을미년보다 많을 때가 없었으나 매년 바친 것이 10근에 지나지 않았습니다. 금년에 본도에서 캔 것도 겨우 이 수량밖에 되지 않았고 나머지는 모두 다른 곳에서 사 왔습니다. 명년에 한 뿌리도 새지 못하게 한다 하더라도 금년에 바친 수량을 넘지 못할 것은 익히 짐작이 갑니다. 그러니 40근 중에서 10근만 감하면 삼민들이 생업에 안도할 수 있을 것입니다.[10]

　이에 대해 영의정 김치인은 만일 함경도에 분정한 信蔘을 줄이면 다른 지역에 다시 분정해야 한다고 반대했다. 그러나 정조는 백성을 위해 30근(1년에 15근씩)으로 줄이는 것을 결정했다.[11]

　1년에 15근으로 줄인 함경도는 일단 계획대로 信蔘을 확보할 수 있었으나 10근을 분정한 평양감영은 아직 구하지 못했다고 호조판서 서유린이 아

---

10) 今正月十三日次對入侍時, 領議政金所啓, 此咸鏡監司李崇祜狀啓也, 以爲, 信蔘四十斤, 分兩年分定本道, 在於十月, 峒戶之探歸已久, 西商之貿去已多, 京鄕圖貿, 僅備十五斤, 上送該曹, 大抵信蔘分定, 無如乙未之多, 而每年所納, 未逾十斤, 今年所得於本道者, 亦僅爲此數, 餘皆他貿, 雖使明年無一根見失, 極不過今年所納之數, 若於四十斤內, 減其十斤, 則蔘民庶可安業(『備邊司謄錄』, 正祖 12년 1월 13일).

11) 今若許減, 於何加數, 依前卜定, 分兩年四十斤, 使之某條備納, 至於蔘價添給事, 道臣所引己亥·癸卯之例, 卽別貿蔘, 而非信蔘也, 比乙未信蔘添價, 多寡懸殊, 非可援例, 自上特軫江民之弊, 至施拔例之惠, 則今雖添價, 不當加此, 一依江蔘例, 每蔘一兩, 加給錢十兩, 使於炭草錢留儲中取用事, 分付何如, 上曰, 依爲之, 三十斤之於四十斤, 在度支無甚所關, 在北民無異龜刮, 信蔘之移定本道, 旣出於爲西民一分紓力之意, 則今於北民, 豈可不軫念, 道伯辭陛時, 亦有示意者, 依狀請許施好矣 (『備邊司謄錄』, 正祖 12년 1월 13일).

래와 같이 말했다.

> 신은 信蔘의 일에 대하여 감히 앙달하겠습니다. 함경도에는 40근, 평양감
> 영에는 20근을 2년에 나누어 마련하여 올려보내게 하기로 전일 대신의 연품
> 으로 인하여 議定하여 동시에 관문을 발송하여 지시하였는데 함경도의 15
> <u>근은 세전에 상납하였으나 평양감영의 10근은 아직까지 동정이 없습니다.</u>
> 평양감영은 도신의 부임이 관북보다 조금 늦었다고는 하지만 근수는 조금
> 적으니 사면으로 헤아려볼 때 심히 자체되었다 하겠으므로 빨리 실어다가
> 바치라고 신칙해야 하겠습니다.[12]

조선이 通信使請來差倭를 기다리면서 통신사 파견준비를 하고 있을 때,
바쿠후는 통신사를 연기해달라는 通信使請退差倭를 1788년 10월 조선에
보내 다음과 같이 요청했다.

> 새 쇼군에 대한 귀국의 사신 파견이 가까이 다가오고 있습니다. 그러나
> 본국은 <u>근년 흉년으로 곡식이 머물지 않아 백성이 곤궁에 빠져 있습니다.</u> 쇼
> 군의 새로운 정치는 어질고 우리는 그것을 받들고 백성을 구제하는 데 힘을
> 쓰고 있습니다. 이때에 <u>귀국의 사신이 오신다면 백성들이 접대에 황망히 동
> 요될 것이며 노고의 형상은 나무가 꺾이고 뿌리가 뽑히는 것과 같습니다. 우
> 리 대군이 깊이 염려하시어 통신사 파견을 연기할 것을</u> 명하셨습니다.[13]

실은 바쿠후는 전례에 따라 새 쇼군의 승습을 알리는 차왜를 보낸 후에
도 통신사에 관한 계획을 세우지 못했다. 통신사 접대에 대한 재정적인 부
담 때문이었다. 일본은 앞서 7년간의 흉작으로 1786년의 경우 전체 수확량

---

12) 臣於信蔘事, 適因言端, 敢此仰達矣, 關北之四十斤·關西之二十斤, 分兩年措備上送事,
   頃因大臣筵稟定奪, 同時發關知委, 而關北十五斤, 則趁歲前上納, 關西十斤, 則尙無動
   靜, 關西道臣之赴任, 雖曰差後於關北, 而斤數則又差少, 揆以事面, 誠甚稽忽, 申飭輸
   納, 在所不已矣, 上曰, 出擧條申飭可也 (『備邊司謄錄』, 正祖 12년 1월 13일).

13) 韓國史料叢書 24 『同文彙考』4, 국사편찬위원회, 1978, 3881쪽.

이 3분의 1까지 많이 줄어들었다. 關東地方에는 수해까지 겹쳐 굶어 죽는 사람이 속출했다. 에도시대 4대 기근 중 최대의 텐메이(天明) 大饑饉이다.

그러나 일부 상인들이 쌀을 대량 매점 매식하여 쌀값이 폭등했다. 전국 적으로 쌀 상인이나 부호를 무차별적으로 습격하는차이에 대한 민란이 5월 한 달 동안 30여 건이나 일어났다. 이 가운데 에도에서 5월 20일부터 24일 까지 일어났던 민란의 규모가 가장 컸기 때문에 바쿠후 수뇌부에 준 충격 도 컸다.[14]

역지통신은 이와 같은 위기 속에 老中 마쓰다이라 사다노부(松平定信)가 추진했다. 그는 8대 바쿠후 쇼군의 손자로서 요시무네가 주도한 18세기 초 의 개혁정치를 높이 평가하고 조부의 개혁노선을 재현하려는 꿈을 가졌다. 그 결과 財政赤字를 메우는 목적으로 緊縮財政策을 채택했고 재정적인 부 담이 큰 통신사 접대까지 개혁의 도마 위에 올랐다. 물론 접대는 각 지역에 서 부담하는 것이지만, 실질적으로 부담하는 농민들에 의한 민란이 자주 일 어나는 상황에서는 바쿠후도 신경을 쓸 수밖에 없었기 때문이다.

역지의 배경으로 대마도의 내부사정도 중요한 요소였다. 1788년 3월 대 마도 江戸家老 스기무라 나오키(杉村直記)는 새 쇼군을 위한 通信使來聘 을 上申했다. 그는 통신사의 에도 방문을 즉시 시행함으로써 대마도의 재정 적인 어려움을 해결하려고 했다. 나오키는 대마도의 명문 가문 출신으로 家 老를 세습하고 있었다. 사다노부는 "통신사는 전례에 따라 시행할 것을 명 하고 시기에 관해서는 나중에 알린다."는 말만 하고 즉답을 피했다. 그러나 4월이 되자 에도에 있는 나오키를 멀리하고 온건파인 후루카와 즈쇼(古川 圖書)를 대마도에서 부르고 江戸家老로 세웠다. 사다노부는 역지통신을 실 현하기 위해 먼저 연기교섭부터 실시하려고 계획한 것이다.[15]

---

14) 『新訂增補 國史大系 續德川實紀』 48권, 吉川弘文館, 33쪽.

15) 聘使は對州にて迎接してすむべけれ. この迎接の事, 議せんにも同列にはいまだその人 あらず. ことに朝鮮より聘使の義伺はんも程ちかければ,　まづ延聘之義をなしてこそと

家老의 교체는 역지를 추진하기 위한 첫 번째 시도였다고 볼 수 있다. 江戶家老는 바쿠후의 뜻을 대마도 家老에게 알리고 지시하는 사람이라서 에도를 원하는 나오키는 적절치 않았다는 것이다. 또한, 나오키는 1776년에는 개시무역 부진을 호소해 바쿠후로부터 매년 銀 12,000량씩 무상으로 지원받은 적이 있었던 사람이었다.[16] 개혁을 추진하기 원하는 사다노부에게는 경계 대상이었다.

그러나 나오키는 그 지위를 잃은 후에도 여전히 막강한 힘을 가지고 있었고, 나중에는 대마도 내정이 나오키를 중심으로 한 에도 방문 추진파와 새 江戶家老 오오모리 시게에몬(大森繁右衛門)을 중심으로 한 역지 추진파로 갈라지게 되었다. 사다노부의 역지 추진이 대마도 내부의 공론분열을 일으킨 결과가 되었다. 에도 방문 추진파와 역지 추진파의 주장은 통신사를 통해 바쿠후로부터 많은 지원을 받으려는 방법론의 차이에 불과했다. 그러나 통신사 문제가 대마도 내정과 깊은 관련이 있어서 역지 교섭과정에서 대마도 내의 정권을 둘러싼 권력 싸움으로까지 발전하는 등 적지 않은 부작용이 나타났다.[17]

대마도는 사다노부로부터 직접 명을 받은 古川圖書를 정관에 임명해 연기교섭에 착수했다. 조선은 통신사를 보내달라는 차왜를 기다리고 있었는데, 일본에서는 흉년을 이유로 통신사를 연기해달라는 연빙사가 왔다. 그런데 일본은 통신사 연기를 요청할 차왜(연빙사)를 지금까지 보낸 적이 없었

---

一決し, 그 旨言上し, 五山相國寺之長老など呼びてみづから談じ, 延聘之義とり行ひしが, ことによくととのひて彼方にも尤に聞うけり. その延聘の言葉とせしは, ちか飢饉つづき侍れば, その大費に給する事なし. 只今はそのその下を救ふの故のみ也といひやりたりけり. それすらも對州の家老いなみてうけがはざりしを, いろいろと申さとし, 古川圖書という家老よく任として對州へ行しが, 半年ほどにしてその儀ととのひし也. いま延聘一件書狀事情の事, くはしく冊子にして御用部屋へ納めをけり. かくてまづ延聘は行われたり. これより於對州迎接する之一條なり(松平定信, 앞의 책, 136~137쪽).

16) 森晋一郞, 「近世後期對馬藩日朝貿易の展開」, 『史學』56-3, 1986, 379~385쪽.

17) 森山恒夫, 「對馬藩」, 『長崎縣史-藩政編』, 吉川弘文館, 1973, 1057~1060쪽.

다. 왜학훈도 김덕윤과 별차 최국정은 전례가 없다는 이유로 서계등본 수리를 거부했다. 조선이 거부한 이유는 허락된 차왜가 아니라는 점에 주목해 볼 수 있다.

별차 최국정은 나중에 대마도와 결탁해서 戊午約條(1797년)와 관련된 일련의 사건에 깊이 관여한 사람이었다. 대마도가 조정의 허가를 받기 위해서는 먼저 역관들과의 공감대 조성이 필요한데, 차왜가 가지고 온 서계에는 연기기간도 정확히 명기되어 있지 않았다. 그러나 왜관관수와 정관의 노력으로 1788년 11월 어렵게 역관에게 허락을 받고 서계등본도 동래부사에 전달되었다. 서계 내용을 검토한 동래부사 김이희는 서계와 예물을 돌려보내고 차왜에게 귀국을 명했으나, 차왜는 귀국하지 않았다. 사다노부의 명으로 시작한 교섭을 대마도는 포기할 수 없었다.

1789년 2월 동래부사는 차왜의 처벌을 요구했고, 동래부사의 상계를 심사한 비변사도 역시 귀국시키도록 주장했다. 그러나 정조는 "이번 차왜는 조약 위반이 아니라 통신사를 요청하는 기한이 되는데 그들의 형편이 넉넉지 못하여 기한을 물려줄 것을 청했으니 특별히 입국을 허락하고 접대할 것"을 지시했다.[18] 정조의 접대 허락은 연기요청을 받아들인다는 뜻이었다. 결국, 차왜는 종래의 대차왜와 같은 접대를 받아 통신사 연기교섭은 끝났다. 그 결과, 앞으로 일본이 연빙사(通信使請退差倭)라는 이름으로 차왜를 보내면 조선은 거부할 명분이 없어졌다. 그리고 통신사 연기는 일본이 조선에 통보하는 방식이 아니라 차왜를 보내 조선과 교섭을 하는 것으로 정해

18) 司啓曰, 東萊府使金履禧, 規外差倭, 嚴飭訓別, 責諭入送事, 緣由狀啓, 有今日內草記稟處之命矣, 交隣之道, 惟在於謹守約條, 則信使退期之由, 雖不可不通報, 旣有年例送使, 自可從便付來, 而今乃 別遣差倭, 屢月相持, 終不入去者, 大有違於嚴約條之義, 如例許接, 非所可論, 更加嚴飭於訓別處, 據理責諭, 卽速入送, 俾無一向逗遛之弊事, 分付萊府何如, 答曰, 此與尋常違越約條有異, 信使當送之限, 以其事力之舉羸, 有此退期之請, 則在我交隣之道, 豈可以送使之差違元定, 一向防塞, 以貽久淹官館之弊乎, 特令許施, 仍卽差遣接慰官, 以爲接待之地可也(『備邊司謄錄』, 正祖 13년 2월 15일).

졌다.

規外라는 이유로 접대를 처음에는 거절했다가, 정조의 결단 후 통신사청
퇴차왜는 정식으로 조선이 허락한 차왜가 되고 이후 격식에 맞는 접대를
받았다.

## 2) 정조의 통신사 연기에 대한 입장

통신사 연기교섭이 일본의 예상보다 빨리 끝난 것은 정조의 결단에 의한
것이었다. 정조는 전례에 따라 통신사를 보내기 위한 준비를 계속하고 있었
고, 특히 信蔘를 마련하기 위해 애를 쓰는 모습을 기록에서도 확인 할 수
있었다. 다만, 영조대부터 信蔘을 준비하는 작업은 쉽지 않았다.

정조대에도 차왜의 역할에는 변화가 없었고 오히려 대응은 빨라졌다. 즉
쇼군의 서거 소식을 접하자, 信蔘 확보에 나선 것이 대표적인 예일 것이다.
그리고 통신사 파견 시기를 關白承襲差倭를 기준으로 한 점도 주목할 필요
가 있다. 차왜를 통제하려는 조선의 의도는 通信使請退差倭에 대한 대응에
나타난다. 通信使請退差倭는 연기라는 의제를 정식으로 의논하기 위해 보
낸 것이지만, 과거에 보낸 적이 없었다. 당연히 규정에 없는 차왜가 될 수밖
에 없었다.

조선은 1682년 통신사 때 차왜를 억제하기 위해 대마도와 약조를 맺었
다.19) 약조를 통해 조선은 대마도를 통제하려고 했으나 쉽지 않았던 것으

---

19) 조선은 정례화를 막기 위해 차왜에 대한 접대를 원칙적으로 거부하기로 해 대마
    도 동의했다. 왜학역관 홍우재가 쓴 『東槎錄』 10월 27일 기사에는 대마도가 차왜
    를 보내지 않겠다는 내용과 약조를 지키겠다는 것이 아래와 같이 기록되어 있다.
    전날에 형세가 부득이하여 그렇게 된 것이며 약조를 어기려는 뜻은 없었습니다. <u>지
    금부터는 오직 약조한 바에 따라 연례로 보내는 사자 외에는 별도로 보내지 않겠
    습니다.</u> 표류인 호송에 대한 조목은 경중의 구별을 두지 않을 수 없는데, 만약 다
    른 군현으로 표류하여 들어간다든가 혹은 배가 부서져 죽을 형세가 된 것을 구제
    하여 부득불 상세히 보고해야 할 자는 우리나라의 법대로 호송하지 않을 수 없고,

로 보인다. 연기교섭은 차왜와 별차왜(조선이 허락한 사신)에 관한 조선의 태도가 대조적으로 나타나는 좋은 사례이다. 한번 조선이 허락한 별차왜에 대해서는 짧은 시간에 교섭이 이루어졌으나, 일반 차왜의 경우 오랜 시간이 필요했다. 특히 통신사의 연기라는 중요한 사항이라면 시간이 오래 걸릴 수밖에 없었다.

그런데 정조는 규외 차왜라고 반대하는 대신들을 설득하였다. 새로운 차왜를 허락하는 일임에도 불구하고 일본의 어려운 사정을 정확히 이해한 모습을 보였다. 대마도 역지통신 교섭이 오래 걸린 것을 생각하면 상당히 뜻밖에 일이라고 할 수 있다.

그러면, 정조는 왜 通信使請退差倭의 접대를 허락하였는가. 信蔘 확보에 관한 기록이 계속 나오는 것을 보면, 信蔘 문제 때문에 연기를 허락했다고 볼 수도 있다. 그러나 정조가 信蔘 문제를 비롯한 재정 문제로만 연기를 허락했다고 보기는 어렵다. 재정문제로 통신사 파견을 연기할 수는 없기 때문이다. 교린관계에서 조선은 통신사를 반드시 보내야만 했고 예외는 없었다. 서거한 쇼군에 대해서도 이미 역관사를 보내 조위를 표했기 때문에 남은 것은 새 쇼군에 대한 경하사절의 일본 파견만 남았다. 재정문제만 가지고 조선의 대일정책에 접근한다면, 이처럼 이치에 맞지 않는 문제들이 나온다. 만일 연기를 재정문제로 허락했다면, 信蔘을 줄일 수 있는 대마도 역지통신도 같은 맥락으로 대마도가 허락을 받아야 한다. 후술하겠지만, 정조는 재정적인 이득을 분명이 거부하고 있다. 다른 시각으로 접근 할 필요가 있다는 이유이다.

정조가 허락한 이유는 직접적인 언급은 없지만 에도통신을 연기하고 싶다는 서계 내용 때문이다. 바쿠후는 처음부터 역지 계획을 구상하고 있었으나 먼저 연기를 하고 역지 교섭은 나중에 한다는 전략이었다. 이 시기 조선

---

그 나머지 표류인은 모두 지시한 대로 돌려보내겠습니다 (홍우재, 「동사록」, 『국역해행총재』VI, 민족문화추진회, 1975, 234쪽).

에는 역지에 관한 정보가 아무것도 없었다. 그래서 통신사의 연기는 에도통
신의 연기를 의미한다고 조선이 이해한 것도 당연하다. 그렇다고 그가 대일
정책의 비효율성이라든지 문제점을 전혀 인식하지 못했다는 뜻이 아니다.
『弘齋全書』에도 아래와 같은 언급이 있다.

> 내가 廟堂에 명해 왜인 접대 절차를 만들도록 했는데,
> 첫 번째는 차왜가 나오면 시탄을 담당 역관에게 책임 지우는 것을 영원히
> 혁파하고 濟倉에서 해마다 돈으로 400냥씩 보내 경비에 충당하도록 할 것.
> 두 번째는 제멋대로 차왜를 따라온 자들을 담당 역관이 잘 타일러서 도
> 로 보내지 않고 만약 사사로이 그들을 접대한다면 그 역관을 極律로 다스
> 릴 것.
> 세 번째는 차왜가 관에 있는 동안의 접대비를 기간에 맞추어 들여보내 줄 것.
> 네 번째는 왜인들 물품을 개시일이 아니면 절대 내놓지 못하게 하고 만약
> 營闕이나 읍진에서 때 아니게 사가는 자가 있으면 그를 일절 엄금할 것이며
> 범하는 자가 있으면 감사 이하를 중죄로 다스릴 것.[20]

위 인용문에는 왜인접대절목 중 여덟 가지에 대한 이야기가 나온다. 교
린관계에서 대마도에 대한 접대가 얼마나 문제가 많은지를 알 수 있다. 대
마도를 효과적으로 통제하기 위해서는 역관의 역할이 중요한데, 역관들이
대마도를 제압하지 못한다고 정조는 판단한 것이다. 역관에 대한 불신은 대
마도 역지통신 교섭 과정에서도 그대로 노출되었다. 역관이 대마도에서 뇌
물을 받고 약조를 위조한 일이 일어난 것이다.

---

20) 予嘗命廟堂. 撰成接倭節目. 其一. 差倭出來之後. 柴炭責之任譯者. 永爲革罷. 自濟倉每
年劃送錢四百兩. 以爲策應之需. 其二. 差倭跟役之濫率者. 若不責諭還送. 任譯私自供
饋. 則施以極律. 其三. 差倭留館支供. 差期入給. 其四. 倭物若非開市日. 切勿出門. 營
闕邑鎭. 不時貿取者. 一切嚴禁. 犯則監司以下施以重勘 (한국문집총간 262 『弘齋全書』
권11, 序引4 交隣引, 민족문화추진회, 2001, 번역문 『國譯弘齋全書』2, 민족문화추진
회, 1998, 132~133쪽).

원론적인 이야기이지만, 대일정책에 대한 재정문제를 논하는 기록도 있다.

> 우리나라의 재력이 困窮해진 것은 전적으로 사대와 교린 두 가지 일에서 비롯되었다. 그러나 사대는 신라와 고려 이래로 행해오던 일인 데다가 대국에서 우리 사행을 접대하고 상으로 하사하는 것이 매우 넉넉하여 그 비용을 계산하면 곧 서로 비등하다. 그런데 대마도는 공공연히 앉아 받아먹기 때문에 嶺南 반도의 재물이 모두 왜로 들어가고, 우리가 얻는 것은 조각이나 屛, 帖과 같은 쓸데없는 물건에 지나지 않으니, 이것은 실리가 없는 것으로 이보다 더한 것이 없다. 이를 생각할 때 切痛함을 이길 수 없다.[21]

통신사에 대한 비용문제를 말하고 있는 것 같지만, 실은 대마도에 대한 무역이 큰 부담이 되고 있다는 것이다. 정조가 말한 "영남지방의 재물이 모두 일본에 들어간다."는 말은 1763년 통신사 정사 조엄도 『해사일기』에서 지적하고 있듯이 당시 널리 알려진 사실이었다.[22]

또한 관백대차왜 도착 후 3년 이내에 통신사를 보낸다는 전례도 일본의 연기요청으로 무너지고 말았다. 차왜통제책의 하나로 허락한 별차왜 제도 역시 보류된 것이다. 주목해야 할 점은 연기가 결정된 후의 조선의 태도이다. 조선이 재정문제를 중시했다면, 언제 갈지도 모르는 통신사 예단을 준비도 하지 않았을 것이다. 정조의 선택을 보면 연기의 의도를 정확히 파악할 수 있을 것이다. 정조는 대일정책의 문제점을 인지하면서도 통신사는 종래대로 보낸다는 의사가 확고했다. 그래서 역지통신 교섭이 시작하자 에도통신을 둘러싼 대립이 본격화된 것이다.

---

21) 我國財力之困. 專由事大交隣二事. 然事大則自羅麗以來所行之事. 且大國之接待與賞賜 於使行者甚優. 計其所費. 直相當. 而至於日本. 則公然坐饋. 嶺南半道財物. 盡入倭納. 其所得者. 不過鏡片屛帖無用之物. 事之無實. 莫加於此. 思之不勝絶痛 (『國譯弘齋全書』, 323~324쪽).
22) 조엄, 앞의 책, 66쪽.

## 2. 대마도 역지통신 교섭을 둘러싼 '江戸通信' 논쟁

### 1) 대마도 역지통신 교섭의 쟁점

기간을 정하지 않았기 때문에 조선은 에도통신을 청하는 통신사청래차왜가 오기를 기다리면서 통신사의 예단삼을 준비하고 있었다. 이 과정에서 1790년 3월에는 부사직 강유가 예단삼과 관련한 상소를 올렸다.

> 통신사가 머지않아 출발을 해야 하는데, 거기에 필요한 인삼이 2백 60근이나 됩니다. 신이 몇 해 전에 들건대, 평양과 평안도에서는 자기 경내에서는 삼을 살 수가 없어서 값을 서울에 보내어 14냥으로 사려고 하니 갑자기 또 15냥으로 값을 올려서야 비로소 팔아넘겠다고 합니다. 이런 식으로 나가다가는 또 15냥에서 그칠지 어떻게 장담할 수 있겠습니까. 대체로 인삼이란 비용을 들여 얻어지는 것이 아닙니다. 땅에서 나는 것을 손으로 캐는 것에 불과한데도 그 가격이 전보다 10배나 올랐으니, 어떻게 삼장사들의 농간에만 맡겨둔 채 금지하지 않을 수가 있겠습니까. 지금 비록 가격을 줄인다더라도 그것이 본래 비싸던 것을 강제로 줄이는 것이 아닙니다. 비변사가 아뢰기를, "강유의 상소문을 가지고 대신들에게 收議하였더니, 의논하기를 통신사가 한 번 가지고 갈 삼은 이미 1년 전에 준비하여 혹은 삼으로 혹은 돈으로 경외에 보관되어 있으므로 지금 거듭 마련할 필요가 없습니다. 이제부터 시작하여 서남의 곡물이 많은 고을의 모곡 가운데 매년 작전해 놓은 것에서 10분의 1만 떼 두었다가 다음 통신사가 갈 때 삼을 살 밑천으로 준비해 두는 것은 실로 사의에 맞는 일입니다.' 하였습니다."하니, 따랐다.[23]

위 인용문에서 강유는 필요한 신삼이 260근인데, 가격이 계속하여 너무 올랐기 때문에 마련하기가 어렵다는 것이다. 그리고 가격이 10배나 올랐다는 말까지 나온다. 그러나 비변사에서는 강유의 말과는 달리 이미 1년 전에

---

23) 『正祖實錄』, 正祖 14년 3월 경인.

준비가 끝났기 때문에 더 이상 준비할 필요가 없다는 내용이다. 통신사의 교섭이 시작하지 않았기 때문에 信蔘이 얼마나 필요한지 확실하지 않은 상황인데도 과거의 통신사를 기준으로 信蔘을 확보한 것을 알 수 있다.

한편, 대마도는 역지 교섭을 시작하기 전 사람을 보내왔는데, 본 교섭을 위한 예비교섭의 성격을 갖고 있었다. 1791년 11월 24일 동래부사 柳烱이 아래와 같이 보고했다.

> 관수왜가 저희를 보고 말하기를, 지금 이 배편에 부쳐 도중에서 보낸 사서를 보니, 통신사를 의정할 일로 에도의 명에 따라 별도로 議聘大差使를 보내게 되었다고 하였는데 선문을 보내온 것이다. 저희가 답하기를 매년 여덟 차례 사신을 보내기로 정해진 이외에 만약 일이 있어 따로 사신을 보낼 때에는 자연 조약에 따른 명목이 있다. 그런데 이미 통신사를 요청하는 大差使도 아니고 보면 무슨 특별히 의논할 일이 있기에 조약에 정해진 이외의 사신을 먼저 보내는가? 설령 통신사를 보낼 때 의정하지 않을 수 없는 일이 있더라도, 문위관이 머지않아 들어갈 것이니 잠시 그때를 기다려 강정할 것이요, 그렇지 않으면 관수왜로 하여금 전품해서 처분을 기다리는 것이 誠信의 도리이다. 그럼에도 예가 없는 차개를 감히 보내려고 하다니 천만 부당하다. 설혹 보내오더라도 결단코 예에 따라 접대할 수 없고 또 그 문서도 받을 수 없다. 선문을 가져온 두왜를 속히 돌려보내는 동시에 이 뜻을 島中에 통보하여 대차사를 정지시키도록 하라고 엄한 말로 책망하였습니다.[24]

유경은 인용문에서 "법규에 없고 이미 연기가 결정된 통신사에 차왜를 보내려는 것은 대마도의 교활함을 나타내는 것이라면서 차왜를 거부하자"고 했다. 더군다나 그들이 보낸다는 의정대차왜는 조선이 허락한 별차왜가 아니었다. 이 시기는 차왜가 아직 도착하지 않았기 때문에 일본이 어떤 목적으로 차왜를 보내는지 알 수 없는 상황이었다.

조정에서 이러한 결정이 나온 후 1791년 12월에 議定大差倭는 부산에

---

24) 『正祖實錄』, 正祖 15년 11월 을미.

도착해 전례와 다른 접대를 왜학훈도 김덕윤과 별차 최국정에게 청구했다.
서계의 내용은 다음과 같다.

> 통신사의 일은 원래 쉬운 것이 아닙니다. 만일 거듭 흉년이라도 만나서
> 다시 기일을 늦춰야 한다면 예와 뜻을 오래도록 갖추지 못해 서로 편안하지
> 못할 것입니다. 영원히 우호 관계를 유지하는 일은 간략하고 쉽게 하는 것만
> 한 것이 없습니다. 지금부터 통신사를 대마도에서 맞이하고 빙례를 행하려
> 합니다. 이는 번거로움을 줄이고 영원히 정해진 제도로 삼아 나라와의 우호
> 를 더욱 굳게 하려고 해서입니다.[25]

서계를 보면 사다노부가 역지를 요청한 이유는 흉년 때문이었다. 흉년으
로 피폐된 상황에서 더 이상 통신사의 내빙을 늦출 수 없다고 하면서 역지
의 필요성을 강조하였다. 그는 역지통신이 이에야스 이후의 祖家之法의 변
경을 의미하는 것을 알고 있었다. 더 나아가 일본보다 전통의식이 강한 조
선의 입장을 고려해서 바쿠후 결정을 강요하는 것보다 어디까지나 조선에
양해를 구한다는 차원에서 신중하게 일을 진행하려는 모습을 확인할 수 있
다. 앞에서 하쿠세키와 호슈의 역지통신론을 언급했다. 하쿠세키는 『예기』
의 상호왕래를 인용하면서 조선과 교섭할 계획이었다. 그래서 재정문제는
거론되지 않았다. 한편 호슈는 조선과의 교섭에 대한 구체적인 언급이 없지
만, 재정문제를 중심으로 통신사의 문제점을 지적했다.

사다노부가 하쿠세키의 언설을 채택하지 않았던 이유는 분명하지 않다.
다만, 연기 교섭 때 재정문제를 거론하면서 성공한 경험이 작용한 것으로
보인다. 사다노부가 내세운 명분이 연기교섭과 역지통신 모두 같다는 점에
유의할 필요가 있다.

한편, 접대 거절은 이미 결정되었지만, 서계를 받고도 결과에는 아무런

---

25) 『通信使草謄錄』, 正祖 15년 12월 21일.

변화도 없었다. 역관으로부터 보고를 받은 동래부사 유강은 "통신사가 에도에서 국서를 교환하는 것은 양국 간에 중대한 일이이므로 경비절감 등의 이유로 변경하는 것은 옳지 않다"고 보고했다. 또 좌의정 채제공도 "의정대 차왜는 전례에 없는 것이므로 일본의 교활함을 나타내는 것'이라고 하며, 무조건 차왜를 귀국시킬 것을 건의했다. 연기요청을 허락한 정조마저 이번에는 동래부사에게 차왜를 즉시 귀국시킬 것을 명령했다.26) 정조가 역지를 허락하지 않은 이유는 분명하다. 연기와는 달리 대마도 역지를 주장했기 때문이다. 바쿠후는 에도통신을 포기했으나 조선은 포기하지 않았다는 것이다. 이것이 재교섭 때 명확해져 정조의 '역지불허론'으로 나타났다.

조선은 규정된 차왜가 아니라는 이유로 거절했지만, 에도통신을 재고하려는 의도도 강했다. 조선의 공론은 모두 에도통신에 있었고, 교섭의 여지가 없었다. 그리고 조선입장에서는 연기는 어디까지나 에도통신을 전제로한 것이었다. 조선은 바쿠후가 에도통신을 포기했다고 믿지 않았다. 차왜가 문제가 된 것도 대마도가 뭔가를 꾸미고 있다는 의심 때문이었다.

조선이 형식 위반이라는 이유로 거절하자, 대마도는 1792년 사다노부에게 그 사실을 보고했다. 그러자 사다노부는 대마도에 "시행 시기는 중요하지 않으니 서두르지 말고 우리의 성신의 마음을 전하고 양국국교가 영원히 확립하도록 하라"는 답신을 주었다. 이 자리에서 대마도는 역지 교섭으로 조선과의 무역이 어려워졌다고 호소하여 바쿠후로부터 쌀 10,000석을 받았다.27)

교착상태에 처한 국면을 해결하기 위해 대마도는 히라타 하야토(平田隼人, 對馬島家老)와 大森繁右衛門(江戶家老)까지 왜관에 보내 교섭 타결에 힘을 썼다. 그들은 도주의 책임론까지 제기하면서 조선을 압박했지만, 성공하지 못했다. 대마도는 서계에 대한 회답서계를 받는 것으로 만족할 수밖에 없었다. 의빙 차왜가 가져온 서계에 대한 예조 참판의 답서는 다음과 같다.

---

26) 『通信使草謄錄』, 正祖 15년 12월 25일.

27) 『淨元公實錄』上, 국사편찬위원회 소장, MF0000795, 寬政 4년 8월 13일, 寬政 5년 1월.

"서계를 받아 보고는 체후가 편안하다는 것을 알았으니 진실로 깊이 기쁘고 위안이 되었습니다. 사신에 대한 일을 貴州에서 끝맺는 데 대해서는 진실로 그 깊은 뜻이 참으로 피차간에 수고와 비용을 줄이려는 데 있음을 알겠습니다. 그러나 생각건대, 교린의 情誼는 오로지 정성스럽고 미덥도록 힘쓰는 것이지 사신의 왕래가 더디고 빠른 것에 있지 않습니다. 일의 형편과 재력에 따라 기일을 늦추는 것도 문제 삼을 수 없는 아름다운 일로서 마음이 서로 통하는 것을 더욱 알 수 있으니, 어찌 사소한 일에 구애되어 새로운 규정을 만들 수 있겠습니까. 기일을 비록 여러 차례 늦추더라도 예의에는 손상되는 것이 없으나 일을 혹 구차하게 마치는 것은 의리상 불가합니다. 부디 헤아려서 기일을 늦추는 것을 혐의로 삼지 말고 오로지 힘을 펴는 데에 마음을 쓴다면 다행이겠으니, 이것이 진실로 바라는 바입니다. 훌륭한 선물에 감사드리며 변변찮은 물건으로 정성을 폅니다. 이만 줄입니다."[28]

회답서계를 보면, 역지의 취지에는 동의하지만, '교린의 예'에 어긋난다는 점을 들어 역지에 반대하고 있다. 그리고 통신사를 형편에 따라 늦추는 것도 문제가 될 수 없다면서 사소한 일(재정문제)로 新例를 만드는 것을 반대했다. 에도통신을 원하는 조선입장에서는 통신사 파견 시기는 이제 큰 문제가 되지 않았다.

바쿠후는 역지를 거부한다는 예조 회답서계가 도착하자 1795년 5월 22일에 역지를 일단 포기하고 통신사를 당분간 연기하고 싶다는 연기교섭을 대마도에 명했다. 대마도는 6월 연기교섭을 시작해 8월 동래부사 윤장렬이 대마도주 回翰을 통해 역지 교섭이 실패로 끝난 것에 유감을 표시하며 연기

---

28) 동래부사 회답서계에도 新例에 대한 반대를 분명히 하고 있다.
    멀리서 보내 주신 편지를 받고 기거가 편안하심을 알고는 매우 위안이 되었습니다. 사신의 일을 귀주에서 끝내는 것이 비록 간편하게 하려는 뜻에서 나왔더라도 이는 처음 시행되는 일로서 세심하게 따져 처리하는 뜻에 맞지 않습니다. 예조의 覆帖을 갖추었을 것이니, 약조한 것을 저버리지 말기를 바랍니다. 성대한 선물을 보내 주신 후의에 변변찮은 물품으로 정성을 표합니다. 이만 줄입니다 (『日省錄』, 正祖 18년 8월 27일).

요청을 받아들였다.[29] 1788년 연기교섭으로 시작한 사다노부의 역지 계획
은 7년 만에 완전히 무산되었다. 연기를 먼저하고 역지 교섭을 한다는 사다
노부의 계획이 실패한 것이다. 사다노부의 다음 움직임을 주목할 필요가 있
다. 그는 역지를 할 것인지, 포기할 것인지 갈림길에 서게 되었다.

같은 시기 대마도는 역지 교섭을 진행하면서 公作米 교섭도 하고 있었
다. 1794년 동래부사 윤필병이 재판차왜가 "공작미의 기한을 연기해달라고
왔으니, 전례에 따라 접대를 허락해 달라"고 상계했다. 비변사는 강력하게
반대했지만, 정조는 "공작미의 한도를 물려주는 일은 이미 특별히 허락한
전례가 많으니, 이번에도 허락하여 시행하도록 하라"고 하며 대마도는 어려
운 교섭을 마칠 수 있었다.[30] 조약에 규정된 차왜와 규외의 차왜에 대한 조
선의 태도를 보여주는 좋은 사례이다. 조선은 한번 허락한 차왜는 여러 번
배려하지만, 조선이 인정하지 않는 차왜에 대해서는 철저히 거부한다는 원
칙을 보여주었다. 공작미는 역지 거부에 대한 일종의 보상인 셈이다. 즉, 역
지통신은 거절하지만, 공작미는 전례에 따라 허락한다는 조치를 한 것이다.

한편, 역지 교섭 기간 중 바쿠후 내부에서도 큰 변화가 있었다. 역지를
주도해온 사다노부가 老中에서 1793년에 해임된 것이다.[31] 그는 자신의 권
력기반을 확보하기 위해 몇 번이나 사직서를 쇼군에 제출하면서 그의 개혁

---

29) 『淨元公實錄』上, 寬政 7년 5월 22일, 「寬政 7년 議聘東萊回意書」, 『本邦朝鮮往復書』
    89, 국사편찬위원회 소장, MF0000503.
30) 司啓曰, 卽見禮曹粘目, 則枚擧東萊府使尹弼 秉狀啓, 以爲, 裁判差倭以公作米退限事出
    來, 而當初作米退限, 實出於一時特恩, 則看作前例, 限前出來極爲駭然, 更加責諭, 使不
    得提說, 至於許接自是前例, 所贈宴禮單雜物, 令該曹照例磨鍊下送爲辭, 而裁判出來者,
    勿論所幹之何事, 姑許接待旣 有已例, 事係邊情, 令廟堂稟處矣, 已出來之差倭, 分付本
    府及該曹, 其所接待之節, 使之依例擧行, 至於公作米退限, 此乃從前特恩, 則不可視爲
    應行, 每每請退嚴加責諭, 使之卽爲還送, 禮單等物照例 擧行之意, 分付該曹何如, 答曰,
    允, 公作米退限事, 旣多特許之例, 今番亦爲許施事分付可也 (『備邊司謄錄』, 正祖 18년
    9월 3일).
31) 『新訂增補 國史大系 續德川實紀』 제48권, 吉川弘文館, 2007, 222쪽.

에 대한 신임을 얻어왔는데, 쇼군이 사직서를 수리해 해임이 결정된 것이
다. 바쿠후의 기본방침은 그의 개혁노선을 계승했지만 역지통신은 후견자
를 잃은 결과가 되었고 대마도의 독단적인 행동이 심해질 것이 예상되었다.

## 2) 일본의 조선멸시와 '江戶入送停止論'

### (1) '고이코'로 본 나카이 치쿠잔(中井竹山)의 조선멸시의 의도

카이토구도우(懷德堂)學主인 나카이 치쿠잔(1730~1804)은 조선멸시 발
언으로 역지통신이 거론될 때마다 등장한 인물이다.[32] 통설은 1788년에 사
다노부가 오사카를 방문해 치쿠잔을 만나 통신사개혁에 관한 조언을 받았
고 다음 해『草茅危言』라는 이름을 붙여 사다노부에게 올렸다고 한다.[33] 그
러나 三宅에 대한 반론도 있다. 후지타 사토루(藤田覺)는 사다노부가 1787
년 6월 쇼군에 올린 意見書에 이미 역지통신에 관한 언급이 있다고 지적했
다. 그리고 사다노부가 역지통신을 추진한 이유를 조선멸시 때문이라고 결
론지었다.[34] 바로 이러한 이해방식이 역지통신 연구의 걸림돌이었다. 그런
데 그들은 항상 멸시와 재정문제를 함께 제시하는 논법을 사용했다. 그래서
멸시 아니면 재정문제 때문에 역지가 추진되었다는 이해가 성립되었다.[35]

그런데 에도통신이라는 관점에서 볼 때 다소 다른 해석이 가능하다고 생
각한다. 하쿠세키가 역지를 주장한 의도가 에도 포기를 의미한 '江戶入送

---

32) 懷德堂은 오사카 상인들이 1724년 창설하며 상인들에 개방된 學文所였다. 初期의
   懷德堂은 第二代學主 나카이 슈우안(中井甃庵) 때부터 고도의 學術硏究도 시작했
   고, 第四代學主 치쿠잔·리켄(履軒)형제 때 전성기를 맞이했다. 에도의 관립학문소
   인 쇼우헤이자카 (昌平坂)學問所 못지않은 교세가 있었다고 한다.
   2017년 4월 7일 검색(web 懷德堂 http://kaitokudo.jp/03intro/index.html).
33) 三宅英利, 앞의 책, 409쪽.
34) 藤田覺, 『松平定信』, 中公新書, 1993, 163~167쪽.
35) 첫 번째 견해는 선린우호 연구를 진행한 연구자들의 특징이라고 할 수 있다. 두 번
   째는 민덕기의 견해이다(민덕기, 앞의 책, 365쪽).

停止論'에 있었다고 이미 지적했다. 그렇다면 역지를 추진하려는 이들의
의도 역시 에도 포기에 있다는 가능성이 크다. 치쿠잔의『草茅危言』「朝鮮
の事」를 세 가지로 나누어 재검토하며 그의 조선멸시의 의도를 찾으려고
한다. 첫 번째는 통신사의 접대문제, 두 번째는 하쿠세키와의 관계, 세 번째
는 역지의 필요성, 순으로 분석한다.

첫 번째 통신사의 접대문제에 대해서이다. 치쿠잔은「朝鮮の事」에서 바
쿠후가 제후에 명하여 통신사를 지금까지 후하게 접대한 이유를 설명한다.
그는 통신사에게 "우리의 풍족함을 誇示하기 위함"이었다고 말한다. 그러
나 이제 그렇게 할 필요가 없어졌다고 말한다. 그 이유는 "통신사는 원래
하찮은 것(偏邦の使价)이며 지금은 속국이 아니니 큰 비용을 들어 성대하
게 접대할 필요가 없다"는 것이다.[36] 소위 말하는 치쿠잔의 조선멸시 발언
이라고 할 수 있다. 한 마디로 통신사는 이제 에도에서 성대하게 접대할 가
치가 없다는 것이다. 그러나 그의 조선멸시 발언은 상당히 모순이 많다. 그
의 말대로 일본의 풍족함을 과시하기 위해 통신사를 초청한 것이라면, 기존
의 방법대로 접대한다든지 더 화려하게 접대해야 이치에 맞다. 즉, 어디까
지나 통신사를 후하게 접대한 이유는 이용할 만한 가치가 바쿠후에 있었기
때문이다. 통신사가 하찮은 존재인지 아닌지는 처음부터 바쿠후와 관계가
없었다. 바쿠후가 통신사를 성대하게 접대한 이유는 '고이코'때문이었다.
바쿠후가 '고이코'를 빛내기 위해서는 항상 상대방을 압도할 필요가 있었

36) その諸侯に命ありて,往反の驛次, 供億盛なるは, 元來日本の豊富を示させ玉ふの意な
るべきを, 候國にて追追取りあやまり, 韓使を重んじ御馳走の盛んなると心得らるる勢
あり. 因て承平巳來外を飾りて, 元來, 撮爾たる偏邦の使价, たとえ今は屬國に非ずと
も, かくまで天下の財粟を傾けて應接するには及ばざる事なるべし.今日廟堂にこの弊
をよくしろしめして, 韓聘の期を姑く停めさせられたるは, 恐れながら寔に有りがたき
御事なりし. しかし最早有り來たりたる故事なれば, 今更關を閉て謝絶するのもいかが
なるべく, 數年の後にはまた是典を擧させ玉ふべき事あらん. 然らば舊式を大いに變
じ, 沿道候國の疾苦とは成ぬようの御處置も定めてあるべき御事として俯伏して待つ
のみ. (中井竹山, 앞의 책, 165~166쪽).

다. 그래서 통신사의 일본 입국부터 에도에 이르기까지 계속해서 '고이코' 의 연출을 보여주는 필요가 있었다. 당연히 '고이코' 문제점은 성대한 접대 를 동반하다보니 재정 부담이 크다는 점이었다.

치쿠잔의 논리의 문제점은 이것뿐만 아니다. 그는 교린이라는 용어를 쓰 지 않았고, 조선이 통신사를 파견한 목적도 나오지 않는다. 치쿠잔이 만일 통신사를 멸시했다면 접대비용을 이제부터 모두 조선이 부담해야 한다는 말이 나와야 앞뒤가 맞다. 그리고 치쿠잔의 辛辣한 비판을 보면 바쿠후에 조선은 원래 속국이었으니 통신사 외교는 잘못했다고 건의해도 되는데 그 렇게 하지 않았다. 그 이유는 치쿠잔이 조선이 '조공국'도 '속국'도 아니라 는 것을 잘 알고 있었기 때문이다.[37] 그래서 치쿠잔의 조선멸시 발언은 정 치적인 의도를 위장하려는 것으로 보인다.

두 번째는 치쿠잔과 하쿠세키의 관계이다. 치쿠잔이 역지통신을 말하면 서 하쿠세키에 대해서도 언급했다. 통신사 관련 부분은 하쿠세키의 『五事 略』의 『殊號事略』上·下에 있는데, 역지통신 뿐만 아니라 통신사 개혁 전 체를 수록했다.[38] 치쿠잔은 하쿠세키의 『五事略』을 인용하면서 "조선은 무 력이 약하므로 文事를 가지고 우리와 싸우려고 한다."고 말했다. 마치 통신 사와 바쿠후가 '칼의 전쟁' 아닌 '붓의 전쟁'을 한다는 식으로 기술했다. 이 와 같이 치쿠잔은 하쿠세키의 언설에서 차용하는 부분이 많았다. 적어도 같 은 문제 의식을 가진 것으로 보인다.

또한 치쿠잔은 "다음 오는 통신사는 巡視旗, 淸道旗를 힐책하며 모두 없 애야 한다."고 주장한다. 그렇지 않으면 조선의 不遜한 태도를 눈감아 주는

---

37) 적절한 예가 될지 모르겠지만, 치쿠잔의 조선멸시를 '혼네'(本晉)와 '다테마에'(建 て前)라는 말로 설명할 수 있다고 생각한다. 조선멸시는 '다테마에'이기 때문에 논 리적인 모순이 많고, '혼네'는 통신사 접대를 기존의 방식으로 어려운 상황에 대한 고민이라고 생각한다.

38) 『五事略』 近代デジタルライブラリー (http://kindai.ndl.go.jp/info:ndljp/pid/ 991243/6). 2017년 4월 7일 검색.

것이고 國恥가 된다는 警戒心을 보였다. 그는 계속해서 "통신사가 무례하
다거나 우리가 수모를 당한다."는 논리를 가지고 조선을 후하게 접대할 필
요가 없다고 거듭 주장했다.[39] 치쿠잔의 말은 하쿠세키 보다 구체적이다.
하쿠세키는 에도에서 외교 분쟁이 일어날 것을 염려했지만, 치쿠잔은 이미
통신사는 문제가 많다고 하면서 巡視旗, 淸道旗이야기를 했다. 두 사람의
차이는 통신사의 일본 방문 시기이다. 하쿠세키의 경우는 언제 통신사가 올
지 모르는 상황에서 나온 것이고, 치쿠잔은 가까운 시기에 통신사가 온다는
상황에서 나온 것이다. 시간적인 여유가 없는 치쿠잔은 이번 통신사의 정지
(사절)를 원했고, 만일 어렵다면 '에도입성정지론'으로 통신사가 에도에 가
는 것이라도 막으려고 했다.[40] 그러므로 치쿠잔의 조선멸시 발언은 통신사
가 에도에 가는 것을 저지하기 위한 수단이었다. 사다노부의 에도 포기를
의미하는 '에도입성정지론' 과 상당히 유사한 것으로 판단된다.

　세 번째, 치쿠잔은 통신사가 양국 우호에 필요하다고 하면서, 하쿠세키의
역지통신을 제안한다. 그러나 하쿠세키와는 달리 치쿠잔은 통신사가 '오늘

---

39) 朝鮮は武力を以て我に加ふる事は所詮ならざる故, 文事を以て來り凌んとする事, 寔に
　　新筑州の五事略に論ぜる如くなるべし. 因て我邦の學に暗きの虚に乗じ, わが知らざる
　　を欺て, 道中の齒簿に巡視の旗, 淸道の旗令の旗など建る事無禮の甚だしきものなり.
　　巡視は領內を巡見するなり. 我が邦を渠が屬國として使者を遣わし巡視するの心なり. 淸
　　道は道筋掃除せよとなり. 沿道諸侯の丁寧なる掃除接待を, 忝しと謝するべき事なるをか
　　えって使者の道筋をよく掃除せよと命ずるは何事ぞや. 令の旗は我が日本に號令するほ
　　どによくきけとの事なり. 淸國より使者のゆく時は定めてかくあるべしそれを渠より我邦
　　に施し, 公然として我を辱かしむる事憎むべきの甚だしきものなり. もし近年に聘使のの
　　ことあらば前方に移書して, これを詰責し. 悉くこれを改めしむべきものなり. かかる
　　不遜を見逃しては, 上もなく國辱なるべし (中井竹山, 앞의 책, 166~167쪽).
40) 今日廟堂にこの弊をよくしろしめして, 韓聘の期を姑く停めさせられたるは, 恐れなが
　　ら寔に有りがたき御事なりし. しかし最早有り來たりたる故事なれば, 今更關を閉て謝
　　絶するのもいかがなるべく, 數年の後にはまた是典を擧させ玉ふべき事あらん. 然らば
　　舊式を大いに變じ, 沿道候國の疾苦とは成ぬような御處置も定めてあるべき御事とし
　　て俯伏して待つのみ (中井竹山, 같은 책, 166쪽).

날 양국을 괴롭히고 있다'는 문제의식에서 출발했다. 그래서 통신사를 축소해 대마도에서 국서교환만 하는 '간소화'를 통해 문제를 해결하자는 것이다.[41] 치쿠잔은 통신사의 문제점으로 재정적인 부담을 지적했다. 치쿠잔이 해결해야 하는 과제가 분명해진다. 그는 '간소화'와 '고이코'를 동시에 해결해야 하는 어려운 처지에 있었다. 그가 선택한 첫 번째 논리는 조선멸시였다. 통신사는 후대할 가치가 없으니, 아무리 통신사를 선례와는 달리 접대해도 문제가 되지 않는다. 이 논리는 사다노부가 그대로 사용하고 있다. 그리고 두 번째 논리인 간소화는 바쿠후뿐만 아니라 조선에도 이익이 된다는 것이었다. 치쿠잔은 두 가지 논리로 '고이코'가 도전을 받지 않고 안전하게 유지되기를 기대했다. '고이코'의 회피 논리가 여기에서도 다시 작동한 것이다. '고이코'를 지키기 위한 치쿠잔의 易地構想은 어려운 정치과제가 아닌 실현 가능한 것으로 묘사되고 있다. 아마도 조선과 교섭을 한 적이 없는 치쿠잔이 실제 교섭의 어려움을 예상하지 못했기 때문이다.

## (2) 마쓰다이라 사다노부(松平定信)의 조선멸시와 '江戸入送停止論'

치쿠잔의 조선멸시 의도가 통신사의 '에도입성정지론'인 것을 밝혔다. 그렇다면 그의 영향을 받았다는 사다노부에 대해서도 다시 검토할 필요가 있다. 사다노부가 역지를 추진하게 된 동기를 조선멸시와 관련지어 설명할 때 항상 그가 쓴 『宇下人言』을 인용했다. 그의 숨은 의도를 밝히기 위해서는

---

41)  韓人來聘は隣交の禮にて缺くべからずの事なるべけれども,今日にては大に兩國を疾しむる事になりたれば, 互いに省略していか程事を殺ぎても, 隣交の禮さへ立たらばすむべきとならば, 先儒も論ぜし如く, 彼方より僅かの人數にて對州まで渡し, 國書聘物ばかりを受取りて上達し, この方よりも御返簡并に酬幣を對州まで遣はされ相わたし,雙方とも對州切にて禮を畢て使者を返させられば,是にて事すみ彼方にても大いに悅ぶべし.官にも大いに經費を省き,天下の諸侯憶兆の民まで永く肩を息ふる事なるべし. 是は誠に最簡極便の方を一つ設けて云ふのみ. 何分, 來聘は御一代に唯一度の事なれば, 格別に厭べきにも非ず (中井竹山, 같은 책, 169~170쪽).

이 자료의 검토가 필요하다. 그는 통신사의 우리나라 방문은 아름다운 경관이 아니라고 말한다. 통신사의 시문교류는 "우리나라의 腐儒들이 모두 나와서 鷄林人과 唱和하고 좋아하는 것"이라면서 선린우호의 교류를 부정했다. 그러면서 "기근으로 황폐해진 우리나라를 통신사에게 보여주지 말아야 한다."고 했다.[42] 이것은 조선멸시 발언으로 자주 언급되는 말이다. 앞의 조선멸시 발언과 뒤에 나오는 飢饉 부분은 상당히 성격이 다르다. 치쿠잔도 그렇지만 그들의 말은 조선멸시만 나오는 게 아니라 재정적인 어려움이라든지 기근이라는 말이 함께 언급된다. 사다노부의 조선멸시도 어떻게 이해하느냐에 따라 상반된 결론에 도달하는 가능성이 있다는 것이다. 필자는 기존의 이해방식을 먼저 소개하고, 제3의 가능성을 언급한다.

첫 번째는 그의 의도가 조선멸시관에서 출발하여 조공사절이라는 이유로 통신사를 에도에서 맞이할 필요가 없다고 이해하는 기존의 시각이다. 이것이 사실이라면 통신사에 대한 심각한 사실 왜곡이고 통신사를 선린우호의 상징으로 볼 수 없을 것이다. 통신사에 관한 그의 언급을 보면 그런 측면을 확인할 수 있다.

두 번째는 직접 통신사 개편문제를 거론하기가 어려우니 조선멸시와 관련지어 제안했다는 연구 성과이다. 즉, 민덕기는 "조선멸시는 도쿠가와 이에야스(德川家康)가 세운 祖宗之法을 변경하기 위해 내세운 명분이었다."고 지적한 바 있다.[43] 이 견해도 사다노부가 역지의 필요성을 언급한 부분을 보면 자료적 근거 역시 충분하다. 이 경우 정책적인 판단에 무게가 실리고, 조선멸시는 실체 없는 허구에 불과하다.

---

42) もとこの聘使此國に來るは、かつて美觀とするにはたらず. あるは日本之腐儒どもみな出て、鷄林人と唱和して本意なる事にもおもひ、又は道すがらの盛衰見られても益ある事にもあらず. いつ盛んに、いつも窮せざらんやうにはありがたければ、時として飢饉うちつづくまじともいひがたし.さればこの聘使てふは美觀とするにはたらず (松平定信, 앞의 책, 135~136쪽).

43) 민덕기, 앞의 책, 365쪽. 재인용.

필자는 제3의 가능성을 제기하고 싶다.『對馬遺事』에는 사다노부가 "西
洋人이 조선을 통해 에도를 탐색하는 것을 방지하기 위해 역지통신을 고안
했다"는 기록이 나온다.[44] 그러나 이 기록을 지금까지 연구자들이 주목하
지 않았다. 그 이유는 당시 조선이 서양인과 결탁하는 가능성은 전혀 없었
다는 점 때문이다. 그런데 이 기록을 에도통신의 시각에서 보면 전혀 다른
해석이 가능하다. 즉 사다노부가 통신사에게 무엇을 보여주고 무엇을 보여
주지 않으려고 한 것인지를 밝힐 필요가 있다는 것이다. 사다노부는 기근으
로 황폐해진 에도의 모습을 조선에 보여주지 않으려고 했다는 해석이 옳다.
사다노부도 '고이코'의 회피론을 적용한 것으로 보인다. 통신사에게 보여줘
야 하는 곳은 어디까지나 '고이코'를 빛내는 장소뿐이었다. 황폐한 일본을
통신사가 보면 '고이코'가 실추될지도 모른다. 그러기 때문에 통신사가 에
도에 오는 것을 막아야 한다는 '에도입성정지론'이 사다노부의 뜻이었다.
 또 사다노부는 치쿠잔과의 만남을 통해 '고이코'와 재정상의 어려움을
한꺼번에 해결할 방법을 찾아냈다. 두 사람의 논리가 상당히 유사하다는 것
이 증거가 된다. 치쿠잔의 영향을 사다노부가 받았다는 통설의 이해는 옳
다. 다만, 조선멸시에 대한 이해는 재고의 여지가 있다. 사다노부의 '에도입
성정지론'은 역지 교섭 시에도 확인할 수 있다. 대마도에 대한 사다노부의
태도는 강력하게 개혁을 추진하면서도 종래의 바쿠후 정책과 다른 점이 없
었고 조선과의 모든 외교교섭도 대마도를 통해 진행했다. 그리고 교섭과정
에서 보여준 그의 태도는 조선과의 교린 관계를 존중하는 발언이나, 역지
교섭을 강제적으로 진행하지도 않았다. 역지가 거절당했을 때도 대마도를
처벌하거나 적대적인 태도를 보여주지 않았다. 연기 교섭까지의 발언과 그
후의 행동까지 봐도 통신사 외교가 축소됐다거나 왜곡됐다는 사실을 필자
는 찾지 못했다.[45] 마치 다른 사람처럼 보이는 것은, 그가 역지를 추진한

---

44) 川本達,『對馬遺事』, 嚴原, 1926, 25쪽.
45) 졸고, 「1811年對馬島易地通信硏究-기미책을 중심으로-」참조. 졸고에서는 사다노부

이유가 조선멸시 아니라 '에도입성정지'때문이라고 생각하면 모든 의문이 풀린다. 사다노부가 통신사를 연기한 이유는 에도에 오는 것을 막으려는 목적이었고, 대마도로 장소를 옮긴다는 것도 에도에 오는 것을 막기 위한 수단이었다. 그래서 그는 시간을 벌기 위해 연기한 후에 역지 교섭을 선택한 것이다.46) 사다노부가 역지를 서두르지 않았던 이유도 역지 시행 여부와 상관없이 목표가 달성되기 때문이다.

  '고이코'의 관점에서 역지통신을 주장한 사람들을 검토했다. 그들이 활동한 시기는 각각 다르나, 공통된 부분도 있었다. 바로 '고이코'의 회피론이다. 그들은 일어날지도 모르는 '고이코'에 대한 도전을 철저히 피하려고 했다. 그들의 노력으로 '고이코'는 그대로 유지되었다. 그들의 목적이 '고이코'를 지키기 위함이었는데, 그 사실을 숨기고 조선멸시와 관련이 있는 것처럼 말하며 행동했다. 다시 말해 치쿠잔과 사다노부는 조선멸시를 역지의 명분으로 이용한 것이다. 그 결과 역지통신이 왜곡된 모습을 벗어나지 못했고, 조선멸시의 대명사가 된 것은 아쉬운 대목이다.

---

가 역지통신을 제기한 이유를 정치적인 문제와 재정적인 문제를 해결하기 위한 것으로 설명했으나(145쪽) 이 글을 통해 정정한다.
46) 松平定信, 앞의 책, 136~137쪽.

# Ⅲ. 대마도 역지통신 재교섭 과정과
## '譯官江戸派遣論'

## 1. 조선의 역지통신 재교섭

### 1) 역지통신 재교섭 과정과 정조의 '역지불허론'

조선이 역지를 거부함에 따라 사다노부가 추진한 대마도 역지통신 계획은 완전히 무산되었고, 통신사는 기간을 정하지 않은 채로 연기되었다. 조선이 에도통신을 원하는 상황에서 바쿠후가 취할 방법은 두 가지였다. 역지를 포기하든지 아니면 조선을 설득해 역지를 시행하는 것이었다. 그런데 역지 재고를 바라는 조선의 의도와는 달리 바쿠후 방침은 변화가 없었다. 그러므로 역지 교섭을 맡은 대마도는 조선을 설득하는 묘안을 찾을 수밖에 없었다. 대마도는 차왜 파견을 통한 역지 교섭에 실패했기 때문에, 왜학역관에 접근해 역지 교섭을 성사하는 길을 택했다.

대마도가 역관과 결탁해서 불법행위를 저지른 것은 처음 아니었다. 과거에도 많이 있었다. 그 대표적인 예가 1721년 6월 정사 최상집을 비롯한 문위행 65명 전원이 대마도에서 밀무역 혐의로 적발된 사건이다.[1] 이 사건을

---

[1] 問慰行은 1721년 3월 대마도를 방문했는데, 비슷한 시기에 대마도는 바쿠후로부터 『東醫寶鑑』에 있는 약재를 조사하라는 명령을 받고 왜관에서 準備中이었다. 게다가 조선인삼의 일본내 재배를 목적으로 극비리에 조선인삼 생초를 입수하라는 지시도 동시에 받고 있었다. 조선의학에 관심이 많았던 8대 쇼군 요시무네는 1719년도에 통신사가 일본을 방문했을 때도 알아보려고 했으나 만족할 만한 답을 얻지 못하자 대마도를 통해 더 정확한 정보 확보에 나섰다.
대마도는 밀무역이 적발된 경우 지금까지는 조선에 모두 알렸지만, 이번에는 역관들과의 비밀거래를 선택했다. 결국, 대마도는 약재조사에 협조하는 것과 인삼을 보내는 것을 조건으로 조선에 밀무역 사실을 알리지 않았다. 역관들은 필사적으로 일할 수밖에 없고, 일본은 인삼의 국내 재배에 성공할 수 있었다 (田代和生,「渡海譯官使の密貿易」,『朝鮮學報』150, 1994 참조).

통해 요시무네가 원했던 인삼 생초를 확보할 수 있었던 것도 대마도가 역
관들의 약점을 철저히 이용했기 때문이었다. 대마도는 과거의 성공사례를
믿고 역관 포섭작업에 나선 것이었다.

1795년 9월 왜학훈도 박준한이 역지 추진파인 왜관관수 도다 타노모(戸
田賴母)를 만났다. 그는 역지를 성사하려면 "비용을 줄이고 서로의 헌상물
과 三使를 兩使로 줄일 필요가 있다. 그러나 양국의 비용절감에 관한 합의
가 이루어질 때까지 의빙사 파견은 어려우니 우선 전례와 같이 통신사청구
차왜를 보내 일본사정을 호소한다면 가능하게 될 것"이라는 말을 했다고
한다.2) 게다가 왜관관수의 임기를 마치고 대마도로 귀국예정이었던 타노모
가 동래부사에게 편지를 보내는데, 그 답장에는 역지의 성공을 바란다는 내
용이 있었다고 했다.3) 그러나 이 기록들은 모두 대마도종가문서에 나오는
것이라서 박준한이 먼저 적극적으로 조건을 제시한 것인지, 아니면 대마도
가 먼저 제시한 것인지는 알 수 없다.4) 다만, 역지를 성사시키기 위한 새로
운 움직임이 일어난 것은 사실인 것 같다.

1796년 8월 문위행이 대마도에 도착했다. 이번 사행은 쇼군 세자가 서거
하고, 새로운 세자의 책봉과 도주의 대마도 귀국 등이 겹쳐서 대마도가 요
청하고 조선이 파견한 것이다. 당상역관 박준한은 대마도에서 역지를 성사
하기 위해 "통신사를 7~8년 연기할 것, 바쿠후와 대마도에 대한 공사예단

---

2) 『淨元公實錄』上, 寬政 8년 9월 1일.

3) 같은 책, 寬政 8년 2월 6일.

4) 당시 왜관에서 수석 통역관인 오다 이쿠고로(小田幾五郎)가 남긴 『通譯酬酢』에는
'1776년에 조선으로 건너가 많은 역관을 만났는데 이명화, 박준환, 현의순과는 昏齒
와 같은 오랜 교제를 했다'고 기록하고 있다. 박준한은 약조를 위조한 장본인이고,
현의순은 위조가 들킨 후 역지 교섭을 맡은 역관이었다(오바타 미치히로, 「朝鮮通詞
小田幾五郎의 조선문화인식-"通譯酬酢"을 중심으로-」, 『평택대학교 사회과학연구』,
제6집, 2002, 179~180쪽).
필자는 오다가 가장 신뢰한 박준한에게 역지를 위해 조정을 설득하도록 부탁한 것
으로 생각한다.

(인삼)을 대폭 줄일 것" 등을 제안했다. 대마도는 박준한에게 銅鐵 2,000근
의 수표와 각종 물품을 주면서 조정을 설득하도록 부탁했다.5) 역지를 성사
시키기 위한 대마도와 조선 역관의 합동작업이 시작한 것이다. 특히 역지
추진을 통해 바쿠후의 신임을 얻어 직접 왜관에서 역지 교섭까지 했는데도
성사시키지 못한 역지 추진파인 에도家老와 대마도家老는 모든 방법을 동
원해서라도 무조건 역지를 성사시켜야 할 처지에 몰린 것이다. 역시 추진파
는 우선 역지가 가능하다는 확실한 증거를 바쿠후에 보여줄 필요가 있었다.
교섭 재개는 자연스럽게 에도 방문 추진파를 견제할 수도 있고 바쿠후와의
관계 개선도 가능하게 만들기 때문이었다. 이것이 역지추진파가 극단적인
행동으로 나선 이유라고 생각한다.

그런데 필자는 이 움직임이 바쿠후의 명령으로 시작된 것이 아니라 역지
추진파와 왜학역관이 조정 설득을 목적으로 제기된 것이라서 사다노부의
역지통신 추진과는 구별할 필요가 있다고 생각한다. 물론 바쿠후의 공식입
장이 같아서 지금까지 의심 없이 역지통신을 연속적으로 진행된 것처럼 해
석해왔다. 그러나 사다노부가 떠난 후 바쿠후는 뚜렷한 지시를 내리지 못했
고 통신사 문제는 재검토 작업 없이 漂流中이었다. 결국, 추진파가 적극적
으로 재개교섭에 나선 것도 대마도 내부의 반대세력을 견제한다는 측면과
함께 바쿠후에 정책 不在도 하나의 요인이었다고 생각한다.

박준한이 귀국한 후 1797년 2월 조정에서 처음으로 역지통신에 관한 논
의가 이루어지고, 역지 절대 불가에서 허락하는 방향으로 논의가 진행된 것
을 아래 자료에서 확인할 수 있다..

정조가 말하기를, 통신사가 반드시 에도로 들어가는 것은 약조이다. 약조
이외의 일을 어찌 허락할 수 있겠는가. 윤시동이 말하기를, 도해역관이 하는
말을 들으니 "통신사의 왕래는 대마도부터 에도로 이르기까지 그 접대에 번

5) 長正統, 「倭學譯官書翰よりみた易地行禮交涉」, 『史淵』 115, 九州大學文學部, 1978, 107쪽.

번히 국력이 소모되므로 그 말이 이와 같다고 하니, 왜인들의 피폐함을 알 수 있습니다." 정조가 말하기를 "통신사를 대마도에서 그친다면 예단삼으로 쓸 바가 또한, 전례에 비해 많이 줄어들 것이다." 윤시동이 말하기를, "인삼만이 아니라 다른 것도 줄어들 것이라고 합니다." 정조가 말하기를 "참으로 이처럼 하는 것이 서로 무방하지만, 대체는 약조에 어긋나는 말로써 잠시 막아서 遷延시키는 것이 좋다."... 윤시동이 말하기를 이것이라면 역관들이 막을 수 있는 바이고 역관들이 통신사를 대마도에 그치게 하는 것이 좋다고 합니다. 정조가 말하기를, "진실로 이와 같다면 나쁠 것이 없겠다. 그러나 대체로 볼 때 약조를 어기는 문제라고 말하면서 우선 막고, 역관으로 하여금 기일을 遷延시키는 게 좋다."... 정조가 말하기를, "우리나라는 한번 통신사행에 들이는 비용이 매우 많은데 준비해 가는 것은 모두 실용적인 것들이다. 그러나 왜의 물종으로 나오는 것은 꽤 많다고는 하나 칠반이나 병풍 따위를 금으로 아로새기거나 주칠을 펴 발라 극도로 기교를 부린 것이어서 실제로는 쓸 만한 것이 하나도 없다."[6]

그러나 찬반 논의 끝에 역지통신은 조정의 허락을 받지 못했고 박준한은 연기교섭만 하라는 지시를 받았다. 역지 추진파와 역관이 조정을 설득할 카드로 선택한 것이 통신사의 공예단삼을 줄이는 것과 통신사의 연기였다. 여기에는 조선의 내부사정을 파악하고 있었던 역관들의 도움이 컸고, 예상대로 조정에서 처음으로 역지통신이 긍정적으로 논의되었으나 실패로 끝났다.

위 자료에서 보듯이 정조는 역지통신으로 재정적인 부담을 줄이는 것을 허락하지 않았다. 영조대도 인원을 줄여달라는 요청이 있었지만 교린의 도를 내세워 영조는 거절했다. 그때와 다른 점은 바쿠후가 에도까지 초청하지 않고 대마도에서 접대하겠다는 점이다. 이에 대해 정조는 약조로 정한 에도까지 반드시 가야 한다고 강조하였다. 무엇보다 대마도로 장소를 변경한다면 에도에서 실시한 200년의 '교린의 도'에 어긋난다고 正祖는 판단한 것이었다. 그리고 에도로 초청하지도 않은 통신사행을 왜 보내야 하는지에 대한

---

6) 『日省錄』, 正祖 21년 2월 초 10일.

일종의 불만도 있을 것으로 보인다.

이제 조선이 통신사 외교를 유지할 방법은 두 가지 방법 밖에 없었다. 하나는 아무리 어려워도 信蔘을 확보해 에도로 통신사를 보내는 방법이다. 두 번째는 통신사를 연기시켜 1763년 수준으로 그대로 유지할 방법이다. 전자의 경우 영조대와는 달리 일본이 먼저 연기를 제안했고, 재정문제로 장소까지 바꾸려는 상황에서 원하지 않는 통신사를 무리하게 보낼 이유가 없었다. 정조는 후자를 선택해 통신사는 다시 연기된 것이다.

정조는 인용문에서 '遷延'라는 말을 즐겨 사용했다. 遷延은 날짜를 연기하거나 지체한다는 뜻이다. 정조의 경우 단순히 날짜를 연기한다기보다 바쿠후가 에도통신을 요청할 때까지 연기한다는 뜻이다. 즉, 遷延은 역지를 허락할 수 없다는 '역지불허론'으로 나타난다. 그러나 오사카 역지통신 교섭시에는 遷延이 연기를 조건으로 역지를 허락하는 정책으로 나타났다. 그래서 필자는 정조대 대마도 역지통신 때 거론된 遷延을 '역지불허론', 오사카 역지 때 거론된 遷延을 연기론으로 정리해 보고자 한다.

정조가 말한 '역지불허론'으로 조선이 얻을 수 있는 것은 무엇인가.

첫째, 통신사의 에도통신을 유지할 수 있다. 그리고 '에도통신' 아니면 수용할 수 없다는 강한 메시지를 바쿠후에 전할 수 있었다.

둘째, 정조는 시기를 정하지 않고 연기만 지시했으나, 파견 시기에 대한 주도권은 확실히 잡을 수 있었다. 오히려 앞에서 언급한 관백승습 고경차왜가 오면 '보통 3년 이내에 통신사를 요청한다.'는 전례가 유명무실화된 상황에서 통신사 파견은 조선이 결정한다는 점이 분명해졌다.

셋째, 영조대처럼 재정문제보다 교린을 우선시한다는 통신사외교를 일부나마 유지 할 수 있었다. 즉, '역지불허론'은 단순히 통신사의 연기를 의미한다기보다 정책적인 여러 목적이 있었다는 점에 유의해야 하며 결과적으로 통신사의 격식이나 통신사 자체를 유지 또는 온

존할 수 있었다.

그러나 '역지불허론'이 나올 수밖에 없었던 재정적인 측면도 무시할 수
없을 것이다. 원래 정치논리로 이루어진 통신사 외교가 18세기 후반 이후
재정적인 압박을 받으면서 개혁의 필요성이 대두하고 있었다. 다시 말해 통
신사의 위상이 상대적으로 양국에서 저하된 것이다. 그리고 교린에 관한 정
조의 인식도 작용한 것 같다. 즉, "선진문화를 접할 수 있는 연행사와는 달
리 통신사에서 얻을 수 있는 것은 현실적으로 별로 없다"는 것이다.7) 그러
나 이러한 일부 부정적인 인식에도 불구하고 교린 관계는 반드시 유지해야
했기에 정조대에는 통신사 개혁 대신 '역지불허론'이 나온 것이다. 외교적
인 성과를 따지면, 사다노부는 '에도통신'을 정지해 일차적인 목표를 달성
했고, 정조도 '에도통신'을 연기해 일차적인 목표를 달성했다. 역지 교섭을
통해 통신사 파견은 바쿠후의 강요로 결정된 것이 아니라 조선이 결정한다
는 점을 확인할 수 있다. 조선이 통신사 파견을 허락한다는 사실을 보여주
는 좋은 사례이다.

## 2) 무오약조의 전말

1797년 연기 기간만을 정하기 위해 교섭을 시작한 박준한은 1807년까지
역지통신을 연기하고 공사예단을 대폭 줄이는 것을 골자로 한 무오약조를
역지 추진파와 합의했고 그것을 증명하기 위해 동래부사 이름의 서계 교부
까지 성사시켰다 (戊午約條 체결) 그런데 동래부사뿐만 아니라 조정도 전
혀 모르는 위조된 약조이었다. 그러나 그들은 위조된 무오약조를 그대로 바
쿠후에 보고하고, 바쿠후는 역지통신을 1807년에 시행할 것을 결정했다. 먼
저 이 내용을 『증정교린지』에서 확인하면 다음과 같다.

---

7) 『國譯弘齋全書』, 323~324쪽. 재인용.

1797년에 특별히 보낸 문위 당상역관 박준한이 관수왜 및 대마도의 여러 奉行과 에도에 왕복할 일을 사의했는데, 그는 10년을 물려서 정하기를 관수왜 源暢明(戶田賴母)의 서약서를 받아서 왔다. 그 서약서에는 이번에 대마도 奉行이 에도에 가서 통신사를 10년 기한으로 물려 정하는 일을 바쿠후에 아뢰어 결정했다. 통신사는 교린의 정의로서 행하지 않으면 안 되는 것이다. 그러나 그때가 되면 사신이 오기를 청하는 일이 있을 것이므로 다시는 늦추지는 않을 것을 미리 약점을 기다리고자 한다. 무오 8월.[8]

한편, 대마도 측 사료인 『本邦朝鮮往復書』에는 먼저 이번 역지통신을 허락한다는 내용이 있다. 別陳에서는 지금까지의 正使, 副使, 從事官의 三使가 아닌 兩使로 한다는 것 그리고 통신사의 信蔘을 약 3분의 1로 줄이고, 통신사의 대마도 방문을 7~8년 정도 연기한다는 조선 측 자료에는 전혀 없는 내용이 포함되어 있었다.[9] 무모한 행동으로 보이는 무오약조 체결이지만, 역지 추진파에는 나름대로 계산이 있었던 것으로 보인다. 우선 교섭 실패로 신뢰를 잃은 바쿠후와의 관계를 회복할 수 있었다. 또 하나는 바쿠후로부터 정식으로 역지통신 재교섭 명령을 받아 대마도내에도 에도 방문 추진파를 견제할 수 있었다. 무오약조 체결을 통해 역지 교섭 실패로 위치가 흔들렸던 역지 추진파는 정치적인 위상을 되찾을 수 있었던 것이다.

그런데 역지 추진파의 노력에도 불구하고 대마도 내에서는 에도 방문을 주장하는 나오키 일파의 지지층이 확대되고 있었다. 나오키 일파는 역지는 대마도에 도움이 되지 않고 일반적인 희생만 강요하는 것이라 하면서 역지 추진파를 공격했다. 그들은 1800년 4월 도내 가신단 100여 명과 함께 현 지도부의 실정을 고발하며 人事刷新을 대마도 도주에 호소했다. 대마도 도주 소우 요시카쯔는 나오키 일파의 의견을 전면적으로 수용하고 도내 역지 추진파를 파직시키고, 바쿠후에는 조선이 역지에 동의하지 않고 지금도 에도

---

8) 『국역증정교린지』, 254쪽.

9) 「寬政10年朝鮮國規外書翰」, 『本邦朝鮮往復書』 90, MF000503.

방문을 원한다는 내용까지 보고했다. 즉, 무오약조가 위조된 것임을 자신의 입으로 고백한 것이다. 그러나 바쿠후의 태도는 에도 방문 추진파의 예상과는 전혀 달랐다. 즉, 바쿠후로서는 이미 역지통신 시행을 정했기 때문에 대마도는 모든 방법을 동원해서 성사시켜야 한다는 입장이었다. 그러나 나오키 일파의 행동은 그것을 막으려는 것이기 때문에 바쿠후로서는 도저히 용납할 수 없었다. 결국, 나오키 일파는 대마도 내에서 입지를 잃고 다시 일선에서 물러나야 했지만, 주모자인 나오키를 완전히 제거할 수 없었다. 그들이 떠난 대마도 내정은 다시 역지 추진파가 장악하게 되었다. 이번 사건을 통해 바쿠후의 정책이 어디까지나 역지라는 것이 확인된 이상 역지 추진파는 에도 방문 추진파를 견제하면서 계속 사활을 건 승부수를 던질 수밖에 없게 되었다.[10)]

1801년 8월 역지 추진파는 역지를 성사시키기 위해 통신사의 세부사항을 조선과 의논하고 싶다는 요청을 바쿠후에 했다. 통신사절목강정은 원래 조선이 당상역관을 대마도에 보내 하는 것이었으나 이번 경우에는 비밀리에 교섭을 진행해야 하므로 반대로 전 왜관관수 도다 타노모를 보낼 계획이었다. 그가 박준한과 결탁해서 무오약조를 체결한 사람이었기 때문이다. 역지 추진파는 그를 다시 왜관에 보내 역관들과 새로운 묘안을 찾으려고 한 것이었다. 대마도는 1802년 조선과의 교섭을 시도했으나, 조선은 "통신사절목은 원래 통신사를 보낼 1~2년 전에 강정하는 것인데 5년이나 기간이 남아 있고 관수와의 교섭하는 것도 전례가 없다"는 이유로 거절했다. 그러나 대마도는 "도해역관을 청구한 이유는 경비를 줄이기 위함이고 모두 바쿠후의 지시"라고 하면서 교섭했고, 문제가 되었던 서계를 일부 고침으로 본 교섭에 들어갈 수 있었다.[11)] 조선이 이번 교섭을 허락한 것은 서계에 역지라는

---

10) 『淨元公實錄』上, 寬政 12년 윤4월~6월. 『淨元公實錄』下, 享和 2년 2월~3월.

11) 司啓曰, 頃因東萊府使徐有錬所報來, 丁卯通信使行節目, 使舊館守倭, 趁今講定事, 馬島書契, 上送矣, 節目講定, 考之舊例, 例於前期一二年擧行, 而今此書契之請令舊館守倭替

말이 없고 연기된 통신사의 세부사항을 강정하기 위한 것이기 때문에 받아들인 것이었다. 즉, 조선은 이번 교섭을 역지통신의 강정절목을 만든 자리가 아니라 에도통신의 강정절목을 만든 자리로 이해한 것이다.

왜관에서의 모든 교섭은 왜학훈도를 통해서 이루어지기 때문에 이번 교섭은 박준한 일파의 훈도가 적극적으로 도와줌으로써 일이 쉽게 끝난 것이었다. 역관들이 적극적으로 대마도를 지원한 것은 역지가 성사되지 않으면 자신들의 불법행위가 모두 드러나기 때문이었다. 1799년에 박준한이 사망한 후에는 최국정, 박지검 등의 박준한 일파가 역지 불가의 방침을 계속해서 바꾸려고 했다.

그런데 강정역관들은 교섭을 시작한지 4년이나 되었지만 교섭을 마치지 못하자, 비변사에서는 아래와 같이 강력이 역관들을 처벌하고 후임을 보낼 것을 알렸다.

비변사에서 아뢰기를, "교린의 약조는 본래 엄명한 것이고 통신사의 연차는 이미 정제가 있으니, 규례를 살펴서 강정하는 것은 두 말을 말하기를 기다리지 않고서도 결정할 수 있습니다. 강정관이 내려간 것이 1802년에 있었으니 이미 4년이 되었으나, 아직도 결말이 나지 않은 것은 나라의 기강으로 헤아려볼 때 그지없이 한심합니다. 전후의 任譯을 모조리 嚴勘하여야 마땅하지만 그 가운데에서 이미 죽은 사람은 사실 논할 것이 없고, 초봄에 교대하여 내려 보낸 것도 반년에 되었으나 줄곧 미루기만 하니 懲礪하는 도리에 있어서 엄처하지 않을 수 없습니다. 당해 강정관 최국정은 정배의 벌전으로 시행하고, 그 후임은 사역원에서 각별하게 택차하여 즉시 내려 보내게 하되, 비록 해부로 말하더라도 전부터 관문으로 신칙한 것이 한두 번이 아니었는데 아직도 아무런 皁白이 없는 것은 매우 온당치 못하니, 東萊府使 정만석을 우선 종중추고 하는 것이 어떻겠습니까?" 하니, 윤허한다고 답하였다.[12]

---

行者, 蓋出於除弊之意, 別無掣礙之端, 年限之稍進數年, 亦不足靳持, 依書契所請, 講定譯官, 令該院卽爲另擇差送, 節目講定時, 一遵各年謄錄, 無敢一毫違越事, 嚴飭於下去譯官, 以此分付於守臣處何如, 答曰, 允 (『備邊司謄錄』, 純祖 2년 12월 27일).

역지를 성사시켜야 하는 최국정이 파면당하고 咸鏡道 明川에 정배되었고, 6월에는 박준한 일파가 아닌 현의순이 새로운 강정역관에 임명되었다. 박준한 일파가 조정을 설득하지 못해 시간만 난비하는 결과가 된 것이다. 현의순은 타노모에게 지금까지의 교섭과정을 물어 이번 사건의 전모가 드러나게 되었다.[13] 역관 인사를 통해 박준한 일파가 제거됨으로써 그들의 불법행위를 조선이 파악한 것이었다. 이 사건을 계기로 조선이 통신사에 대해 보다 적극적으로 나서는 계기가 되었다. 호조판서 김달순은 통신사 강정 작업을 하루 속히 마무리하고 통신사를 보내자고 아래와 같이 아뢰었다.

> 동래부사로 하여금 엄한 말로 관수왜에게 책유하게 하고, 이어서 바다를 건너가는 역관을 들여보내 별도로 서계를 전달하려 한다는 뜻을 관수로 하여금 대마도에 통지하게 하여, 즉시 와서 통신사를 청하게 해야 하겠습니다. 통신사 행차를 교린하는 큰일인데 다만 이 무리들이 농간을 부린 것 때문에 연한이 점차 가까워지는데도 강정이 아직까지 지체되었으니 국가의 체통이 있는 바에 더욱 극히 놀랍고 통악스럽습니다. 사행이 에도에 들어가는 일과 儀物을 하나같이 舊例에 따르는 일 등도 동래부사로 하여금 관수왜에게 통지하게 하여 속히 강정하게 하며, 안핵사는 죄인에게 법을 적용한 뒤에는 복명하게 하라고 萊府에 분부하고, 보내는 관문은 일이 변경의 정사에 관계되는 만큼 보발로 부칠 수 없으니 금군을 정하여 역마에 태워서 내려 보내는 것이 어떻겠습니까?"하니, 임금이 그리하라 하였다.[14]

인용문을 보면 김달순은 역관들의 불법행위가 모두 드러난 후에도 에도 통신을 주장하고 있다. 실은 이번 사건은 조선이 역지를 거부함에 따라 일어난 사건인데도 역지에 관한 언급이 전혀 없다. 교린관계에서 통신사는 에도에 가서 해야 한다는 원칙론이 아직도 유효하다는 것을 알 수 있다. 동시

---

12) 『備邊司謄錄』, 純祖 5년 5월 28일.

13) 長正統, 앞의 논문, 125쪽.

14) 『備邊司謄錄』, 純祖 5년 8월 28일.

에 역지통신은 대마도 문제를 해결하기 위해 조선이 적극적으로 나서는 새로운 단계를 맞이한 것이다.

## 2. 조선의 '譯官江戶派送論'과 기사약조 체결

### 1) 1차 '譯官江戶派送論'의 전개

조선은 타노모의 발언 이후 본격적으로 조사를 시작하였다. 동래부 안핵사 윤명렬은 박준한 일파의 모든 불법행위를 밀계하고, 관련된 역관들은 모두 효시 당했다.[15] 위기감을 느낀 윤명열은 역관제도의 개혁안을 아래와 같이 주장하게 되었다.

안핵사 윤명렬이 아뢰기를, "이번에 흉악한 역관배들이 저지른 범죄는 전고에 없는 변괴이나, 乾斷을 분명히 내리셔서 왕장이 이미 펴졌으므로 신은 존경하고 우러름을 이기지 못하겠습니다. 대저 모든 왜관에 관계되는 일은 공사를 막론하고 하나같이 역관에게 맡겼기 때문에 그들이 奇貨로 여기고, 걸핏하면 公務라고 칭하고 저들과 때도 없이 서로 접촉하였는데, 혹은 물화로 서로 통쾌하기도 하고 혹은 매매를 청탁하기도 하면서, 중간에서 농간을 부린 폐단과 피차가 은밀히 수작하던 정황은 전부터 이미 그러하였으나, 지금에 이르러서 그 극에 달했습니다. 지금 이후로는 크고 작은 공무를 다시는 <u>역관에게 전담시키지 말고, 반드시 釜山僉使로 하여금 몸소 관중에 가서 글자로 酬答하게 하며, 역관에 있어서는 다만 중간에서 그치게 한다면</u>, 꾸며대고 속이며 농간을 부리는 폐단은 금단할 수 있을 듯합니다. 도해역관은 반드시 3員으로 들여보내는 것이 비록 정식이지만, 행중 모든 일은 수역이 단독으로 결단하기 때문에 병진년에 바다를 건너갔을 때에도 박준한이 꾸민 제반 음모를 사람들이 알 수 없었으니, 일의 소홀함이 이보다 더 심할 수 없었

---

15) 『純祖實錄』, 純祖 5년 9월 경신.

습니다. 이렇듯 크게 懲創하는 기회를 당하였으니 변통하는 도리가 없을 수 없겠습니다. 이 뒤로는 바다를 건너갈 때에도 오로지 역관에게만 맡기지 말고, 당하의 무신 중에서 자력과 문한이 있는 사람이 역관을 거느리고 들어가게 하면 전래한 폐원을 바로잡을 수 있고 저들의 사정도 상세하게 탐지할 수 있겠으나, 일이 初創에 속하고 또 관제에 관계되니 대신에게 하순하여 처리하시는 것이 어떻겠습니까?"16)

윤명렬은 역관 제도를 개혁하기 위해 역관들이 해온 것을 전담시키지 말고 왜관에서는 釜山僉使도 참석하게 하고, 도해역관이 대마도에 갈 때는 무신 가운데 사람을 뽑아 같이 가는 것을 제시하였다. 이번 사건을 계기로 역관제도를 고치자는 것이었다. 그러나 대신들의 동의를 얻지 못하고 실현되지 못했다.17)

그런데 뇌물을 받은 역관들뿐만 아니라 뇌물을 건네준 대마도에 어떤 처벌을 내릴 것인가에 대해 『승정원일기』를 보면 다양한 의견이 제시된 것을 알 수 있다. 먼저 예조판서 한용귀는 역관을 에도에 파견하여 대마도의 부정행위를 알려야 한다고 주장했다. 지지하는 사람이 많았으나 우의정 이경일은 강하게 반대했다. 그는 "지금 이 사건을 에도에 직접 알리면 대마도에

---

16) 同日入侍時, 按覈使尹命烈所啓, 今番凶譯輩所犯, 振古所無之變怪, 而乾斷廓揮, 王章已伸, 臣不勝欽仰, 大抵凡係倭館事, 無論公私, 一任之於譯舌, 故渠輩看作奇貨, 輒稱公幹, 與彼人無時相接, 或以物貨相通, 或以賣買爲託, 其中間幻弄之弊, 彼此陰秘之狀, 自前已然, 以至今日而極矣, 從今以往, 大小公幹, 勿復專委於任譯, 必使釜山僉使, 躬往館中, 以書字酬答, 至於任譯輩, 只令居間通情而已, 則矯誣弄奸之弊, 似可以禁斷矣, 若以渡海事言之, 渡海之譯, 必以三員入送, 雖是定式行中, 凡事首譯獨斷, 故丙辰渡海時朴俊漢之諸般陰謀, 人不得知之, 事之疎忽, 莫此爲甚當, 此大懲創之會, 恐不可無變通之道, 此後則渡海時, 亦勿專屬譯官, 以堂下武臣中有資歷文翰之人, 率譯官人去, 則流來弊源, 庶可釐革, 彼中事情, 亦足詳探, 而事係創始, 亦關官制, 下詢大臣處之, 何如 (『備邊司謄錄』, 純祖 5년 10월 16일).

17) 우의정 이경일은 새로운 규식을 정한다고 해도 대마도가 따르지 않을 것이라고 반대했고, 다른 대신들도 개혁의 필요성을 인정하면서도 적극적으로 지지하지 않았다 (『備邊司謄錄』, 純祖 5년 10월 16일).

는 사활문제이기 때문에 모든 방법을 동원해서 방해할 것이고 에도까지 도착할 수 없다고 했다. 게다가 역관들도 믿을 수 없으니 어렵다"고 하였다. 병조판서 김사목, 형조판서 박종경 등은 다른 사람을 보낼 것을 주장했지만, 역시 우의정 이경일이 "왜학역관이 아니면 일본어를 할 수 없으니 어렵고, 대마도를 거치지 않은 海路를 조선인이 모르기 때문에 불가능하다"고 주장하였다. 결국, 대마도를 통하지 않고 바쿠후와 직접 교섭을 하려는 '譯官江戶派送論'이 처음으로 제기되었으나 무산된 것이었다.[18]

조선이 바쿠후와 직접 교섭에 나서는 움직임은 역지통신에서 큰 전환점이라고 생각한다. 그래서 이때부터의 조선의 대응방식을 '譯官江戶派送論'이라는 말로 정리하고 두 가지로 구분하고자 한다.

첫째, '譯官江戶派送論'은 대마도의 불법행위를 바쿠후에 알리고 처벌을 요구하자는 것이었다. 이경일의 말처럼 만일 성사될 경우 대마도에는 상당한 타격이 예상되었다. 최악의 경우 조선과의 외교 교섭권을 잃을 수도 있는 것이었다. 그리고 조선에서 본다면 대마도라는 대일정책의 중요한 위치를 차지한 사람들을 배제할 결과가 되고 적지 않은 부작용도 발생할 수 있었다. 이와 같은 부정적인 면에도 불구하고 강경론이 나온 것은 대마도가 바쿠후에 자신들에 불리한 내용을 보고하지 않았다는 의심 때문이었다. 그래서 조정에서는 이번 사건도 바쿠후는 모른다고 판단한 것이다.

둘째, 역지에 관한 바쿠후의 의사를 확인하자는 것이다. 에도통신을 원하는 조선입장을 전달하려는 의도도 있었다. 조선은 1711년 하쿠세키의 개혁 때도 바쿠후의 의사를 확인하려고 한 적이 있었다. 조선은 대마도가 교섭을 담당하다보니 항상 바쿠후의 의도가 무엇인지 궁금했다. 이것은 아래 인용문 영의정 서종태의 말을 통해서 확인할 수 있다.

영의정 서종태가 아뢰기를 "통신사가 갈 때에 쇼군의 아들과 집정이하에

---

18) 『承政院日記』, 純祖 5년 8월 21일.

주는 예단을 제폐하는 일을 차왜의 전하는 말만 믿을 수 없고 과연 에도의
뜻에서 나왔는지를 알고 싶어 하여 동래부로 하여금 대마도에 사신을 보내
묻게 하고 그 회답을 기다려서 보내든지 안 보내든지 여부를 결정하겠다는
뜻으로 지난번 筵中에서 이미 품정했습니다. 대마도의 서계가 나왔는데 대
체로 그 말은 '과연 에도의 뜻에서 나온 것입니다."하니, 임금이 아뢰기를
"서계 중에 그 곡절은 말하지 않았으나 에도의 뜻에서 나온 것만은 분명하
다"했다.[19]

 물론 에도까지 직접 역관을 보내자는 논의는 지금까지 없었던 일이었
다.[20] 이 시기부터 차왜를 통해 역지 문제를 해결하려는 조선의 태도에 조
금씩 변화가 보이기 시작하였다. 그런데 '譯官江戶派送論'은 기존의 정책
과 차이가 있는 것처럼 보인다. 즉, 기미책은 기미의 대상인 대마도를 어떻
게 통제하는 것인가에 대한 정책이었다. 그러나 1805년에 논의된 것은 기미
의 대상인 대마도를 통하지 않고 바쿠후와 직접교섭을 추진하려는 것이었
다. 중요한 것은 대마도와의 모든 관계를 이번 사건으로 조선이 청산하려는
것은 아니었다는 점이다. 어디까지나 이번 문제에만 한정시켜 일을 진행하
려고 한 것이다. 여기에는 이경일처럼 대마도와의 관계를 끊기가 어렵다는
현실적인 이해가 조정에도 있었기 때문이었다. 그러므로 처음에는 대마도
처벌 문제가 강하게 주장되었지만, 점점 바쿠후의 의사확인이 강조되었다.
결국, 대마도는 기미의 대상으로 의심을 받기는 했으나, 그 위치를 잃지 않
았고 나중에 상술하겠지만, 조선과 새로운 접대기준인 기사약조를 1809년

---

19) 領議政徐所啓, 信使行時, 關白之子及執政以下禮單停減事, 不可只信差倭口傳, 欲知果
   出於江戶之言, 令萊府, 移書問於馬島, 待其回答, 定其送否之意, 頃日筵對時, 旣已稟定
   矣, 馬島書契, 今纔出來, 蓋其辭意, 果出於傳通江戶之意矣, 上曰, 書契中不言曲折, 而
   出於江戶之意, 則分明矣 (『備邊司謄錄』, 肅宗 37년 5월 20일).

20) 1634년 12월 대마도는 馬上才를 조정에 요청한 적이 있었다. 조선은 역관(홍희남)
   과 함께 마상재를 에도에 보내, 1635년 4월 쇼군이 마상재를 관람했다는 기록이 있
   다(仲尾宏, 앞의 책, 301~302쪽). 그러나 대마도가 에도까지 그들을 인솔하여 이루
   어진 것이고, 조선이 파견한 목적도 '譯官江戶派送論'과는 전혀 다르다.

에 맞게 되었다.

한편, 1805년 5월 江戶家老가 준비기간이 필요하다고 하며 시행시기를 2년간 연기할 것을 바쿠후에 청원했다. 역관들의 사건이 일어나기 전이라는 것을 생각하면, 조금이라도 시간을 벌려고 한 것으로 보인다. 바쿠후는 그것을 수용하고, 통신사 내빙비용의 명목으로 금 10,000량을 지급하고 역지통신을 1809년도에 실시하고 싶다는 뜻으로 通信使請來差倭를 보낼 것을 명했다.

왜관에 도착한 차왜는 전례에 따른 접대를 청구했는데, 문제는 이번 서계에는 1809년도 대마도에서 통신사를 맞이하고 싶다는 내용이 명기되어 있었다는 점이었다. 차왜를 맞이한 조선의 태도는 예상대로 무오약조는 위조된 것이고 역지에 동의할 수 없다는 입장이었다. 차왜는 역관들이 처벌을 받은 것을 알지만, 자신들은 관계문서도 갖고 있다는 입장을 바꾸지 않았다.[21]

그러나 영의정 이병모는 "이번에 대마도가 보내온 通信使請來差倭는 내용에 문제가 있기는 하나 그 자체는 전례에 따른 것이기 때문에 그들을 먼저 접대하고 회답서계로 조선입장을 분명히 할 것"을 정했다.[22] 결국, 조선은 서능보를 접위관으로 명하여 5월 下船茶禮를 베풀었다.[23] 도착한 회답

---

21) 司啓曰, 卽見東萊府使鄭晚錫狀啓, 則枚擧訓別等手本以爲, 通信使請來, 大差倭, 纔已出來, 而同倭所告以爲, 辛亥議聘使見退之後, 自貴國更發易地省弊等說, 信使則邀諸弊州, 年限則定以已已, 文字昭昭, 又曰, 僞造等說, 初非弊州所知, 只憑貴國文字, 已報江戶, 斷斷完定云, 故更以決不許接之意, 嚴加責諭云矣, 今此差倭, 與辛亥議聘, 均是規外, 則辛亥之所退却者, 今何可許接乎, 況今番四譯用法之後, 綢繆之奸情, 必無不知之理, 而粧撰爲說, 要以自掩者, 尤極駭然, 分付該守臣, 勿爲許接, 更加責諭, 斯速入送之地何如, 答曰, 允 (『備邊司謄錄』, 純祖 6년 1월 6일).

22) 今三月初十日親臨春塘臺, 文科重試對擧, 文武別試·殿試試取入侍時, 領議政李所啓, 卽見東萊前府使鄭晚錫狀啓則以爲, 通信使請來大差倭, 纔已出來, 而同倭所告, 有弊州議聘等說, 故以決不許接之意, 嚴加責諭云矣, 邊臣之嚴加責諭, 不爲許接, 固有所執, 而第念信使請來, 自有名色與規外有異, 則許其接而責其辭, 務盡在我之道而已, 不必如是相持, 依例許接之意, 分付何如, 上曰, 依爲之 (『備邊司謄錄』, 純祖 6년 3월 10일).

23) 東萊府使吳翰源, 接慰官徐能輔狀啓以爲: 通信使請來差倭平功, 下船所呈書契二度, 別

서계를 확인한 대마도 정사 등은 "역지가 이루어지지 않으면 대마도는 반
드시 망할 것이고 대마도가 망하면 우리가 사는 이유가 없다"고 하며 서계
수리를 거부했다. 그들은 일본인 41명과 함께 왜학역관숙소(誠信堂)까지 찾
아가 자신들의 사정을 호소하기도 하였다.[24]

차왜는 계속해서 교섭을 시도했고, 8월에는 연례송사 제1~3선의 下船宴
에 참가하기 위해 동래부사가 왜관에 오자 면담을 요청했다. 그러나 동래부
사 오한원은 "통신사가 반드시 에도에 가는 것은 원래 약조에 있고 기만당
한 연유를 에도에 전달하는 것이 무슨 문제가 있느냐"고 그들의 말을 일축
했다.[25]

그런데 역지 추진파는 교섭을 시작하기 전 바쿠후에 1807년 3월까지는
회답서계를 가지고 복명할 것이라는 보고를 한 상태였다. 시기가 지나도 보
고가 없자 바쿠후는 교섭과정에 관한 경위를 자세하게 보고하라고 압박하
기 시작했다.[26] 바쿠후의 태도변화는 통신사가 숙박하는 시설이나 국서 교
환이 이루어지는 도주 자택 중축 등의 명목으로 1805년부터 1807년까지 무
상으로 금 90,000량을 지급하고 공사도 진행 중 때문으로 보인다.[27]

---

幅二度, 東萊, 釜山書契一度, 別幅二度, 上送于禮曹. 差倭通言曰 '書契中有己巳年信
行之語, 善爲轉達'云, 故臣等答以, "己巳云云, 初非我國講定之事. 第當恭俟朝廷處分
而已.' 追呈講定譯官等手本內, 差倭所率都船主倭藤格, 見小的而言曰, '己巳信行之事,
俄呈書契, 而前此已有講定之說, 何以爲之耶?' 云云, 故小的等答以爲, '前此講定云云,
卽凶譯輩事, 而旣皆伏法, 今非可論信行之己巳入送, 又非當初約條, 則書契啓聞後, 只
待朝廷處分之意', 嚴辭拒絶. 舊館守倭源暢明, 亦請講定官出示講定節目二張, 乃是年前
凶譯輩僞造者, 初不取見, 據理責諭, 則源暢明以爲, '如此, 則馬島將滅亡而後已', 勃然
變色, 仍爲閉戶, 故小的亦爲奮起, 仍還任所云. 彼倭等情狀萬萬狡惡, 故大差倭及舊館
守倭等處, 更勿煩瀆之意, 令任譯輩, 嚴加責諭 (『純祖實錄』, 純祖 6년 5월 20일).

24) 『通信使草謄錄』, 純祖 6년 7월 3일.
25) 홍성덕·하우봉 옮김, 『國譯變例集要』, 민족문화추진회, 2000, 158~159쪽.
26) 田保橋潔, 「朝鮮國通信使易地行聘考」上, 『東洋學報』23-3, 東洋學術協會, 1936, 500쪽.
27) 鶴田啓, 「18世紀後半の幕府·對馬藩關係」, 『朝鮮史硏究會論文集』 23, 綠陰書房, 1986. 3,
    156쪽.

조선과 바쿠후 사이에 완전히 고립된 차왜는 1807년 6월에도 동래부사와
면담을 시도하며'대마도가 망할 것'이라는 말을 되풀이했다. 결국, 마지막
강경책으로 7월 차왜 등이 자신들의 딱한 사정을 동래부사에 직접 호소해
야 한다면서 왜관내의 일본인을 거느리고 난출하는 사건을 일으켰다.[28] 난
출은 대마도의 마지막 외교카드였지만, 조선은 역지를 허락하지 않았다. 역
지 추진파로서는 지금까지의 강경일변도의 정책을 재검토할 시기가 된 것
이다.

### 2) 2차 '譯官江戶派送論'과 기사약조 체결

조선은 1807년 10월 재판차왜에게 역관을 직접 에도에 파견하여 바쿠후
의 의사를 확인하는 방법, 바쿠후에 직접 서계를 제출하도록 할 방법 두 가
지 중 하나를 선택하라고 하였다.[29] 조선은 이것을 통해 역지 절대 불가라
는 방침과 무오약조는 위조된 것임을 동시에 에도에 알릴 수 있고, 바쿠후
의 의도도 함께 확인할 수 있다고 생각했기 때문이었다. 1805년에 무산된
'譯官江戶派送論'이 다시 제기된 것이다. 1805년과 비교한다면 이번의 경
우 바쿠후의 의사를 확인하자는 것이 중심이었다. 재판차왜는 바쿠후가 직
접 서계를 보내는 방법을 택했다. 1808년 4월 조선이 요구한 서계를 가지고
온 차왜가 부산에 도착했고 동래부사 오한원이 4월 21일 차왜의 방문 목적

---

28) 『通信使草謄錄』, 純祖 7년 7월 29일.
　　조일양국에서 외교 문제나 무역상의 현안이 있을 때 조선이 파견한 왜학역관이 왜
　　관 안으로 협의하는 것이 정상적인 절차였다. 그러나 일본인들이 자신들의 요구가
　　받아들여지지 않을 때는 禁令을 어기고 왜관 밖으로 뛰쳐나가 동래부로 가서 동래
　　부사를 상대로 일종의 무력시위를 하는 일이 자주 있었다. 조선에서는 이런 일을
　　불법행위로 간주하여 '闌出'이라고 불렀으며, 亂出이라고도 부르기도 했다 (김강일,
　　『조선후기 倭館의 운영실태에 관한 연구』, 강원대학교 박사학위논문, 2012. 8, 124~
　　125쪽).
29) 田保橋潔, 앞의 논문, 503쪽.

을 다음과 같이 전했다.

　　대마도가 지난번에 회답한 서계를 에도에 바쳤더니, 말하기를 과연 글 뜻
과 같다면 조선에서 허락하지 않은 것은 마땅히 그러한 것이다. 근래에 일본
에서 旱災와 蝗害가 잇달아 닥치고 또 火災가 있었는데, 만일 상례로 通聘
하려 한다면, 절대 그 길이 없을 것이다. 연빙사·의빙사를 보내 통신하는 뜻
으로 삼고자 하였으나, 피차 폐단을 줄이는 계책에 지금 중간에서 속았다 하
여 버려 둘 수는 없다. 따라서 반드시 이러한 뜻으로 한번 다시 청하여 기필
코 허락받을 수 있도록 하라 하였으므로 이에 감히 나왔습니다.[30]

　　그러나 아직도 조정내부에서는 대마도를 의심하여 왜관을 에도에 보내
바쿠후의 의도를 직접 확인하고 나서 역지를 결정하자는 의견이 대부분이
었다. 그런데 '譯官江戶派送論'을 강력히 주장한 좌의정 김재찬이 "마침
대마도에 바쿠후 고관이 와 있으니 그와 직접 교섭할 것"을 제안했다. 그가
갑자기 태도를 바꾼 것은 쇼군이 역지가 성사되지 않으면 대마도주를 새로
뽑을 것이라는 말을 들었고, 만일 에도에 직접 역관을 보내면 대마도가 망
하는 결과가 될 것을 우려했기 때문이었다.[31] 대마도 처벌이 강력히 주장

---

30) 『日省錄』, 純祖 8년 4월 21일.

31) 左議政金載瓚曰 "卽見接慰官狀啓及任譯輩手本, 則酬酢尤爲詳密. 大抵彼人情狀, 漸至
着急, 方在十分地頭, 一島將有滅亡之患, 寧以一死冒爭. 關白言內, '若不得請, 則當新出
島主. 島主新出之日, 卽舊主畢命之時也. 事極至冤, 寧死於朝鮮之方,' 而在館差倭則以
爲, '島君如此, 則必不生還.' 渠輩當以死爭之.當初交隣之事, 馬州實主之, 而今忽直通
於江戶, 則是致疑於馬島之故, 而前後親信往復者, 皆歸虛妄. 國法自來嚴酷, 必有全一
島滅亡之禍, 豈不至冤枉乎? 惟望使渠, 轉報江戶, 俾保一島性命爲言云. 當初送人於江
戶者, 不過與彼相議可否, 以驗其說之虛實而已, 今聞 '江戶執政, 方以接對次出來馬島'
云, 則似不必直通江戶. 馳送一譯, 與其執政之來在馬州者, 商確其易地可否之意, 改給
書契得當矣." 上曰 "奸譯輩事, 豈非渠之所失耶? 直爲送使於江戶, 則何如耶?" 思穆曰
"雖送信使于江戶, 馬島必致阻搪於過去之路, 似不得入去矣." 上曰: "馬島之於江戶, 若
北京之於鳳城耶?" 沈象奎曰 "然矣. 若有信使, 則馬島之主, 例爲隨入江戶云矣." 上詢
于大臣及諸宰後, 從之 (『純祖實錄』, 純祖 8월 8월 기해).

된 시기를 1기로 한다면, 2기라고 할 수 있는 1808년 이후에는 바쿠후의 의
사확인이 주된 목적이었다. 대마도가 수용할만한 방법을 조선이 택해서 더
욱 효율적인 통제방법을 모색한 결과라고 할 수 있다.

결국, 1809년에 대마도까지 역관을 파견하여 바쿠후 대표와 만나 역지
가부를 결정하기로 했다. 이것은 조선도 에도에 역관을 보내는 것이 현실적
으로 어렵다는 것을 알고 있었기 때문이다. 앞서 1808년 10월 대마도는 역
관 입송을 요청했는데, 동래부사 오한원은 서계 내용에 문제가 있어서 다시
고쳐 쓰게 했다고 장계했다.[32] 조선은 도해역관의 인선에 착수하여 3월 당
상역관 현의순을 임명했다. 이번 역관들이 강정하는 내용에는 역지 문제와
함께, 지금까지 폐단이 심했던 대마도와의 약조를 개정하는 작업도 포함되
어 있었다. 좌의정 김재찬이 관계부서와 상의하고 만든 것이 16항목으로 되
었다고 한다. 이것은 바쿠후에 대마도 처벌을 요구하지 않은 대신 약조개정
을 통해 재정적인 손실을 최소화하려는 조선의 의사를 확인할 수 있다. 16
조 중 중요 내용을 제시하면 다음과 같다.[33]

---

32) 司啓曰, 伏見東萊府使吳翰源日前狀啓及 報本司辭緣, 則差倭持書契, 來請渡海譯官, 而
見其書契中, 有允容二字, 有若我國, 已爲允許者, 然有不可許令捧納, 故令任譯據理責
退, 使之改措語以納之意, 已爲嚴飭該府, 而在前渡海官入送時, 造船治裝, 自費許多日
字, 每爲先期差出, 俾無臨時窘束之弊, 故今亦依例預先差定, 而待其書契改來, 卽爲發
送之意, 分付該院該府何如, 答曰, 允 (『備邊司謄錄』, 純祖 9年 2月 15日).

33) 左議政金載瓚啓言 "渡海譯官之行, 欲探關白之知否, 島主之情僞也. 的知其虛實眞僞然
後, 始可入送通信使. 通信使之行, 已近五十年, 諸般約條, 擧多弛廢. 館倭輩奸弊日滋,
不可不一番修明釐飭. 且信使一事, 我旣爲彼除弊, 則彼亦宜思所以除弊, 事理當然矣.
今此渡海之行, 先以約條中, 當爲修擧者, 謬例之當爲革除者, 條列爲言, 使彼一一釐改.
且諸弊, 未必皆江戶之所知也, 若於島主及江戶執政相對處, 明辦痛說, 則亦足爲折奸祛
弊之一助. 故臣與諸宰, 相議停當, 則爲十五, 六條矣. 其中小小條件, 雖難一一枚擧仰達,
而撮其最大者, 則其弊之第一件, 卽副特送使船也. 前此約定歲遣二十船, 卽自第一船,
至第十七船及一, 二, 三特送. 而酊菴, 卽玄蘇之受圖書者也, 至今依托書僧. 萬松院, 卽
島主平義智條約時, 有功而設也, 然兩送使, 亦是二十船之外, 則已可謂謬例. 而況此副
特送使船, 尤是謬例之謬例也. 不念我國之貽弊, 自爲彼人之生業, 任意往來, 因以爲例,
此宜永革者也. 中絶五船, 初因島主之懇請進上及公貿易, 依前式付送於一特送使船. 故

① 副特送使의 停止 - 부특송사선은 잘못된 예 가운데 더더욱 잘못된 예
이다. 우리나라에 폐단을 끼치는 것은 생각하지 않고 스스로 저들의
생업을 위하여 임의로 왕래하다가 준례가 된 것이니 이는 의당 영원
히 혁파해야 한다.

② 中絶 5船의 停止 - 受職倭人 중 이미 죽은 사람 이름의 것인데, 島主
가 進上과 公貿易을 간청함에 따라 전의 방식에 따라 하나의 特送使
船에 付送하게 했기 때문에 進上價公木 20동 公貿易價公木 36동을
해마다 지급하는데 이미 실효된 것이라서 정지시켜야 한다.

③ 還島告知差倭의 停止-도주가 3년에 한 번씩 에도를 왕래하는 것이 이
미 전례로 굳어져 있으니, 사자를 보내 알릴 필요 없이 단지 환도 했
다는 서계를 세견선 편에 붙인다.

④ 公作米制度의 改正- 애초 5년을 기한으로 허락했다. 기한이 차기에

進上價公木, 爲二十同, 公貿易價公木, 爲三十六同, 合公木爲五十六同之年年入給, 專
無義意, 此亦爲弊之大者也. 告還差倭, 卽島主之自江戶還島後告知者也. 三年一次, 往
來江戶, 已成前例, 則不必送倭告知, 只以還島書啓, 順付於歲遣船便, 事甚便好. 而以島
主之按例往還, 疊送差倭, 尤涉文具, 爲弊則甚, 此亦所當永革者也. 每年給倭公作米, 卽
公木五百同之代也, 當初彼人之苦懇也. 只限五年許之. 及限滿, 稱以公作米, 請得裁判
差倭出來, 又請退限, 又限五年許施矣, 因以爲例, 每五年限滿, 則彼人依例出來, 我國依
例許給, 便成恒規, 極爲無義. 且裁判倭之每五年出來, 淹留百餘日之間, 支供之糜費極
多. 此事極爲痛惋. 且單蔘, 卽朝廷禮賜之物也, 雖或品劣, 受賜者猶不敢點退. 而近來退
蔘之弊, 殆無限節, 或至全退, 經年相持, 終歸於腐敗無用之境, 論以事體, 豈有如許道理
乎? 公木入給, 自有年例定限, 每以當年新捧, 畢給於當年者, 卽是定規也. 近來彼人點
退, 愈往愈甚, 其意不但在於徵略而已. 惟以遷就不捧爲事, 其習可惡. 此後彼若踰越當
年, 則未捧之數, 雖至三,四百同, 我不必入給. 彼不當徵索之意, 嚴立科條, 則似無徵略
之弊矣. 倭館修理事, 一莫大之痼廢也. 每當修理之時, 彼人率彼中之工匠而出來, 一間
容入之材,瓦, 輒以三,四間所入責出, 一朔可畢之役事, 輒以五,六朔延拖. 如是之際, 我
國物力之白地加給者, 殆無限節, 一經修理, 輒費數十萬, 此不可不一番釐革. 自今爲始,
無論大,小監董, 必以我國工匠, 從彼願改給之意, 永爲定規, 則似無糜費之患矣. 沿邑漂
船給料斗升, 新造烙印, 一置萊府, 一置館守, 亦爲分送沿邑, 以此量給矣. 近年以來, 不
有此式, 往來船之漂泊各浦也, 斗量給料, 則斗上攫取, 幾至六,七升. 此後則以戶曹較正
斜子取用, 而平木以本府所送件用之, 俾無如前亂雜之弊宜矣. 此弊豈非盡除, 而若能
善爲說辭, 不撓不屈, 以理折之, 則亦必有可革之道矣. 請以此分付." 從之 (『純祖實錄』,
純祖 9년 5월 신미).

이르러서는 공작미를 일컬으면서 裁判倭가 나오겠다고 청하고는 恒
規로 되었다. 그리고 裁判倭가 5년마다 오면 100여일 머무는데, 이들
에게 지급하는 비용도 매우 많으므로 절약하는 방법을 연구해야 한다.

⑤ 退蔘의 嚴禁- 대마도가 받을 禮單蔘은 조정에서 예물로 내려주는 것
이기 때문에 품질이 좋지 않더라도 받아가는 자의 입장에서 반송할
수 없다. 그런데 근래 蔘을 점퇴하는 폐단이 한정이 없어서 간혹 전부
방송시켜 버리고 한해가 지나도록 버티다가 썩어서 쓸 수 없는 지경
이 되고 있다. 이러한 폐단은 嚴禁해야 한다.

⑥ 公木點退의 禁止- 근래에는 공목의 점퇴가 갈수록 더욱 극심하여 그
의도가 뇌물을 징수하려는 데 있을 뿐만이 아니라 미루면서 받아가지
않은 것으로 일을 삼고 있다. 이 뒤로는 만일 넘길 경우에는 받지 않
은 숫자가 비록 300~400동에 이른다고 해도 우리는 入給할 필요가 없
게 해야 한다.

⑦ 倭館 修理法의 改正- 왜관을 수리할 때 대마도에서 工匠을 테리고 와
서 한 달이면 끝 마칠 일을 5~6개월을 지연시킨다. 한번 수리를 거치
게 되면 그때마다 수십만 냥의 비용이 헛되게 되니, 지금부터 시작하
는 왜관공사는 반드시 우리의 공장을 저들의 요청에 따라 改給하게
한다.

1809년 7월 대마도에 도착한 강정역관은 방문 목적을 명시한 서계와 함
께 7가지의 비용절감 조건을 명기한 문서를 전달하였다. 그 내용은 앞서 언
급한 김재찬이 작성한 것을 정리한 것이었다. 7월 15일 역관은 바쿠후 측
대표와 만나 모든 교섭이 바쿠후의 지시라는 것을 확인할 수 있었다. 바쿠
후 대표 도오야마 가게미치(遠山景晉)는 "역지는 바쿠후에서 나온 것으로
대마주가 여러 해 글을 올려 간청한 것이다. 내가 지시를 받고 성사를 위해
나왔다"고 하면서 그와 대마도주의 이름으로 그것을 보장했다.[34]

통신사 외교에서 바쿠후가 직접 고관을 보내 교섭을 한 것은 전례가 없

---

34) 田保橋潔, 「朝鮮國通信使易地行聘考」下1, 『東洋學報』 24-2, 東洋學術協會, 1937, 227쪽.

는 일이었다. 그만큼 역지 문제를 해결하려는 양국의 의지가 강했다고 볼
수 있다. 즉, 조선으로서는 역관들을 통해 자신들의 뜻을 일본에 충분히 전
달할 수 있었고, 일본도 외교현안을 해결함으로써 더욱 안정된 교린관계를
유지할 수 있었기 때문이다.

1809년 7월 19일 대마도는 강정역관에 通信使節目案을 제시했다. 역지
통신은 지금까지 에도성에서 이루어졌던 각종 의식을 대마도 내에서 시행
하므로 불필요한 마찰을 피하기 위한 교섭기록인『信使易地講定譯官渡海
御向掛合記錄』에 잘 나타나 있다. 대마도가 폐단을 줄이기 위해 먼저 제시
한 것은 다음과 같다.[35)]

① 삼사로부터 정 부사의 양사로 한다.
② 騎船卜船을 각각 3隻씩 6隻으로부터 2隻씩 4隻으로 줄인다.
③ 통신사의 인원을 300명 이하로 한다.
④ 통신사가 에도에 가지 않기 때문에 집정 및 경윤에 대한 서계와 사예
   단은 줄인다.
⑤ 에도 御三家 및 응접관에 대한 사예단은 줄인다.
⑥ 예조에서 대마도에 보낼 서계 등은 구례와 같이 한다.
⑦ 以酊庵의 加番長老, 萬松院 등에 증급하는 것을 줄인다.
⑧ 馬上才는 없앤다.

대마도의 수정안의 핵심은 정사(1명), 부사(1명), 종사관(1명) 중 종사관
을 없애자는 것이었다. 종사관은 통신사사행 중 정사와 부사를 보좌하며 매
일 사건을 기록하고 귀국 후 국왕에 견문한 바를 보고했다. 종사관을 줄이
는 경우 기선 2隻에 각각 정사와 부사가 타고, 복선도 2隻만 가기 때문에
자연스럽게 인원도 줄일 수 있었다. 이와 함께 인삼 관계 조항은 공예단으

---

35)『信使易地講定譯官渡海御向掛合記錄』국사편찬위원회 소장, MF0000152, 문화 6년
   7월 15일. 문화 6년 8월~9월.

로 쇼군에 보낼 50근을 33근으로 줄이고, 세자에 보낼 30근을 없앤다는 것
과 사예단으로 삼사들이 쇼군과 세자에 보낼 각각 10근도 없앤다는 내용이
었다.

대마도의 제의에 대한 강정역관은 다음과 같은 수정안을 제시했다.[36]

① 국서를 맞이하고 보내는 의례는 양국이 같게 한다.
② 조선의 국서를 전달하고 일본상사가 에도에 돌아갈 때 당상역관 1명
이 에도까지 동행한다.
③ 양사가 아닌 삼사로 한다.
④ 일본도 양사가 아닌 삼사로 한다.
⑤ 통신사 인원은 350명 이하로 한다.
⑥ 세자에 대한 인삼은 3근을 지급한다.
⑦ 기타 나머지 사항은 절목에 따른다.

위 조선의 수정안을 순서대로 검토하겠다. 먼저 강정역관이 지적한 국서
교환 때 국서에 대한 숙배를 어떻게 하느냐에 문제였다.『증정교린지』제5권
傳命儀를 보면 국서 교환이 이루어질 때 사배례를 한다는 내용이 있다. 그
러나 1763년도 통신사행 때 의문시하는 논의가 전개되었다. 조엄은『해사
일기』에서 다음과 같이 기록하고 있다.

首譯으로 하여금 국서를 받들어 기둥 밖에 나가 도주에 전하도록 하였더
니 도주가 그것을 받들어 당 안에 이르면 近侍가 받아서 쇼군 앞에 두었다.
삼사가 차례로 몸을 굽혀 걸어 나아가 당 안에 있는 가운데 층에 이르니 쇼
군이 위층에 앉았다. 삼사는 사배례를 행하는데 사배례는 어느 때에 시작되
었는지는 알 수 없지만, 진심으로 한심하다.[37]

---

36) 田保橋潔, 앞의 논문, 235~239쪽.
37) 조엄, 앞의 책, 209쪽.

대마도는 17세기부터 당하에서 사배례를 하고 있었다. 조일 양국은 적국 관계(서로 예로 대하는 상대국)를 유지하려고 한 것이기 때문에 당하에 차이는 있으나 조선도 당연히 해야 하는 일이었다. 물론 대마도는 조선국왕에 대해 숙배를 했고, 조선은 국서의 뒤에 있는 쇼군에 대해 한 것이 아니라 자국의 국서에 한 것이기 때문에 본질에서는 차이가 없었다. 그러나 1763년의 경우 삼사는 사배례를 했으나 서기인 김인겸은 끝까지 거부하며, 조일 양국에서 합의된 내용에 관한 재검토가 필요한 시점이었다.[38]

②는 '譯官江戶派送論'이라 할 수 있다. 이 시점에서는 아직도 역지통신이 정식으로 결정된 것이 아니므로 역관이 여러 상황을 고려해 이러한 제의를 한 것으로 보인다. 물론 대마도가 그것을 거부한다는 것도 예상된 일이었고 역관들도 그것을 받아들였다.

③~⑤는 인원에 관한 문제이다. 역관들이 대마도의 제안을 거부하고 지금까지의 삼사체제를 유지하고 일본도 양사가 아닌 삼사로 통신사를 맞이해야 한다는 주장이었다. 당연히 종사관이 포함되며 인원도 대마도가 주장한 300명보다 많은 350명 이하로 한 것이다. 종사관 폐지 문제는 이번 교섭에서 대마도가 제시한 자장 핵심적인 부분이기 때문에 역관들도 그런 사정을 양해함으로써 종사관이 폐지되었다.[39]

---

38) 池內敏, 「近世後期における對外觀と國民」, 『日本史研究』 344, 1991, 106~107쪽.
39) 바쿠후는 접대비용의 부담을 들어 통신사를 1745년과 1763년에도 350명 이하로 보내달라고 요청했다. 1719년도의 통신사가 475명이었던 것을 생각하면 100명 이상 줄여달라는 것이다. 조선은 "隣好를 위해 노력을 아끼지 말아야 한다."고 거부해, 1719년의 기준으로 통신사를 보내기로 했다(仲尾宏, 앞의 책, 10장, 11장 참조). 조선은 통신사를 통해 일본의 재침을 막으려는 기능을 조선이 중시했다고 생각한다. 조선은 통신사의 기능을 유지하기 위해 통신사의 규모를 축소하지 않으려고 했다. 왜 350명이라는 수차를 일본이 제의했는지 확실하지 않으나 통신사의 규모를 줄이면 접대비용도 줄일 수 있다고 생각한 것이다. 다만, 조선을 설득할 명분이 필요한데 찾지 못했다. 교섭 실패의 직접적인 원인은 조선을 설득할 수 있는 명분을 제시하지 못했다는 것이지만, 통신사가 일본을 견제하는 효과를 유지하려는 조선의 의사도 적용했을 것이다.

⑥의 세자에 대한 인삼지급 문제는 인삼의 특수성에서 기인한 것으로 보인다.40) 이번 대마도의 제의는 인삼뿐만 아니라 다른 공예단도 대폭 줄이기로 되어 있어서 인삼까지 전혀 지급하지 않는다는 것은 예에 어긋난다고 역관들이 판단했기 때문이다. 결국, 조선의 주장대로 인삼 3근의 지급이 결정되고, 쇼군에는 대마도의 주장대로 33근을 지급하게 되었다. 인삼을 마련하는 일이 가장 큰 부담이었으므로 역지통신을 통해 그 부담을 줄일 수 있게 되었다.

역관의 대마도 방문에는 세 가지 목적이 있었다고 생각한다.

첫째, 바쿠후의 의사를 확인하는 것.
둘째, 대마도와의 관계개선 문제.
셋째, 통신사절목을 강정하는 것이었다.

이번 교섭은 바쿠후의 에도통신 의사를 직접 확인하는 것이었다. 바쿠후가 에도통신을 시행하려는지, 역지를 원하는지를 확인하려는 것이었다. 이것이 무엇보다 중요하고 다른 교섭에 들어갈 수 있는 大前提였다. 결과적으로 '譯官江戶派送論'은 에도 대신 대마도 방문을 통해 그 목적을 달성할 수 있었고, 나머지 교섭에서도 조선이 주도권을 잡을 수 있는 계기를 마련한 것이다. 문화사 중심의 통신사 연구에서 주목받지 못했지만, 역지통신을 둘러싼 조선의 중대한 정책전환이었다. 결과적으로 기사약조를 통해 대마도에 대한 새로운 접대기준을 정할 수 있었고, 통신사절목 교섭을 통해 새

---

40) 조선이 일본에 보낸 인삼을 정리하면 다음과 같다.
　　① 조선국왕으로부터 일본 쇼군과 세자에 보냄. ② 예조로부터 대마도주 및 에도老中에 보냄. ③ 信使首譯이 關係有司에 보냄. ④ 신사가 반전으로 휴대한다. ⑤ 의원이 의약품으로 사용한다. ⑥손님 대접용 인삼차로 사용한다. 이상 6항목에 쓰는 인삼을 信蔘라 한다. 양은 통신사마다 다르지만 약 240근 정도였다(今村鞆, 『人蔘史』 2, 朝鮮總督府專賣局, 1935, 74~75쪽).

로운 통신사외교를 성립할 수 있었다. 그것은 18세기와는 달리 재정적인 부담을 줄이고 양국의 교린 관계를 지속시키는 방향을 모색한 결과였다.

한편 대마도는 8월 11일에 강정역관이 제시한 항목 중 왜관 수리에 관한 일부분을 제외하고 모든 내용을 받아들인다는 문서를 제출하고 약조는 역지통신 시행 이후에 실시하기로 했다. 그러나 강정역관은 8월부터 9월에 걸쳐 추가로 비용 절감조건 20가지를 제시하며 대마도와의 폐단을 한꺼번에 해결하려는 의지를 보였다. 이번 내용에는 왜관에서의 밀무역의 금지, 왜관에 지급되는 땔나무와 숯의 定數嚴守, 朝市 때 분쟁을 일으키는 사람에 대한 처벌 등, 왜관에 관련된 항목이 추가되고 있었다. 이미 많은 양보를 했다고 생각한 대마도는 세견 1~4선과 以酊庵送使의 상, 하선연에 관한 것만 수용했다.[41] 이것이 대마도와 조선 사이에 체결된 기사약조였다.[42]

강정역관은 미처 결정하지 못한 부분은 나중에 다시 논의하는 것으로 하고 護還裁判差倭와 함께 귀국했고, 11월 15일 동래부사 윤노동이 강정역관들이 가지고 온 대마도주의 서계와 별폭을 치계했다.

이번에 譯使가 유시한 사정은 누누이 살펴 상세히 알았습니다. 즉시 來示에 의거 바쿠후의 관원과 貴使가 면대하여 의논했는데 역지 통빙에 관한 조항은 진실로 貴國의 領諾을 받들어 교제하게 되는 것도 더없이 큰 다

---

41) 『信使易地講定譯官渡海御向掛合記錄』, 文化 6년 7월 15일. 文化 6년 8월~9월.
42) 기사약조의 내용은 다음과 같다.
　一. 중간에 끊긴 5선은 영원히 파기한다.
　一. 告還差使는 서계 세견선 편에 부치고 태수가 승습한 뒤 초차 환도에는 단지 一番使价만 보낸다.
　一. 공목 1필은 공작미 10두로 마련한다.
　一. 감동 연한은 40년을 기한으로 한다.
　一. 監董物力은 분수하여 마련한다.
　一. 좌우 연해의 표선에 대한 급료는 평목으로 시행한다.
　一. 왜관의 서방에 담을 축조하고 문을 설치한다(『純祖實錄』, 純祖 9년 11월 신미).
　기사약조에 관한 연구는 윤유숙, 『近世日朝通交と倭館』, 岩田書院, 2011 참조.

행인 것이니, 무슨 할 말이 있겠습니까? 그 사연은 이미 전문하였습니다만 서약을 결정하는 것은 분명하고도 미덥게 하는 것이 더욱 귀한 것이니, 생각 건대 동무에서도 아름답게 여겨 차탄하는 것이 어찌 끝이 있겠습니까? 지난 번 번독스럽게 아뢴 데 대해 귀국에서 다행히 잘 양찰하여 주시어 외람되게 도 특별한 염려를 내렸으니, 이것이 돈후한 隣誼가 아니면 어떻게 여기에 이를 수 있겠습니까? 간절히 고하건대 통신사가 나올 기일을 정하는 데 대 해 廷議가 완만히 해서는 안 되니, 다시 주선하여 주기를 간절히 바랍니다. 그리하여 일마다 順便하게 되어 영구한 호의를 보존시킨다면 不佞이 또한 나의 직무를 충실히 이행할 수 있게 될 것이니, 더없는 다행이요 기쁨이겠습 니다.[43]

대마도는 지금까지 역지통신이 에도의 뜻이라고 설명해왔으나, 이번 서 계에서도 변함없이 강조하고 있다. 그리고 역관과 바쿠후의 고관의 만남이 이루어졌으니, 이제 조정내세서 역지 논의가 잘 되기를 바란다는 내용이다.

12월에는 왜학역관 현의순과 최석 등이 보고 들은 것에 대해 별단으로 아뢰었다.

별단의 내용은 일본의 지리, 대마도의 위치 인구 등 지금까지 주로 조선 에 알려진 내용이 대부분이다. 역지통신을 위해 대마도주 객관을 건축한 기 록과 에도에서 온 고관을 접대하는데 민중들의 원성이 높다는 이야기도 아 래와 같이 나온다.

　도주의 집 북쪽에 새로 큰 건물을 건립하였는데, 이름하여 東武廣殿이라 고 하였습니다. 또 客館을 건립하였는데 매우 웅장하였으며, 5년 만에 공사 를 끝맺었다고 하였습니다. 오로지 백성의 힘에 의존하였는데 2구가 있는 집은 1구는 부역하고 1구는 농사를 지었으며, 1구인 집은 1구가 부역했는데, 아울러 아무런 雇價가 없었다고 합니다. 이번에 나온 에도의 관인은 일행 159명이 바다를 건너왔는데, 데리고 온 133명에게 날마다 제공하는 魚菜·柴

43) 『純祖實錄』, 純祖 9년 11월 신미.

炭에 속하는 것을 전부 村民에게 담당시켰지만 또한 本價를 계산하여 지급
한 것이 없었으므로, 이것이 국법에서 나온 조처이기는 하지만 원성이 길에
가득하였습니다.[44]

1810년 1월 차대하는 자리에서 우의정 김사목이 에도의 지시라는 점이
분명해졌다는 점을 들고 통신사를 보낼 것을 주장했다. 그는 "이런데도 굳
게 거절하는 것은 성신의 도리가 아닙니다. 저들이 이미 폐단을 줄이자고
간청했고, 우리 역시 구애될 것이 없습니다. 통신사를 교환하자는 청이 마
땅하므로 회답서계를 짓게 하여 즉시 재판왜가 떠날 기일 전에 전해주게
해야겠습니다"고 했다. 순조는 다른 대신들에게 의견을 묻고 반대의견이 없
어서 대마도에 회답서계를 보내기로 했다.[45] 조선은 정식으로 역지통신을
허락했고, 11대 쇼군 이에나리는 쇼군직을 계승한지 20년 만에 통신사를 맞
이하게 되었다.

지금까지 본 것처럼 역지통신의 쟁점은 에도통신이었다. 그런데 바쿠후
는 에도통신을 못하는 이유를 조선에게 제대로 설명하지 못했다. 바쿠후는
에도성에서 환대를 하며 통신사에게 에도를 보여주려고 했는데, 갑자기 에
도가 아닌 대마도로 장소를 옮기겠다고 하니 조선은 당황할 수밖에 없었다

---

44) 『純祖實錄』, 純祖 9년 12월 정해.

45) 右議政金思穆啓言: "護還裁判差倭與渡海譯官, 同時出來, 許接將滿日限, 答書契, 當於
限前修送矣. 蓋其信使易地之請, 已過十年之久, 而朝廷之至今不許, 非但約條之不可輕
改, 其所謂 '江戶之意' 云者, 終未有的確可信之端故也. 及其辭語, 轉益懇迫, 擧措轉益
着急, 有不可一向責諭而已, 故乃有定送渡海之擧, 使之審其虛實, 察其情形而來矣. 果
與執政及島主, 丁寧面譚, 又得執政信蹟而還, 此是江戶之指揮, 必非馬島之主張, 更無
可疑. 如是而猶復牢拒, 亦非誠信撫綏之道. 彼旣以省弊爲懇, 我亦無禮數之或礙, 旣知
情實之別無他慮, 今不必又作層節, 更事斬持. 揆以事理與事勢, 許其易地之請, 恐爲合
宜, 故以此意, 令文任, 撰出答書契, 使卽傳給於裁判日限之前. 若其約條之改定, 儀節之
講定, 書契入送後, 亦爲隨便稟處, 而左相典臣及諸宰, 爛商停當, 病未登筵. 裁判倭日限
漸近, 趁今稟定, 不容遲待, 故敢達矣." 上詢諸宰, 俱無異議, 從之, 令文任, 撰出答書契,
入送馬島 (『純祖實錄』, 純祖 10년 1월 기사).

는 것이다. 그리고 역지라는 중요한 사항을 의논하러 온 차왜는 모두 조선
이 허락하지 않는 규정외의 차왜였다. 역지의 필요성을 일본의 국내 사정으
로 설명하려는 바쿠후의 접근방법은 오히려 명분론에 막혀 효과적이지 못
했다. 차라리 하쿠세키가 말한 『예기』의 말을 인용하면서 '상호왕래'라는
측면에서 접근하는 편이 효과적일지도 모른다는 생각이 든다.

그런데 지금까지 조선멸시론의 영향만 거론되며 역지통신이 마치 쟁점
없는 교섭을 거듭한 것처럼 해석했다. 그러나 본고에서 언급한 것처럼 사실
이 아니다. 먼저 조선의 뜻이 분명했다는 점을 지적하고 싶다. 역지는 허락
할 수 없고, 에도통신만 허락할 수 있다는 것이었다. 그것이 정조의 '역지불
허론'이었다. 교섭이 오랜 시간을 필요했던 이유는 조선 입장 뿐만 아니라
바쿠후 입장에도 변화가 없었기 때문이다. 바쿠후는 역지를 원하고, 에도통
신을 원하지 않는다는 것이었다. 조선과 일본은 견해 차이를 좀처럼 극복하
지 못했고, 결국, 대마도를 통한 교섭대신 바쿠후와 직접 교섭하겠다는 '譯
官江戶派送論'이 제기되자 해결의 실마리를 찾을 수 있었다.

역관을 대마도로 보내 바쿠후의 의사를 확인한 후, 조선은 역지를 허락
하였다. 바쿠후가 에도통신의 의사가 없다는 것을 확인했기 때문이었다. 그
러나 조선이 허락한 것은 어디까지나 11대 쇼군의 경하사행을 대마도로 보
낸다는 것이었다. 한편 바쿠후는 에도통신을 포기했으니 앞으로도 역지를
요청한다는 입장이었다. 조일양국의 역지에 대한 인식차이로 오사카 역지
통신 때도 역지 논쟁이 일어나게 되었다. Ⅳ장은 역지통신 시행을 통해 역
지통신의 역사적인 의의를 논하고자 한다.

# IV. 대마도 역지통신 시행

## 1. 대마도 역지통신 준비과정과 접대 간소화

### 1) 대마도 역지통신 준비과정

조선은 통신사의 강정절목을 정하기 위해 역관을 2번 대마도로 보냈다. 첫 번째 파견을 통해 조선이 역지통신을 정식으로 허락한 것은 앞서 언급했다. 그리고 남은 문제를 의논하기 위해 다시 역관을 보내게 되었다. 교섭의 쟁점은 단삼과 信蔘을 재배삼으로 대체하는 문제였다.[1] 김재찬이 지적한 것처럼, 조선이 지급하는 인삼이 질이 안 좋다고 대마도가 거부하는 경우가 많아 폐단이 심했기 때문이다.[2] 그러나 조선입장에서는 인삼을 재배삼을 대체한다면 폐단을 줄일 수 있으나, 대마도에는 아무래도 손해가 큰 것이었다. 왜냐하면 대마도는 일본 시장에서 인삼을 판매하며 큰 이익을 취했는데, 여기에는 조선 인삼의 효능을 믿는 일본 민중들의 인식도 크게 적용했다. 대마도가 품질이 떨어진 인삼을 받지 않겠다고 한 이유도 여기에 있었다. 더군다나 대마로는 재배삼의 품질이 산삼보다 떨어지는 것도 잘 알고 있었다.[3]

---

1) 司啓曰, 以信行講定事, 講定譯官纔已下送矣, 信蔘·單蔘之蔘品釐正, 卽是講定中第一事件, 有不可只委一譯專管擧行, 而前此渡海官旣已竣還, 且熟諳彼中事情, 另擇其尤爲解事者, 追後起送, 使之合力周旋, 別爲講定, 期於必竣乃已後, 其他諸條一體講定之意, 分付該院, 蓋此講定, 事係莫大, 而若使專付一二象譯, 不令地方官董察, 有非重事體備疎虞之道, 況今番講定比前尤別, 該譯則隨事關由, 該府則相機周章, 若或有京司所未及指授者, 必爲出意見裁處, 俾無一事未盡之嘆, 該譯輩如有不能事事之弊, 則這卽報司論勘之意, 申飭東萊府使處何如, 答曰, 允 (『備邊司謄錄』, 純祖 10년 2월 21일).

2) 『純祖實錄』, 純祖 10년 1월 기사. 재인용.

3) 8대 쇼군 요시무네는 일본민중들의 조선 임삼에 대한 절대적인 믿음을 경계해야한

강정교섭이 끝나기 전 대마도는 통신사호행차왜를 조선에 보내왔다. 대
마도는 조선과 교섭을 하면서 바쿠후와 통신사의 시행시기를 조율하고 있
었는데, 1811년 봄으로 시행시기가 결정된 것이다. 1810년 7월 동래부사 윤
노동이 통신사호행차왜가 나왔다고 치계했다.[4] 원래 호행차왜는 통신사가
조선에서 출발할 때 일본까지 호행하는 차왜이지만, 통신사의 출발 시기 등
을 의논하기 위한 것이었다.

교섭이 마무리되자 비변사는 대차왜를 전례에 따른 접대를 하도록 아래
와 같이 아뢰었다.

비변사에서 아뢰기를, "전에 信蔘과 單蔘을 換品하는 일과 관련하여 별
도로 講官을 정하여 내려보내기로 이미 초기로 품정하였습니다. 방금 동래
부사 윤노동의 보고와 역관의 수본을 보니, "대차왜와 여러 차례 면담하였
는데 차왜가 말하기를, 信蔘은 에도에 진헌하는 것이므로 대마도에서 의논
할 수 없지만 단삼의 환품은 조정의 분부대로 작정해서 준행하도록 하겠습
니다. 하고, 이어 신표를 써서 바쳤습니다." 하였습니다. 대개 이 信蔘은 에
도와 관련된 일이므로 대마도에서 마음대로 바꿀 수 있는 일이 아니니 저들
이 이처럼 말한 것은 사세로 보아 괴이할 것이 없습니다. 이미 그 사정이 이
와 같음을 알았으면 줄곧 강요하는 것도 성신으로 서로 대하는 도리가 아니
므로 信蔘 한 가지는 지금은 우선 그대로 두고 단삼을 환정하는 일은 써서
바친 신표로 이미 약조가 된 것이니, 이대로 시행하도록 해읍과 해조에 분부
해야 하겠습니다. 지금은 蔘事가 이미 타결되었으므로 통신사의 강정을 조
금도 늦출 수 없으니 속히 거행하여 강정하게 하고 대차왜를 규례대로 접대
하라고 아울러 분부하는 것이 어떻겠습니까?"하니, 윤허한다고 답하였다.[5]

---

다는 말까지 했다고 한다. 쇼군이 언급할 정도로 일본의 조선인삼에 대한 수요가
컸다는 것과 공급부족으로 가격이 올 수밖에 없다는 것이다(정성일, 「조·일 무역마
찰과 상호인식」, 『朝鮮後期 對日貿易』, 신서원, 2000, 303쪽).

4) 『純祖實錄』, 純祖 10년 7월 무진.
5) 『備邊司謄錄』, 純祖 10년 9월 2일.

위 인용문을 보면 대마도는 단삼을 재배삼으로 대체하는 것은 동의했으나, 信蔘에 대해서는 끝까지 거부했다. 조선도 信蔘문제는 바쿠후가 결정할 것이라는 대마도의 말을 수용했다. 이번 교섭으로 信蔘은 품질을 변경하지 않고, 대신 공무역에 지급하는 단삼을 자연산부터 재배삼으로 바꾸기로 했다. 그러나 대마도는 제도시행 후에도 재배삼의 품질이 떨어졌다는 이유로 계속 받기를 거부했고, 1832년에 이르러서야 정식으로 시행되었다.6)

감정절목이 타결됨에 따라 김재찬이 "통신사의 출발 시기는 세말에서 봄 사이에 있을 것이고, 사행도 복색과 반전에서부터 각 읍에 복정하는 물종과 명색의 많고 적음에 이르기까지 일체 삭감하되 식례로 만들어 반포할 것"을 아뢰었다. 그리고 행호조판서 심상규와 선혜청당상 박종경을 釐正堂上에 차하했다.7)

10월에는 김이교를 정사로, 이면구를 부사로 삼았다. 정사 김이교(1764~1832)의 본관은 안동이며 자는 公世, 호는 竹里 또는 竹裏館이다. 김이교는 김시찬의 손자이다. 노론에 속했으며 조태억·유봉휘·이광좌 등 소론일파의 처벌을 청했다가 흑산도로 유배되어 1740년 修撰으로 복관되었고, 1755년 대사간에 임명되었다. 1759년에는 부제학을 제수 받고 고사하는 글을 올렸다가 이 때문에 다시 흑산도로 유배되어 1764년 해배되었다. 1806년에는 이조판서에 추증되었다. 김이교는 사행을 마친 후 이조판서·평안도관찰사·병조판서·형조판서·공조판서·예조판서 등을 역임하고 1831년에 우의정으로 올랐다.

부사 이면구(1757~1818)의 본관은 전주로 德泉君派에 속하며, 李匡德의

---

6) 정성일, 「조선산 재배삼의 대일수출 교섭」, 앞의 책 참조.
7) 今九月初五日大臣備局堂上引見入侍時, 左議政金所啓, 通信使, 今將差出於講定停當之後, 而行期似在於歲末春初, 易地之後, 使行治送之節, 與前大異, 自服色盤纏, 至各邑卜定物種名色多寡, 自當一切刪減, 而先期釐正, 定爲一通式例, 頒示京外然後, 可無臨時窘眩之弊, 行戶曹判書沈象奎·宣惠堂上朴宗慶, 釐正堂上差下, 使之爛商擧行何如, 上曰, 依爲之 (『備邊司謄錄』, 純祖 10년 9월 6일).

손자이며 이국형의 아들이다. 이면구의 자는 子餘이고, 호는 南霞이다. 1800
년 세마가 되었고, 1803년 사헌부 감찰이 되었다. 그 해 별시 문과에 급제하
고, 1806년 부수찬이 되었다. 시문과 글씨 모두 뛰어났는데, 白居易와 陶弘
景의 필체를 잘 섰다. 사행을 마치고 나서는 동래부사에 천거되었다.8)

또 매번 통신사의 행차를 정한 뒤에는 통신사를 보내는 연유와 출발 시
기를 청나라에 자문으로 보고했거나 혹은 別定咨官을 보내기도 했다. 이번
통신사가 봄에 가기 때문에 1747년의 예에 따라 節使의 행차에 붙여 들여
보내기로 했다.9) 조선이 일본사행의 시행을 청나라에 알리는 것은 수신사
까지 이어졌다. 물론 보고를 받아 청이 통신사를 보내지 말라고 했다는 기
록이 없어서 형식적인 측면이 강한 것으로 보인다.10)

11월에는 김재찬이 이번 통신사 파견에 대해서 아래와 같이 아뢰었다.

> 통신사를 이제는 이미 차출하였으니, 절목도 차례로 계하해야 하겠습니
> 다. 그런데 지금은 전과는 조금 달라, 일행을 치송할 채비도 되도록 간략하
> 게 하고 列邑에서 供億하는 일에도 절대로 풍성하게 차리지 말고 한결같이
> 간소하게 해야만 재해가 든 해에 民邑의 폐해를 제거할 수 있으니 모든 번
> 잡한 형식이나 쓸데없는 비용으로 연로에 해를 끼치는 것들은 아울러 삭제
> 하도록 해야 합니다. 그리고 매양 동래부에 머물러 있을 때에 출참하여 돌려
> 가면서 음식을 제공하는 것이 열읍에서 가장 지탱하기 어려운 폐해가 되고
> 있으니, 지금부터는 각각 들어가는 乾價를 십분 책정하여 주참에 넘겨주어

---

8) 신로사, 『1811년 辛未通信使行과 朝日문화교류: 筆談·唱酬를 중심으로』, 성균관대
   학교 박사학위논문, 2011, 30~33쪽.

9) 司啓曰, 卽見禮曹草記, 則以爲, 曾前信使入送與行期, 竝爲報知于彼中, 今亦依已例, 當
   有移咨之擧, 令廟堂議處事, 允下矣, 取考各年謄錄, 則每於信使定行之後, 先以入送之
   由, 行發之期, 咨報于彼中, 而或別定咨官入送, 或節使行相値, 則順付入送, 而乾隆丁
   卯, 則因廟堂稟處, 特敎順付矣, 信使行期, 定在春初, 今亦依丁卯以例, 成出咨文, 順付
   於今番節使之行何如, 答曰, 允 (『備邊司謄錄』, 純祖 10년 10월 12일).

10) 『高宗時代史』를 확인해보니, 2차 수신사는 고종 17년 5월 21일, 3차는 수신사를 보냈
   다는 기록만이 있고, 4차는 고종 19년 8월 7일 청에 자문을 보냈다는 기록이 있다.

편리한 대로 지대하게 하면 일로가 소란스럽고 주객이 모두 폐해를 겪는 탄식이 없어지게 될 터이니, 이런 뜻으로 정례에 첨가해 넣도록 분부하는 것이 어떻겠습니까? 하니, 임금이 그리하라 하였다.[11]

위의 인용문에서 김재찬은 통신사의 채비도 간략하게 하고 연로의 접대도 간소화해야 한다고 했다. 연로 접대 개혁은 이미 영조대에 있었으나 약 50년만의 시행되는 통신사행에서 제대로 지켜질지 의문이었기 때문이었다. 특히 가장 체류기간이 긴 부산에서 폐단이 심할 것이라면서 염려하였다. 통신사 연로의 접대개혁이 다시 도마 위에 오른 것이다. 역지는 인원도 줄이고 목적지도 대마도까지만 가는 것이지만, 국내 노정은 변화가 없어서 주의가 필요했다.

지금까지 본 것처럼, 대마도 역지통신의 기준을 간소화라는 말로 정리할수 있다. 그런데 간소화는 대일정책의 전환을 의미했다. 18세기 조선의 통신사 정책은 지나칠 정도로 후한 것이었기 때문이다. 1장에서 언급한 좌의정 김상로의 말을 상기할 필요가 있다. 그는 "통신사에 대하여 그 물자를 후하게 하고 그 행차를 사치스럽게 한 것이 燕京에 가는 사신과 비교하면 대우를 받음이 특이했습니다"라고 했다.[12]

통신사의 간소화는 조일양국이 원했던 것은 사실이며, 오랜 시간 협의해서 정한 것이기도 했다. 그럼에도 불구하고 간소화에 대한 부작용 역시 예상되었다. 예를 들어 후하게 하지 않고 통신사를 보낼 의미가 과연 있는지, 아무리 대마도까지만 간다고 해도 짧지 않은 사행 길에서 불상사가 일어나지 않는다는 보장이 없다는 점이다. 통신사 정사 김이교는 상소를 통해 간소화에 관한 다른 의견을 제시했다. 그 결과, 많은 논쟁이 일어나 결국 통신사 출발까지 늦어졌다. 2절에서는 별반전 문제를 통해 역지를 바라보는 조

---

11) 『備邊司謄錄』, 純祖 10년 11월 6일.
12) 『英祖實錄』, 英祖 31년 2월 병오. 재인용.

선의 시각을 분석하고자 한다.

## 2) 접대 간소화를 둘러싼 논쟁

1810년 11월 29일 정사 김이교는 일본에서 응접할 물품이 부족하다는 상소를 올렸다. 통신사행들은 출발하기 전 사행원들이 남긴 사행록을 읽고 출발했다. 그래서 김이교도 사행록을 통해 나름대로 통신사에 대한 문제의식을 느끼고 있었다. 상소문의 요점을 정리하면서 접대 간소화를 둘러싼 논쟁을 검토해 보고자 한다.[13]

---

13) 副提學金履喬疏. 臣猥膺通信正使之任, 聞命卽日, 料理行事, 而倭人之情, 黠詐狡狠, 異於諸夏. 我之所以待之, 惟不失誠信, 不違條式, 可免生事. 取考前後信行事例, 有所謂公禮單者, 使臣及首譯私禮單者, 卜定盤纏者, 別盤纏者, 今行則公私禮單, 已就彼講定, 其卜定以下, 自籌司釐整. 而近見其所釐整者, 則大要以裁減爲務, 如使行卜定人蔘二十斤, 別盤纏人蔘十五斤, 皆舊有而今無, 軍官及譯貝盤纏, 目見其太半不足, 而不爲之區劃, 以今所措備者, 方之舊例, 太不近似. 夫以使臣言之, 則在路有列邑之廚傳, 留館有彼國之日供, 舊例之酌定若是優厚者, 豈爲使臣私也? 一行下屬之行需闕乏, 不可不瞻, 則於是焉資之水路, 船卒之風波效力, 不可不賞, 則於是焉犒之護行. 群倭之隨站帖賜, 不可違式也, 馬島差倭之日候饋果, 不可廢例也. 以至島酋之有問輒答, 奉行以下之因事酬贈, 皆不可者. 至於軍官, 譯貝之盤纏, 比之燕行, 亦宜加優者, 亦非爲渠地也. 從前服(開)[節], 務從華侈, 專爲彼人之觀瞻, 便成已例, 而數百從人往返水陸, 經涉寒暑, 裘褐之資, 藥餌之需, 不可預備故也. 此所以前後使行十數輩, 皆按舊例, 莫之或減也. 今行止於馬島, 程塗雖近, 留連日字, 遲速難期, 費用多少, 不可徑定, 而全闕其需, 欲使依樣, 則同無麴之不托矣. 倭俗傁巧, 馬戀尤甚, 小利必貪, 小忿必爭, 輕生喜事, 變故百端. 禮單之減, 雖爲國計之幸, 請之自我, 未必其願. 則今於使行入島之後, 已屬講定者, 雖不敢開口, 其外前後使行之尋常酬接, 其例亦夥, 以彼未壓之心, 必皆按例來索, 索而不得, 猝然忿恨, 理所必至. 一行資裝, 到底窘乏, 則下輩之無知, 違禁而求假, 爭詰之端, 又由此作矣. 乾糇失德, 旣非柔遠之謨, 滷庥啓釁, 宜存防微之戒. 藉幸無事, 以堂堂千乘之國, 疆域如舊, 貢賦無闕, 而乃示艱難窘迫之狀於一小島夷, 甚非事宜. 臣以此意, 屢有往復, 請就卜定及盤纏, 蔘條全減之中, 量減從事一行所需, 而存其餘數, 軍官, 譯貝之盤纏, 亦稍加劃, 而議未歸一, 相持已久. 乃於日昨籌司之會議也, 臣爭之不已, 猶復靳持, 辭色之間, 或欠相敬, 殆若認臣以强作無前之例, 幹當私事者然, 此誠臣意慮之所不到也. 噫! 度支主國家貨幣之柄, 兼使事釐正之任, 而情志未孚, 論議沮格, 唯諾相關之地, 齟齬如

김이교는 상소문에서 "왜인의 정세는 거짓되고 교활하여 중국과는 다릅니다. 우리가 대접할 때 오직 성신을 잃지 말고 조식을 어기지 말아야 사단이 생기는 것을 면할 수 있습니다."라고 했다. 대일외교에서 가장 중요한 것이 성신과 조식(약조)을 지키는 것이라는 원칙론부터 출발하였다. 김이교는 통신사행의 별반전문제를 거론하며, 그 필요성을 네 가지로 말하였다.

첫째, 공예단과 사예단 뿐만 아니라, "사행의 복정 인삼 20근, 별반전 인삼 15근은 모두 예전에는 있었으나 지금 없으며, 군관 및 역관의 반전은 태반이나 부족함을 보고서도 조치하지 않았으니, 지금 준비한 것을 보면 구례에 비교해 볼 때 너무나도 차이가 납니다"라고 문제 제기하고 있다. 김이교는 원래 지급된 복정인삼 20근 및 인삼 15근이 삭감된 점을 문제 제기하고 있다. 별반전에는 인삼 이외에도 백면주 50필, 백저포 50필, 표피 3장, 황모필 600자루, 참먹 250개를 조정에서 지급되었다.[14]

둘째, 반전의 삭감에 반대하며 필요한 이유를 예를 들으면서 설명하고 있다. "왜인의 풍속은 약삭빠르고 교활한데, 대마도는 더욱 심해서 작은 이익도 반드시 탐내고 작은 분노도 반드시 다투어, 쉽게 일을 일으켜 변고가 갖가지로 일어납니다. 예단을 감한 것이 비록 국가의 예산을 위해서는 다행이겠으나, 우리가 청하여 꼭 원하는 바를 이룩한다고는 할 수 없습니다"라고 하였다. 즉, 대마도에 가서 공사예단에 대해서는 합의를 봤으니 문제가 없지만, 정사로서 많은 사람을 만나는데 보답할 일이 있어도 접대를 못한다는 것이었다. 특히 대마도는 과거에 한 번이라도 접대를 했으면, 이번에도 반드시 같은 요구를 할 것인데 대비책이 필요하다는 것이다.

셋째, 김이교가 상소를 올린 이유를 말하고 있다. 김이교는 자신이 반전

---

此, 則臣之奉使在外, 終致僨敗, 勢所不免. 此專由於臣之無似, 不能見重於同朝之致. 夫同朝而且不能見重, 則仗君命而使於四方, 又何可論哉 (『純祖實錄』, 純祖 10년 11월 경진).

14) 『국역증정교린지』, 177쪽.

의 필요성을 몇 번이나 호소했으나 제대로 논의가 이루어지지 않았다. 오히려 "신이 억지로 전에 없던 예를 만들어 사적인 일을 하는 것처럼 보이니, 이는 참으로 신이 미처 생각하지 못했던 바입니다."라고 아쉬워 했다. 그리고 자기 생각과는 달리 반전의 일은 변화가 없고, 조정의 분위기는 사적인 이익을 챙기는 사람처럼 인식하고 있다는 것이다. 그래서 상소를 올렸다는 것이다.

넷째, 간접적으로 厘正堂上인 심상규와 박종경을 비판하고 있다. "아! 탁지는 국가 화폐의 권한을 주관하고, 사신의 일을 개정하는 임무까지 겸하고 있는데, 정지가 미덥지 못하여 논의가 저지되어, 응답하며 서로 관계하는 처지가 이처럼 티격태격하니, 신이 밖에 사행으로 나가 결국, 일을 망치는 것을 사세상 면치 못하게 되었습니다." 전체 상소문을 통해 간소화로 인해 종래의 방법과는 다른 점이 많이 생겼다는 점을 지적했다. 후술하겠지만, 의례면에서 많은 논의가 이루어졌는데 미처 논의되지 않은 점도 있었다. 김이교가 지적한 반전 문제도 그중 하나였다. 김이교는 정사로서 사행을 성공적으로 수행하기 위해 나름대로 노력했으나, 본인이 생각하는 대로 해결하지 못해 아쉬워했다는 것이다.

그런데 심상규는 상소를 올리며 자신을 비판한 김이교를 강하게 비난했다. 그는 "별반전은 반드시 전부를 감할 것은 없지만, 서북에서 예단에 써야 할 숫자를 아직껏 다 내지 않았고, 넉넉한 때와 같지 않으므로, 신이 이를 걱정하여 정하지 못했다"고 했다. 따라서 사직하겠다고 한 것이었다.[15]

---

15) 惟所謂別盤纏人蔘, 壬戌之例所本無焉, 而丁卯, 癸未亦皆有之, 則雖當酌存幾分, 要未必全減. 但以西北民力, 已殫於科斂, 禮單應用之數, 尙未準納, 地部又無素蓄, 如五十年前稍羸之時, 臣用是憂憫, 未能遽有定論. 酒信使或未諒此, 驟有所而過慮之也. 且如軍官, 譯員盤費之太半不足, 衣資賜米等, 本曹發給之外, 考之各年之例, 無所可援, 或者大僚別爲稟裁, 則可也, 而實非有司者所得開闊. 銀貨請貸, 例亦信使奏啓施行, 又無待乎度支之臣也. 而蓋其葛藤, 實由於臣, 將臣見職, 卽賜黜罷 (『純祖實錄』, 純祖 10년 12월 임오).

그는 김이교의 비판은 사정을 모르고 격분한 것이고 지나치게 염려한 것이라고 분석하였다. 통신사의 공사예단이라든지 반전 등은 모두 수량이 정해져 있었다. 물론 연도별로 다소 차이가 있으나 기본적인 틀은 마련되고 있었다. 그래서 김이교가 전례를 들어 반전의 필요성을 강조하는 것은 맞다. 다만 역지라는 新例를 준비하는 과정에서 다소 지나진 반응이라는 생각이 든다.

결국, 김이교도 정사를 사직하겠다고 다시 상소를 올리자, 비변사는 "사신의 일은 막중하고 기일이 매우 촉박한데, 한 가지 하찮은 일을 가지고 여러 차례 번거롭게 상소하여 반드시 구획하려는 의의로 삼으려고 하니, 참으로 지나칩니다. 통신사 김이교를 잡아다 문초하여 죄를 정하소서"라고 계를 올렸다.16) 김이교가 사직함에 따라 새 정사를 승정원좌승지 김사휴로 차하했으나, 감상휴가 고사해 결국 김이교가 다시 정사로 차하되었다.17)

우여곡절 끝에 정사는 선임했으나, 아직 반전문제는 해결하지 못했다. 김재찬은 통신사의 "출발 시기는 단지 20일 정도만 남았는데 반전은 아직 재량하여 결정하지 못하여 여러 가지 채비가 매우 군색합니다. 대개 원래의 반전과 별도의 반전은 매양 인삼으로 획송하였는데 그 수량이 모두 35근이 되었습니다. 지금은 사신 1명을 이미 줄였고 노정 또한 대마도에서 그치니, 마땅히 분수를 정하여 줄인 것이 있어야 할 것입니다"라고 절박한 심정을 토로했다.18) 원래 1월 20일 서울에서 출발하기로 되어있었는데, 12월 말에

---

16) 『純祖實錄』, 純祖 10년 12월 신묘.
17) 田保橋潔, 「朝鮮國通信使易地行聘考」下2, 『東洋學報』 24-3, 東洋學術協會, 1937, 318쪽.
　　실록에는 "통신사 김상휴가 상소를 올려 면직해달라고 청하니, 허락하였다." (『純祖實錄』, 純祖 10년 12월 을미).
　　"전 호조 판서 심상규의 본직·겸직과 전 통신사 김이교의 직책을 그대로 두게 하였다."라고 짤막하게 기록되어 있다 (『純祖實錄』, 純祖 10년 12월 병신).
18) 又所啓, 信使今已仍任, 行期只隔二旬, 盤纏尙 未裁定, 凡具極爲窘迫, 蓋原盤纏·別盤纏每以人蔘劃送, 而其數合爲三十五斤矣, 今則使臣旣減一員, 程路且止於馬島, 亦當有分數省減者, 然而若以此 減省之數, 一從詳定價上下, 則果不無不敷之慮, 就信停退條中, 量宜加

도 아직 반전을 비롯한 준비가 안 된 상태였다. 문제를 속히 해결해야 하는데 쟁점은 두 가지였다. 간소화를 목표로 내세웠지만, 반전을 허락할 것인지 말 것인지와 별도로 여비를 줄 것인지 말것인지였다.

1월 6일 비변사는 반전을 지급하기로 했으나, 원래 지급할 35근에서 종사관의 몫을 감하고 23근을 아래와 같이 마련하기로 한 것이다.

> 비변사는 "호조와 선혜청에서 우선 먼저 대전으로 지급하게 하되 서북 지방에서는 복정한 信蔘의 정퇴조 중에서 이 수량에 해당하는 만큼을 획급한 호조와 선혜청에 本價로 도로 거두어들여 갚도록 해야할 것입니다. 그런데 서북 지방에서 信蔘의 원가는 다과에 따라 현격하게 다르니, 복정한 반전 이외에 별도 반전은 서쪽 지방의 信蔘 가격으로 획송해 주어 통신사의 원역들에게 필요한 비용을 여유 있게 해 주는 것이 어떻겠습니까."하니, 윤허한다고 답하였다.[19]

1월 16일에는 비변사는 통신사의 여비를 전례대로 빌려주기로 했으나, 종사관이 없으므로 2,000냥만 아래와 같이 지급하기로 했다.

> 전에 통신사의 행차 때에 들어갈 비용은 조정에서 구획해 준 것 외에 또 銀錢을 빌려 주었다가 귀국하거든 도로 갚았던 예가 있습니다. 이번에도 이대로 시행하도록 해 주어야 할 것인데 이미 서장관 1명을 감원하였으니, 은 3천 냥 중에서 3분의 1을 줄인 뒤에 2천 냥을 호조와 병조 및 금위영과 어영청에 나누어 배정해서 대하고 돈은 대여토록 할 곳이 달리 없으니, 영남의 漕留錢 가운데에서 5천 냥을 우선 마련하여 대여해 주도록 해야겠지만 外邑에 있는 것은 제때에 가져다 쓰기가 어려울 듯하니 盤纏蔘價例 따라 우선 호조와 선혜청에서 반씩 지급하도록 분부하는 것이 어떻겠습니까.[20]

---

劃, 並與員役盤纏不足條, 亦以 此推移沾漑, 俾爲及期治發之地, 而數爻多寡, 量宜定送後, 當爲稟處, 以此意, 先爲分付戶 · 惠廳何如, 上曰, 依爲之 (『備邊司謄錄』, 純祖 10년 12월 26일).

19) 『備邊司謄錄』, 純祖 11년 1월 6일.

김이교의 상소문으로 시작한 반전 문제는 모두 해결되었다. 간소화를 지키기가 쉽지 않는 것을 보여주는 좋은 사례라고 생각한다. 생각해보면 통신사가 쇼군의 승습을 축하하는 사절단인 만큼 예단을 넉넉히 준비해 일본을 방문하는 것이 이치에 맞다. 통신사행이 고가의 예단을 가지고 가는 대목도 조선의 풍족함을 보여주기 위한 것이었다. 특히 信蔘은 일본이 가장 선호하는 예단이었기에 조선 입장에서도 준비를 철저히 한 것이다. 김이교의 문제 제기는 간소화는 처음부터 통신사에 맞지 않는 것일지도 모른다는 의구심을 주는 대목이었다. 그는 반전을 통해 이전의 통신사행들이 한 것처럼 위엄을 갖고 행동하려는 계획을 세웠고, 목표를 달성한 것이었다.

## 2. 강정절목 강정과 역지통신 시행

### 1) 강정절목 분석

강정절목은 통신사 파견을 앞서 세부사항을 의논하며 문서로 남긴 것이다. 역지통신의 경우 2번의 협상을 거쳐 1810년 11월 11일 예조에서 역지의 강정절목을 아뢰었다. 강정절목은 구례에 준하는 것을 기본으로 하지만, 역지가 新例인 만큼 폐지에 관한 항목이 가장 많다. 나머지는 서식 및 명칭에 관한 것, 공사예단 및 인원선발에 관한 것 등으로 대략 정리할 수 있다. 강정절목은 총 29조로 되어 있어서 편의상 분류한 기준에 따라 검토하도록 한다.[21]

---

20) 『備邊司謄錄』, 純祖 11년 1월 16일.
21) 『差倭講定節目』易地通信, 今始爲之, 要有約條, 永遵無違. 一, 兩國書式, 一遵舊規. 一, 大號當稱大君, 依此書送, 禮曹所送日本使臣及對馬州書契, 竝稱貴大君. 一, 兩國書迎送儀節, 彼此一同. 一, 朝鮮使臣, 以上, 副使差出, 日本使臣, 亦以上, 副使差出. 一, 兩國使臣相見禮, 彼北一同. 一, 朝鮮兩使臣忌日, 卽爲書送, 日本諱字書送. 一, 使臣官銜,

① 新例에 관한 것.

一. 양국의 국서를 맞이하고 보내는 의절은 피차 같게 한다.

一. 조선의 사신은 상사와 부사로 차출하고, 일본의 사신 역시 상사와 부사로 차출한다.

一. 양국 사신의 相見禮는 피차 같게 한다.

一. 일행의 인원은 3백 50인을 넘지 않는다.

一. 기선 2척, 卜船 2척이 도해한다.

一. 조선의 국서 및 일본 양사의 서계草本은 기일 전에 謄書해 보내고, 일본의답서 또한 베껴서 보내 피차 서로 대마도에 닿게 하되 체류하는 폐단이 없게 한다.

一. 馬上才는 除減한다.

一. 사신은 에도에 들어가지 않고, 執政 京尹및 연로의 응접 諸官, 예조의 서계,사신의 사례는 모두 제감한다.

一. 以酊菴의 加番長老, 萬松院 등에 피차 증급하는 것은 하나같이 모두 제감한다.

---

姓名, 一依舊規書送, 日本使臣姓名書送. 一, 一行人員, 無過三百五十人. 一, 騎船二隻, 卜船二隻渡海. 一, 馬上才除減. 一, 別幅物件, 兩國相敬, 第一品詳細擇備. 一, 鷹子, 駿馬, 照例極擇入送, 恐有致斃, 依例加送, 喂鷹者一, 二人, 依例率來, 理馬及駿馬, 具鞍先送. 一, 能文能書畵之人帶來. 一, 使臣今朧月下萊, 來正月渡海, 一, 上上官, 以熟諳事情, 善解言語之人差出. 一, 朝鮮國書及日本兩使書契草本, 先期謄送, 日本答書亦謄送, 彼此相逢於對馬州, 無有滯留之弊. 一, 水陸行中, 各別禁火. 一, 一行之人, 各別申飭, 無得彼此相爭. 一, 使臣不入江戶, 執爭京尹及沿路應接諸官禮曹書契, 使臣私禮, 并除減. 一, 以酊菴加番長老,萬松院等彼此贈給, 一竝除減. 一, 朝鮮所送公,私禮單, 依錄施行. 一, 日本諱字, 康, 忠, 光, 綱, 吉, 宣, 縱, 宗, 重, 治, 基, 齊, 慶. 一, 日本上使, 小笠原大膳大夫源忠固, 副使, 鵬坂中務大輔滕安董, 右者, 禮曹參判書契別幅. 一, 日本國正使源公閣下. 一, 日本國副使藤公閣下, 右者, 書契內外面, 依此書之. 一, 江戶接待官六員姓名, 到對馬州詳知書給. 一, 對馬州所用使臣私禮各樣雜物, 依舊例辦備. 一, 此外臨時當有禮納送處, 優數磨鍊, 俾無窘急之弊. 一, 今番使行禁酒有無通知 (『純祖實錄』, 純祖 10년 11월 임술).

新例에 관한 내용에 대해서는 앞에서 언급한 바가 있으므로 간략하게 설명하도록 한다. 우선 국서를 교환(傳命儀)을 할 때 원래 사배례를 했으나, 역지의 경우 사배례를 하지 않고 서로가 인사를 나눈 상견례로 대체했다. 1711년의 경우 국서는 쇼군 앞에 있었기 때문에 삼사가 쇼군 앞에까지 가서 사배례를 해서 전달했다. 역지의 경우 양사가 역관을 통해 국서전달의 뜻을 말하고 퇴실하고 나서 바쿠후의 관리가 국서를 받을 형식이었다.[22]

다음 통신사를 삼사에서 양사로 바꾼 것도 큰 변화였다. 양사로 함으로써 원래 종사관이 타는 기선과 복선을 줄일 수 있었다. 바쿠후는 통신사행의 인원을 줄여달라고 계속 요청했는데, 드디어 이루어진 것이다. 역지통신의 신례에 따라 일본도 쇼군 알현 대신 고관 두 명을 양사로 임명해 대마도로 보냈다.

국서를 미리 에도로 보내는 것도 새로운 방식이었다. 원래 통신사가 에도에 도착하고 나서 傳命儀를 통해 국서를 전달하면, 통신사는 답서를 받을 때까지 에도에 체류했다. 그런데 이번에는 통신사가 대마도에 도착하면, 대마도가 에도까지 국서를 보내 답서가 올 때까지 대마도에서 기다리는 방식으로 변경되었다.[23]

간소화를 목표로 했기 때문에 과거의 예물을 보낸 사람들 중에서 보내지 않도록 하는 경우가 있어서 이름을 적어서 글로 밝힌 것이었다. 다만, 절목 중에는 "이 밖에 임시로 보내야 할 곳이 있게 되니, 넉넉하게 마련하여 窘急한 폐단이 없게 한다"는 조항이나 "대마도에서 소용되는 사신의 私禮에

---

22) 李薰, 「1811年の對馬易地聘禮と積弊の改善」, 『對馬宗家文書第1期朝鮮通信使記錄別冊下』, ゆまに書房, 2000, 49~50쪽.

23) 司啓曰, 信行今旣停當於馬島, 則事例與前有異, 信使入島後, 始傳國書, 自馬島入送江戸, 以待執政持書出來, 如是之際, 日字必致許久遲滯, 信使留館, 自有期限, 國書草本, 先使彼人見之, 可以先事周旋, 及期往復, 令文任爲預撰出, 量其信行離發, 前期下送之意, 分付該曹·該院, 信使處, 一體分付何如, 答曰, 允 (『備邊司謄錄』, 純祖 10년 12월 15일).

드는 각종 잡물은 구례에 따라 준비한다"는 조항도 있어 어느 정도 유통성
있게 운영할 수 있었다는 측면도 있었다.

② 서식 및 명칭에 관한 것.

一. 양국의 서식은 한결같이 舊規를 따른다.

一. 大號는 마땅히 大君이라 부르고 이에 의해 써서 보내며, 예조에서
    보내는일본의 사신과 대마도의 서계에는 모두 '貴大君'이라고 일컫
    는다.

一. 조선 두 사신의 기일을 즉시 써서 보내고 일본의 諱字도 써서 보낸다.

一. 일본의 諱字는 '康·忠·光·綱·吉·宣·縱·宗·重·治·基·齊·慶'字이다.

一. 사신의 官銜과 성명은 한결같이 舊規에 따라 써 보내고 일본 사신
    의 성명도써 보낸다.

一. 일본의 상사는 小笠原大膳大夫 源忠固(오가사와라 타다가타)이며,
    부사는 脇坂中務大輔인 藤安董(와키사카 야수타다)인데, 이상의
    자에는 예조 참판의 서계에 別幅으로 한다.

一. 일본국 정사는 源公閣下라고 한다.

一. 일본국 부사는 藤公閣下라고 하는데, 이상의 자는 서계 안팎 면에
    이에 의해서 쓴다.

一. 에도의 接待官 여섯 명의 성명은 대마도에 도착하여 자세히 알고
    써서 준다.

  서식에 관한 것을 보면, 앞서 언급한 하쿠세키의 개혁의 영향이 큰 것을
알 수 있다. 하쿠세키의 개혁과 역지통신을 정리하면 다음의 표와 같다.24)

---

24) <표 1>은 宮崎道生, 「新井白石と朝鮮聘使問題」, 『弘前大學人文社會』3, 1953, 山本博
    文, 『對馬藩江戶家老』, 講談社, 2002, 민덕기, 「아라이 하쿠세키의 조선과의 聘禮
    개혁의 의도」, 『前近代 동아시아 세계의 韓·日관계』, 경인문화사, 2007. 논문을 참

〈표 1〉 1711년 아라이 하쿠세키의 개혁

| 1711년 통신사 개혁 | 1719년 통신사 이후 |
|---|---|
| ① 와카기미(若君)에 대한 빙례중지. | 1719년에 폐지. 1747년 이후 실시. |
| ② 執政(老中)에 대한 예조참판의 書幣 폐지. | 1719년 이후 실시. 1811년 폐지. |
| ③ 大君號 대신 國王號 사용. | 1719년 이후 폐지. |
| ④ 五所路宴(赤間, 大坂, 京都, 尾張, 駿河) | 1719년 이후 폐지. |
| ⑤ 階下迎送 | 1719년 이후 폐지. |
| ⑥ 別宴은 御三家 대신 高家로 변경.25) | 1719년 이후 실시. 1811년 폐지. |
| ⑦ 進見·賜饗·辭見儀 (쇼군의 3회 引見儀禮) | 1719년 이후 1회로. 1811년 폐지. |
| ⑧ 受書儀 (조선국서의 전달을 정사가 한다) | 1719년 이후 上上官(왜학역관)대행 |
| ⑨ 國諱問題 | 1719년 이후에도 계속 실시 |

하쿠세키의 개혁 중 大君號를 國王號에 변경하는 것과 國諱問題가 가장 큰 특징이었다. 그러나 쇼군이 바뀌자 국왕호는 1719년 통신사부터 다시 폐지되고 말았다. 국휘 문제는 하쿠세키의 개혁 전에는 없었으나 국왕호와는 달리 지속해서 남기게 되었다. 이는 역지통신 때도 변화가 없었다.

③ 공사예단 및 인원선발에 관한 것
　一. 조선에서 보낸 公私禮單은 기록에 의해서 시행한다.
　一. 別幅의 물건은 양국이 서로 공경하여 제일 좋은 품질로 상세히 가려 마련한다.

---

고해 정리했다.

25) 御三家란 德川家康의 9男 요시나오(義直)를 시조로 한 오와리(尾張)德川氏, 10男 요리나오(賴直)를 시조로 한 키이(紀伊)德川氏, 11男 요리후사(賴房)의 미토(水戶)德川氏를 말한다 (『國史大辭典』 http://www.japanknowledge.com/body/display/). 2017년 4월 7일 검색.
　高家란 주로 朝廷관련 의례를 담당하며, 天皇의 칙사 등의 접대를 맡은 가문 (從5位 또는 從4位) (『國史大辭典』 http://www.japanknowledge.com/body/display/). 2017년 4월 7일 검색.

一. 鷹子·駿馬는 예에 비추어 잘 가려 들여보내되 죽는 일이 있을까 염
  려되니, 예에 의해서 더 보내고, 매를 기르는 자 1, 2명을 예에 의해
  데리고 오고, 理馬 및 준마는 안장을 갖추어 먼저 보낸다.
一. 上上官은 여러 사정에 익숙하고 언어를 잘 아는 사람으로 차출한다.
一. 글에 능하고 書畵에 능한 사람을 데리고 온다.


  공사예단에 중 信蔘에 관한 것은 앞에서 이미 언급한 바와 같이 信蔘을
비롯한 예단의 삭감은 조선에도 재정 부담을 줄이는 효과가 있었다. 아래
<표 2>는 1643년~1811년 통신사까지의 예단 비용을 18세기~19세기의 단일
물가로 환산한 것이다. 예단에는 인삼뿐만 아니라 다른 물품도 포함된다.[26]

<표 2> 통신사 예단의 금액[27]

| 시기 | 금액(餞兩) | 비고 |
|---|---|---|
| 1643년 | 36,300 | |
| 1655년 | 36,300 | |
| 1682년 | 38,939 | |
| 1711년 | 22,916 | 와가기미 및 노중 예단 폐지 |
| 1719년 | 25,756 | |
| 1747년 | 48,425 | 구 쇼군, 와가기미 예단 실시 |
| 1763년 | 23,641 | |
| 1811년 | 15,625 | 와가기미 예단폐지 |
| <편균> | 34,192 | |

---

26) 예를 들어 와가기미와 구 쇼군에 대한 공예단은 다음과 같다.
   와가기미 공예단: 인삼 30근, 大緞子 10필, 大綾子 20필, 白苧布 30필, 黑麻布 15필,
   虎皮 10장, 豹皮 15장, 靑黍皮 15장, 魚皮 100장, 색종이 30권, 各色筆 50자루, 眞墨
   50개, 駿馬鞍具 2필. 鷹子[連] - 10마리, 花硯 5면.
   구 쇼군 공예단: 인삼 30근, 大緞子 20필, 白苧布 20필, 生苧布 20필, 虎皮 15장,
   豹皮 15장, 색종이 30권, 各色筆 50자루, 眞墨 50개, 駿馬鞍具 2필, 鷹子[連] 10마리,
   花硯 10면 (『국역증정교린지』, 193~194쪽).
27) 김덕진·변광석·이훈·정성일·池內敏, 「외교와 경제 통신사외교의 경제 시스템-通信
   使 禮單을 통해서 본 朝日外交의 특징과 그 변화-」, 『韓日關係使硏究』, 2007. 4,

다음 상상관과 화원에 관한 것인데, 상상관에는 당상역관 현의순·현식·
최석이 임명되었다. 이들은 역지 교섭 과정부터 참여한 인물이며 누구보다
역지를 잘 아는 사람들이었다. 그리고 화원은 제술관, 서기, 상판사, 의원
등과 함께 상관이라고 했다. 이들은 1811년 1월 10일에 임명되었다.[28]

남은 4항목은 통신사의 부산 출발 날짜를 1월로 정한 것, 불조심, 서로
싸우는 일이 없도록 한다는 것, 금주가 있는지의 여부였다. 날짜를 제외하
면 모두 그동안 통신사행 때 문제가 된 것이다. 불은 1747년 실화로 예단이
불로 타버린 경우가 있었고, 싸움으로 1763년의 崔天宗 살인사건이 일어났
고, 금주로 인해 공배로 의례를 치른 적이 있었기 때문이다. 근래의 통신사
에서 일어난 일을 논하면서 불상사에 대비한 것으로 생각한다.[29]

예조에서는 『강정절목』과 함께 『금단절목』도 마련하였다.[30] 『금단절목』

---

199~201쪽.

28) 吏曹啓言, 通信正使 副護軍 金履喬, 副使 副司直 李勉求, 堂上譯官 知事 玄義洵, 大護
軍 玄烒, 同知 崔昔, 上通事前判官 卞文圭, 前直長 崔仁民, 漢學上通事前正 李儀龍,
次上通事前奉事 金祖慶, 前判官 秦東益, 押物通事 副司猛 趙行倫, 前判官 洪得俊, 製
述官 奉常僉正 李顯相, 正使書記 幼學 金善臣, 副使書記 通德郎 李明五, 醫員 典醫監
生徒 金鎭周, 副司勇 朴景都, 寫字官 行護軍 皮宗鼎, 書員 副司果 李義養, 正使軍官
前水使 徐翼淳, 前府使 李一愚, 司僕內乘 李鍾英, 通德郎 趙晩錫, 副使軍官 尙衣主簿
李勉玄, 前內乘 李運植, 五衛將 鄭宅升, 前縣監 金最行, 理馬 白福起, 兩使 奴子四名
請, 傳施行允之(『日省錄』, 純祖 11년 1월 10일).

29) 仲尾宏, 앞의 책, 10장~11장 참조.

30) 『禁斷節目』, 一行賚去物件, 點檢作馱, 各書字標, 使臣着押, 路站不時摘奸, 凡到留住之
處, 別加點檢, 無標者沒官, 犯人依律治罪. 一, 倭人處, 以本土不産之物及藥材, 紗羅緞,
黃·白絲, 寶物潛商者, 依律治罪. 一, 倭銀貿易者, 倭人賚來大狼皮及浦所潛商貿易者及
知情通事, 依律治罪. 一,《續大典》鄕通事, 商賈人, 倭人期會, 昏夜賣買, 或私會者, 竝
依潛商禁物律論斷. 一, 一行人員等, 漏泄本國應諱之事及係干國家重事者, 依律治罪.
一, 我國漂風還來人之混充於格軍事, 極爲未安, 一切勿爲充定, 如有現露者, 該守令各
別論勘. 一, 一行所賚軍名色, 數炙, 使臣着押成簿, 如有簿外軍器之潛商買賣者, 竝依
律治罪. 一, 本國各樣書冊等物, 透漏私通者, 係干上國之事漏泄者, 竝依律治罪. 一, 一
行員役以下, 如有潛通倭女現露者, 以極律論斷. 一, 他餘未盡條件, 隨事糾檢, 而在我境
所犯者, 卽爲啓聞, 渡海後犯禁者, 使臣酌其所犯之輕重重治, 而所犯深重關係幾密者及

에는 무역에 관련된 내용과 국가의 기밀을 누설한다거나 중요한 책등을 넘기는 일을 금하였다. 통신사는 연행과는 달리 무역이 금지되어 있었지만, 인삼이 고가의 물품이고 이익이 많은 관계로 밀무역의 위험이 항상 있었다. 그래서 금단절목에 포함된 것이다. 책에 관해서는 신유한이 조선 국가기밀에 관한 책까지 일본에서 판매되고 있다고 언급한 적이 있다. 물론 통신사를 통한 것도 있지만, 왜관을 통해 많이 일본에 넘어갔다.[31]

강정절목은 통신사행마다 작성되지만 많은 논의과정을 거쳐 이루어진 것이 큰 특징이다. 절목을 강정하는 데 시간이 오래 걸린 이유는 아무래도 역지가 新例라는 점이 가장 큰 것으로 생각한다. 국서를 미리 에도에 보낸다는 것도 역지를 원활하게 진행하기 위한 방법이었다. 역관에 대해서도 같은 맥락에서 이해 할 수 있다. 역관이 일본어 능력뿐만 아니라 경험 많은 사람을 뽑아 불필요한 마찰이 생기지 않도록 했다. 그리고 과거에 있던 사항을 언급하면서 미리 대비한 점도 인상적이다.

## 2) 대마도 역지통신 시행

1811년 2월 12일 비변사는, 이번 통신사에는 종사관이 없어서 검찰과 수험 등의 일을 전담할 사람이 없으니 부사가 겸직할 것을 아뢰었다.[32] 통신

---

潛商犯重科者, 首譯, 軍官以下, 直爲梟示. 一, 上通事以下一行下人係干禁制者, 杖八十以下直斷 (『純祖實錄』, 純祖 10년 11월 임술).

31) 우리나라와 關市를 연 이후로 역관들과 긴밀하게 맺어서 모든 책을 널리 구하고 또 통신사의 왕래에 인하여 문학의 길이 점점 넓어졌으니, 시를 주고받고 문답하는 사이에서 얻은 것이 점차로 넓기 때문이다. 가장 통탄한 것은 鶴峯의 海槎錄·柳西厓의 懲毖錄·姜睡隱의 看羊錄 등의 책은 나라에서 비밀을 기록한 것이 많은 글인데, 지금 모두 오사카에서 출판되었으니, 賊을 정탐한 것을 賊에 고한 것과 무엇이 다르랴? 국가의 기강이 엄하지 못하여 역관들의 밀무역이 이와 같았으니 한심한 일이다 (신유한, 「해유록」, 『국역해행총재』 1, 560쪽).

32) 『備邊司謄錄』, 純祖 11년 2월 12일.

사는 같은 날 순조에 사폐하고, 서울에서 출발해 공식 일정이 시작했다.

순조는 "비록 멀지 않은 지역이고 또한 에도에 들어가는 것과는 차이가 있다 하더라도 객지에 가는 것인 만큼 彼人들의 접대하는 제반 절차를 유념해서 검찰하는 것이 좋을 것이다." 라고 통신사를 격려했다. 김이교는 이 자리에서 역지에 관한 그의 생각을 밝혔는데, "피인들과 접견할 때에 신 등은 의당 이번의 사신 행차는 단지 대마도에만 들어가려고 했었는데, 그들의 간청 때문에 조정에서 임시방편으로 우선 따른다는 것으로 말을 하겠습니다"라고 하였다. 역지를 허락했음에도 아직도 에도통신을 원했던 조정의 분위기를 대변한 것이다. 그리고 이번 통신사는 간청 때문에 할 수 없이 허락한 것이고, 결코 역지를 인정한 것은 아니라는 말이다. 순조가 돌아올 시기를 묻자, 김이교는 가을철이라 대답하며 약 7개월 정도의 통신사행을 예상하고 있다고 답했다.[33]

한성에서 출발한 통신사행은 윤3월 12일에 부산에서 출발하며 오후에 대마도 사스나(佐須奈)에 도착했다.[34] 종래의 통신사와 비교해서 인원도 적고, 조정에서도 연로에 관한 개혁가지 했음에도 폐단이 아직 지속되었던 것 같다. 검토관 이정병의 본 것과 김재찬이 하는 말을 들어보자.

이정병은 본인이 본 이야기라고 하면서, "이번 통신사의 행차를 위해 도로를 닦을 적에 되도록 넓게 하는 바람에 높은 지형은 깎아서 평탄하게 하고 함몰된 곳은 채워서 평평하게 하였습니다. 이에 좌우의 민전이 마구 깎이고 매우는데 많이 들어가게 되어 서울에서 동래부까지 폐기된 토지가 부

---

33) 召見通信正使金履喬, 副使李勉求, 辭陛也. 上曰: "雖是不遠之地, 且與入江戸有異, 而係是客地, 彼人接待諸節, 着意檢察, 好矣." 履喬曰: "與彼人接見時, 臣等當以今番信行之, 只入馬島, 因渠輩懇請, 朝廷權宜, 姑從爲辭矣."上曰: "何時可還乎?" 履喬曰: "似當拖至秋間矣."上曰: "無事往還也. 賜物, 當自外頒下矣." 履喬曰: "在前信行時, 有從事官, 故例兼行臺, 檢束一行矣. 今則無從事官, 臣及副使, 當量宜檢飭矣."上曰: "兩使臣, 當量宜爲之, 而副使專當擧行, 正使亦爲檢飭, 好矣 (『純祖實錄』, 純祖 11년 2월 신묘).

34) 『純祖實錄』, 純祖 11년 윤3월 무술.

지기수입니다. 백성들의 실정을 생각할 때 참으로 가엾고 걱정스럽습니다"
라고 하였다.[35]

또 김재찬이 환곡 이야기를 하면서 "지금 동래부는 막 통신사의 행차를
겪었기에 백성과 고을이 모두 피폐해졌고 건가를 책정해 보낸 뒤에는 열읍
의 편부와 일로의 조종이 전적으로 동래부에 매여 있습니다."라고 한 것이
다.[36] 이번 신사가 부산에 체류한 기간은 약 10일 정도이며 비교적 짧은 편
이었지만, 통제하기가 어려웠다는 것이다. 그리고 부산까지 이동하는 통신
사를 위해 도로 확장공사 등이 있었다고 한다.

통신사행이 사스나를 출발해 대마도주가 사는 후추우(府中)에 윤 3월 29
일 도착할 때까지의 여정을 『동사록』은 아래와 같이 기록하고 있다.

> 신 등 일행은 윤3월 13일 대마도 사스나에 도박했고, 풍세가 불순하므로
> 머물러 바람이 평온하기를 기다렸다가, 20일 묘시경에 발선을 하여 수십 리
> 를 전진하였사온데, 갑자기 역풍을 만나 카와우치우라(河內浦)에 移泊하여
> 밤을 지냈고, 21일 묘시경에 발선하여 신시경에 나사도머라우라(西泊浦)에
> 이박하였으나 역풍이 계속 불어왔으므로 7일간 체류했고, 28일 묘시경에 발
> 선 전진하여 카모세우라(鴨瀬浦)에 정박하여 밤을 지낸 후, 29일 인시경에
> 일행 4선이 일제히 對馬島 府中에 도착하였사오나, 에도의 집정은 아직 오
> 지 않았기에 그들이 오기를 기다려 국서를 전달하기로 하여 그 연유를 치계

---

35) 今二月二十六日召對入侍時, 檢討官李鼎秉所懷, 臣來自退鄕, 適有沿路目見, 故敢此仰
達矣, 今番信使之行, 修治道路, 務從廣闊, 高者削平, 陷者塡補, 左右民田, 多入於橫割
除治之中, 自京至萊府廢棄之土, 不知其數, 言念民情, 良可矜悶, 當此春耕方張之時, 不
可不軫念, 亦不容少緩, 令廟堂, 三懸鈴知委各道, 民田之入於治道者, 使之改爲修築, 從
便耕食, 似好矣, 上曰, 依爲之 (『備邊司謄錄』, 純祖 11년 2월 26일).

36) 東萊府使尹魯東, 以還穀未捧, 自該府, 依事目請拿, 允下矣, 還餉未捧, 法意至重, 不可
隨 時闊狹, 而但今萊府纔經信行, 民邑俱弊, 且乾價定送之後, 列邑便否, 一路操縱, 專係
萊府, 若使本倅, 此時徑遞, 則不但萊府之狼狽而已, 列邑事, 尤當罔涯, 實無以付之生手,
該府使待信行回還後, 使之拿問, 南海縣令鄭敬行, 亦當拿處, 而本縣以尤甚邑, 數遞可
悶, 亦爲待秋成拿來, 何如, 上曰, 依爲之 (『備邊司謄錄』, 純祖 11년 윤3월 20일).

하옵니다.37)

원래 통신사의 연회는 客館慰勞儀, 傳命儀, 賜宴儀, 受答書儀의 4度宴
으로 약 한 달에 걸쳐 시행되었다. 客館慰勞儀란 통신사가 에도에 갈 때
中路인 오가카키(岡崎)에서 위문하는 것이다. 돌아올 때도 같은 곳에서 위
문을 받는 것으로 되어 있었다. 이번 통신사의 경우 일본 국내를 이동하지
않기 때문에 일본의 상·부사가 통신사 객관을 방문하게 된 것이다. 통신사
객관을 유상필은 "조선 객관은 府中의 동편에 있고 관사는 4~5백간인데,
복로를 만들어 통하였으며 아주 찬란하였다." 그리고 의례를 행하는 도주의
집에 대해서도 "도주의 집은 府中의 북쪽에 있는데, 몇 백 칸인지 알 수 없
고, 구조가 매우 정묘하여 사람의 눈을 어지럽게 한다"고 기록하였다.38)
　客館慰勞儀는 5월 13일 일본 상사가 객관을 방문하며 아래와 같이 열렸다.

　　도주는 신병 때문에 참석하지 못하고, 그 아들 이와치요(岩千代)가 대행
　했다. 상사는 관례에 따라 초접을 하지 아니하고, 부사가 들어올 때에 接伴
　使, 얼마 후에 부사가 들어오니 두 사신은 퇴헌으로 나가서 영접하여 청에
　올라 서로 두 번 읍을 하고 앉으니, 왜사가 착용한 것은 도주를 처음 볼 때
　와 다름이 없었다. 도주의 아들로 하여금 관백의 말로써 성후를 물으매, 수
　당은 양사에게 고하니, 양사는 자리를 옮겨 앉아 머리를 조아리고, 도로 본
　자리에 앉아 수당을 시켜서 안부를 묻고, 삼다를 대접하였다.39)

원래 이 연회 진행을 담당할 도주 소우 요시카쯔가 질병으로 인해 못하
고 아들이 대신해서 직무를 맡게 되었다. 대마도는 이미 도주의 건강문제를
고려해 도주의 건강상태가 악화하고 직무수행이 어려울 때는 아들의 직무

37) 유상필, 「동사록」, 『국역해행총재』X, 민족문화추진회, 1977, 302쪽.
38) 유상필, 같은 책, 302쪽.
39) 유상필, 같은 책, 319쪽.

대행을 할 것을 바쿠후로부터 허락을 받은 상태였다.40)

傳命儀는 원래 신사가 에도에 도착하면 일본에서 국서를 전달하는 날을 택하며, 대마도주의 館伴 등이 儀註(儀式의 순서를 註釋한 細則)를 청하고 절목을 의논하는 것으로 되어 있었다.41) 이번 傳命儀의 경우 의식에 관한 것은 이미 합의된 상태라서 문제가 없었지만, 도주 대신 소우 아들이 가장 중요한 의례까지 대행한다는 것이 문제가 되었다. 이번 역지에서 크게 문제가 된 것이 아들의 대행문제이었다. 이 문제는 조선과 사전합의가 전혀 없어서 조선 측이 강력하게 반발했으나, 대마도는 바쿠후가 대행을 허락한다는 문서까지 제출하며 5월 22일 시행되었다. 유상필이 傳命儀를 아래와 같이 기록하고 있다.42)

평명에 국서를 사대하고, 오후에 사명을 전하기 위해 두 사신이 도주의 집으로 행차하는데, 金冠朝服으로 우리 육인교를 타고, 제역과 제관은 모두 黑團領을, 군관은 모두 戎服에 전대와 가죽신을 착용하고, 도주의 집으로 들어갔다. 용정자에 국서를 봉안하고 별폭함은 백반에 옮겨 홍보로 덮어 두 사신이 배행하고 제관은 그 뒤를 따르며, 군관 및 印信通引이 앞에서 인도하였다. 도주는 뜰 서쪽에서 공손히 맞이하고, 이정암 2명이 뜰 동쪽에서 공손히 맞이하며, 江戶官 6명은 뜰 앞에서 공손히 맞이하여 두 사신과 더불어 서로 읍을 하고 국서와 별폭을 廣間으로 모셨는데, 廣間은 東武가 새로 건축한 것이라 한다. 국서와 별복은 그 북쪽 감실상층에 봉안하고, 인상은 감실 하층에 두었다. 두 사신은 서쪽을 향하여 서니, 도주와 이정암 2명이 들

---

40) 『淨元院公實錄』下, 文化 7년 12월 11일.
41) 『국역증정교린지』, 207~208쪽.
42) 李薰, 앞의 논문, 50~53쪽.
    대마도가 제출한 문서는 다음과 같다.
    「公命帖」
    오는 신미년의 빙례를 만약 병환이나 사고가 있으면 자식 岩千代가 예사를 대행하도록 하라. 그 복제에 있어서는 대마수의 예에 준하여 의관은 直垂狩衣로 할 것.
    경오 12월 11일 (유상필, 앞의 책, 330쪽).

어와서 서로 읍하였다. 두 사신은 그대로 앉고, 제관들은 늘어섰다. 에도의
두 사신이 들어와서 두 번 읍을 하고, 앉아서 말을 전하며 안부를 묻고는 차
를 마시며 조금 쉬었다. 자리를 옮길 때는 서로 읍을 하고 두 사신은 관소로
돌아왔다.[43)]

조선이 보낸 국서는 다음과 같다.

> 聘使의 예가 벌어진 지가 四紀나 되었는데, 전하께서 넓으신 덕택을 베
> 풀었으나, 우리나라에도 성덕이 미칩니다. 易地行禮의 거사는 양국이 돈독
> 히 하는 뜻을 나타내는 것이지 그 지역이 좋아서 그런 것은 아닙니다. 멀리
> 서 정성을 보내어 그 성덕이 베풀어지기를 기원합니다.[44)]

賜宴儀는 쇼군 다례라고도 불리는데, 원래 傳命儀과 같은 날에 행하였지
만, 1711년도 접대개혁 후에는 다른 날을 정하여 시행되었다. 『增正交隣志』
彼地 宴享에서, 사연의는 쇼군의 居所에서 향연이 있고, 꽃 모양의 상과 반
찬거리는 다른 연회보다 훌륭했고 고관이 잔을 권하여 三酌하고 밥이 나오
고 먹고 난 후에 마쳤다고 나온다. 이번 신사의 경우 일본 상사가 도주대행
에 쇼군의 명으로 잔치를 베푼 뜻을 말하고 역관들이 조선 측에 전하며 시
행되었다. 賜宴儀는 5월 26일 도주의 집에서 열렸다.

受答書儀는 회답국서를 받는 의례이다. 조선이 받은 쇼군 답서는 다음과
같다.

> 궁금하던 차에 서신이 와서 평안히 계시는 것을 잘 알겠습니다. 대를 이
> 어 빙례를 행하는데, 이렇게 좋은 선물을 보냈사오니 감동할 따름입니다. 지
> 금 예를 행하는 것을 대마에서 하는 것은 비록 새로 하는 것 같지만, 그 뜻
> 은 예전 법을 좇는 것입니다. 때를 헤아려 당연히 하는 것은 양국의 우호를

---

43) 유상필, 앞의 책, 320쪽.
44) 林輝, 『通航一覽』3, 권102, 泰山社, 1940, 195쪽.

돈독히 하는 것입니다.45)

1811년 7월 8일에 정사 김이교와 부사 이면구의 장계가 도착했다. 그들
은 5월 26일 일본의 상부사 주관으로 賜宴儀이 있었고, 나머지 연향은 에
도에 갈 때의 사례에 따라 시행되었고 회답서계도 전례에 따라 수행했다고
보고했다. 그들의 보고는 이번 통신사가 사전합의대로 진행되어 의례상 아
무 문제도 없었다는 것을 증명하는 것이었다. 兩使는 7월 26일 순조에 복명
함으로써 1811년 대마도 역지통신은 공식적인 일정을 모두 마쳤다.46)

오랜 교섭 기간에 비해 통신사는 약 6개월 만에 사행을 마쳤다. 에도에서
행한 의례를 대마도에서 모두 소화하려고 많은 준비가 필요했다. 그런데 역
지 자체를 놓고 볼 때 조선멸시적인 요소를 찾을 수 없었다. 교린관계가 크
게 성상된 것도 없었다. 이는 역지통신을 기존의 설명방식으로 설명하기 어
렵다는 것을 의미한다.

조선과 일본의 대립은 에도통신을 둘러싼 것이었다. 그래서 대마도에서
역지통신이 시행되었지만, 큰 외교문제는 일어나지 않았다. 도주 아들의 대
행문제는 사전협의가 없어서 문제가 된 것이고, 만일 있었다면 문제가 되지
않았을 것이다. 오히려 앞으로 역지통신을 계속할 수 있는지가 문제였다고
생각한다. 조선의 입장은 김이교가 사폐 때 한 말을 상기할 필요가 있다. 이
번 통신사는 일본이 강청해서 허락한 것뿐이라는 점이다. 조선은 역지를 계
속할 의사는 없었다. 한편 바쿠후도 역지통신에 만족하지 못했다. 오사카

---

45) 같은 책, 권102, 202쪽.

46) 通信正使金履喬, 副使李勉求狀啓: 去月二十六日, 江戶上使源忠固, 副使藤安董, 設行
關白宴禮. 其餘宴享, 依江戶入去時例, 次第設行, 臣等私禮單應給之處, 考例分給. 今月
十五日, 江戶兩使臣, 賚傳關白回答書及回禮別幅, 依例領受, 兩使臣對馬島主回答書契
及回禮單, 亦爲領受. 臣等處所, 送公私回禮銀子都數, 合爲六千七百八兩, 而銀四千兩,
給付馬島, 換減公木一百同, 二千餘兩, 還報治行時戶曹所貸者, 其餘分給於行中員役.
臣等一行, 二十七日, 乘船前進, 今月初三日一行四船, 無事還泊釜山浦, 仍爲下陸 (『備
邊司謄錄』, 純祖 11년 7월 갑신).

역지의 교섭과정을 보면 조일양국의 인식차이가 분명히 나타난다. Ⅴ장에서는 조선이 에도통신을 원함에도 불구하고 사정이 허락하지 않자 , 연기를 조건으로 역지를 허락하는 과정을 검토해 보고자 한다.

# V. 1840년대 이후의 역지통신 교섭

## 1. 대마도 역지통신 교섭과 조선의 연기론

### 1) 통신사 연기교섭

이 장에서는 헌종 대에 논의된 오사카 역지통신 교섭을 통해 조선에서 본 오사카 역지통신을 재구성하고자 한다. 오사카 역지통신[1]은 연기교섭, 그리고 대마도 역지통신 계획, 마지막으로 오사카 역지통신의 좌절이라는 과정을 거쳤다. 그리고 오사카 역지가 무산되자 다시 대마도 역지통신이 계획되었다. 지금까지 오사카 역지통신을 주제로 한 연구는 일본에서 4편의 논문이 있고, 한국에서는 단일 주제로 연구된 것은 졸고 한편 뿐이다.[2] 지금까지 연구가 부진한 이유는 자료도 많지 않지만, 자료 또한 일본에 편중되어 있기 때문으로 보인다. 따라서 19세기 조선의 외교정책을 재구성하는

---

1) 일본의 삼도(에도, 교토, 오사카)인 오사카는 1619년 바쿠후가 직할 도시로 하여 大坂城代를 두었다. 이것을 계기로 오사카는 大坂三鄕(北組 南組 天滿組)을 중심으로 번영하여, 淀川水系를 이용했던 오사카에 물자 반입 편을 꾀하게 되었다. 또한, 동북 일본 해안에서 津輕海峽 경유로 에도에 이르는 동쪽으로 도는 항로, 오사카와 에도 간을 직행하는 남해 항로, 이들 항로의 개발로 오사카는 일본의 수상운수의 중심이 되어, 전국의 연공 특산물을 접하는 '天下의 부엌'이 되었다 (北島万次, 「막부제 국가의 구조와 특징」, 한일관계사학회, 한일문화교류기금 편, 『朝鮮時代의 韓國과 日本』, 2013, 57쪽).

2) 오사카 역지통신을 주제로 한 연구 성과는 다음과 같다.
田保橋潔, 「朝鮮國通信使易地行聘考下の2」, 『東洋學報』24-3, 1937.
三宅英利, 『近世日朝關係史の硏究』, 文獻出版, 1986.
仲尾宏, 『朝鮮通信使と江戶時代の三都』, 明石書店, 1993.
池內敏, 「未完の朝鮮通信使」, 『大君外交と武威』, 名古屋大學出版會, 2006.
졸고, 「憲宗代 오사카(大坂)역지통신 교섭과 조선의 대응책」, 『韓日關係史研究』35, 2010. 4.

데 연구자들이 상당히 어려움이 많았다.

그래서 필자는 오사카 이후의 대마도 역지 통신에 대해서도 논할 것이다. 전례에 주목하여 1811년 대마도 역지통신과 비교하여 서술하도록 한다. 이를 통해 오사카 역지통신의 실상과 역사적 의미를 추출하고자 한다.

1811년 통신사의 축하를 받은 11대 쇼군 이에나리(家齊)가 1837년 4월 2일에 물러나, 이에요시(家慶)가 45세의 나이로 12대 쇼군이 되었다. 조선은 바쿠후의 각종 동향을 조선에 알리는 일을 맡은 대마도를 통해 이 정보를 알게 되었다. 대마도는 쇼군이 쇼군직을 물러났다는 關白退休告知差倭를 조선에 보냈다. 조선에서는 동래부사 성수묵이 차왜가 올 것을 아래와 같이 상계했다.

> 비변사에서 아뢰기를, "동래부사 성수묵의 장계를 보니, 훈도·별차 등의 수본을 낱낱이 들어 아뢰기를 "관수왜의 말에 쇼군이 올해 4월 일에 은퇴하였으므로 이를 알리기 위하여 대차사가 머지않아 나온다고 하였습니다. 경접위관과 차비역관을 전례대로 미리 차출하도록 묘당에서 품지하여 분부하게 하소서." 하였습니다. 謄錄을 보니 英廟條 1745년에 쇼군이 은퇴하였을 때 차왜를 접대한 예가 있었습니다. 지금 역시 이 예에 따라 접위관과 차비역관을 차출하고, 예단을 마련하는 등의 일을 즉시 해조와 해원에서 살펴서 거행하게 하는 것이 어떻겠습니까?" 하니, 윤허한다고 답하였다.[3]

이번 차왜에 대한 접대 결정은 1745년 8대 쇼군 요시무네가 물러났을 때

---

3) 田代和生 감수,「宗家記錄 信使前集書 天保6년~天保10년」,『對馬宗家文書 第1期 朝鮮通信使記錄』, MF0004641, 天保8년 4월 2일, 9월 2일. 9월 5일.
    한편, 한국 측 자료에는 다음과 같이 나온다.
    司啓曰, 卽見東萊府使成遂默狀啓, 則枚擧訓·別等手本, 以爲館守倭言內, 關白今年四月日退休, 故告達大大差使, 匪久出來云, 京接慰官及差備譯官, 依已例, 預爲差出事, 請令廟堂, 稟旨分付矣, 取考謄錄則英廟朝庚辰, 有關白退休時差倭接待之例矣, 今亦依此例, 接慰官差備譯官差出及禮單磨鍊等節, 卽令該曹該院, 相考擧行, 何如, 答曰, 允 (『備邊司謄錄』, 憲宗3년 11월 1일).

접대를 한 전례에 따른 것이었다. 또 쇼군이 죽은 경우는 대마도는 關白告
訃差倭를 보내는데, 1650년 3대 쇼군 이에미쯔(家光)부터 정례화 되었다.[4]

3개월 후인 1838년 2월에는 새 쇼군 승습을 알리는 關白承襲告慶差倭가
부산에 도착했다.

> 비변사에서 아뢰기를, "동래부사 성수묵의 장계를 보니 훈도와 별차 등의
> 수본을 낱낱이 들고 이르기를 "관수왜의 말에 쇼군이 승습하여 경사를 알리
> 는 차왜와 선문을 가지고 오는 두왜가 지금 이미 도착하였는데 고달하기 위
> 해 大差使가 오래지 않아 나온다고 하였으니 경접위관과 차비역관 등을 미
> 리 차출하는 일을 묘당에서 품지하여 분부하게 하소서." 하였습니다. 쇼군이
> 승습하면 차왜가 경사를 알리는 것은 원래 규례가 있고 접대하는 일은 예대
> 로 하여야 하니 접위관과 차비역관을 차출하고 예단을 마련하는 일을 해조와
> 해원에서 자세히 살펴서 거행하게 하는 것이 어떻겠습니까?" 하니, 윤허한다
> 고 답하였다.[5]

한편, 정해진 절차에 따라 1838년 10월에 대마도주 소우 요시아야(宗義
章)가 통신사 요청에 관한 문의를 했고, 바쿠후는 1811년 역지통신의 예에
따를 것을 말하면서도 구체적인 통신사의 초청시기를 언급하지 않았다.[6]
이미 차왜는 새 쇼군의 승습을 알려줬기 때문에, 대마도는 하루빨리 통신사
를 청하는 차왜를 보내야 하는데 바쿠후의 지시는 없었다. 결국, 바쿠후는
구체적인 시기를 정하지 못해 대마도에게 통신사 연기 교섭만 지시했다.

차왜는 1839년 12월에 부산에 도착해 교섭에 들어가서, 1840년 5월에 마

---

4) 『국역증정교린지』, 53쪽~54쪽, 67쪽.

5) 司啓曰, 卽見東萊府使成遂默狀啓, 則枚擧訓別等手本, 以爲館守倭言內關伯承襲告慶差
   倭先文頭倭, 今已來到, 而告達次大差使, 匪久出來云, 京接慰官差備譯官等, 預爲差出
   事, 請令廟堂, 稟旨分付矣, 關白承襲差倭告慶, 自有已例, 接待之節, 當依例爲之, 接慰
   官差備譯官差出及禮單磨鍊, 卽令該曹該院, 詳考擧行, 何如, 答曰, 允 (『備邊司謄錄』,
   憲宗4년 2월 10일).

6) 箭內健次編, 『通航一覽續輯』, 淸文堂出版, 1968, 69~70쪽.

치고 대마도로 귀국했다. 통신사는 시기를 정하지 않고 다시 연기되었다.
실은 시기를 정하지 못한 연기는 처음이 아니라 1811년 역지통신 때도 있
었다. 그렇다면 바쿠후의 통신사 초청 계획이 왜 늦었을까. 우선 에도시대
4대 기근 중 하나인 틴포우(天保)의 大饑饉(1833~1839)의 영향을 들 수 있
다. 이 시기 이상기후, 해충, 자연재해 등으로 흉작이 연이어 발생하고 전국
에서 굶어 죽을 사람이 속출했고 쌀 가격도 폭등했다. 1837년에는 바쿠후
정책에 반대하는 대규모 민란인 '오시오 해이하치로의 난'(大鹽平八郞の
亂)까지 일어났다. 새 쇼군 이에요시(家慶)가 쇼군이 된 시기는 바로 이때
였다. 게다가 세자궁인 니시마루 성(西丸城) 까지 화재로 소실되자, 바쿠후
로서는 대외관계보다 국내에 신경을 쓸 수밖에 없었다.[7] 기근을 계기로 한
민란이 통신사에 영향을 미친 것은 사다노부의 역지통신 추진 과도와 일치
하며, 바쿠후가 연기를 선택한 것도 같은 구조였다.

　이번 교섭을 조선의 차왜통제책이라는 측면에서 이해할 필요가 있다. 통
신사 연기 교섭이 있기 전 이미 대마도는 島主告還差倭와 세자의 대마도
환도(告知差倭)에 관한 2건의 문위행 파견을 요청한 상태였다. 島主告還差
倭는 1632년에 허락한 별차왜였고, 조선후기에 가장 많이 파견된 별차왜였
기 때문에 조선은 접대를 허락했다.[8] 통신사의 연기를 청하는 通信使請退
差倭는 1789년에 허락한 적이 있어서 허락하였다. 2건의 차왜는 전례에 따
라 접대가 허락되었다. 그러나 고지차왜에 대해서는 1656년에 접대를 허락
한 전례가 있음에도 가절을 선택했다. 아래 자료를 보면 격외를 기준으로
차왜의 접대를 결정하면서도 예외를 둔 것을 확인할 수 있다.

　　비변사에서 아뢰기를, "동래부사 성수묵의 장계를 보니 훈도와 별차 등의
　　수본을 낱낱이 들고 이르기를 '쇼군이 승습하였으므로 경하를 하는 일과 도

---

7) 田保橋潔, 앞의 논문, 332쪽.
8) 홍성덕, 「조선후기 한일외교체제와 대마도의 역할」, 172쪽. 재인용.

주가 섬으로 돌아오고 도주의 아들이 휴가를 받았다가 섬에 돌아온 것을 문위하는 등의 세 가지 일로 도해 역관이 들어오기를 청하기 위하여 재판차왜가 나왔습니다. 쇼군에게 경하하고, 도주에게 문위하는 것은 이미 규례가 있으므로 비록 들어줄 수 있으나 도주의 아들을 문위하는 것에 있어서는 格外의 일이므로 엄히 꾸짖고 타일렀으나 일찍이 네 번 지나간 병신년에 특별히 허락한 예가 있었으니 아울러 허락할지를 묘당에서 품처하게 하며, 도해역관의 당상과 당하 각 1명을 해원에서 차출하게 하소서.' 하였습니다. 쇼군이 승습하였으므로 경하를 하고 도주가 섬에 돌아온 것을 문위하는 것은 이미 규례가 있고, 도해역관은 장계에서 청한 대로 해원에서 차정해 보내게 하며, 서계·예단과 반전은 해조와 해도에 분부하여 전례에 비추어 마련하게 해야 하겠으나 도주의 아들이 휴가를 얻었다가 섬에 돌아온 일로 문위를 청한 일은 1656년의 전례를 원하였으나 그때에는 통신사의 행차를 호위해 왔기 때문에 특지에 의해 나온 은전이므로 실로 드물게 있는 경우이니 지금 까닭 없이 경솔하게 허락할 수는 없으니 倅臣으로 하여금 임역에게 엄중히 신칙하여, 거듭 책유를 더하게 하여 감히 다시 번거롭게 아뢰지 못하게 하는 것이 어떻겠습니까?" 하니, 윤허한다고 답하였다.[9]

조선이 고지차왜를 거부한 이유는 원래 목적과 다르다는 점이다. 세자의 환도를 위로하기 위해 역관사를 파견한 것이 아니라 통신사를 호행하러 왔기 때문에 특별히 허락했다는 입장이었다. 차왜에 관한 통제가 무조건 전례에 따른 것이 아니라 목적까지 고려된 것을 알 수 있다.

한편 대마도는 각종 차왜 파견을 가신에 대한 보상책처럼 생각하며 사람

---

9) 司啓曰, 卽見東萊府使成遼默狀啓, 則枚擧訓別等手本, 以爲關白承襲告慶與島主還島及島主子給暇還島問慰等三件事, 渡海譯官, 請來裁判差倭出來矣, 關白致慶, 島主問慰, 旣有已例, 雖當聽許, 至於島主子問慰, 乃是格外, 故嚴加責諭, 而曾有四去丙申特許之例, 兼付當否, 請令廟堂稟處, 渡海譯官堂上堂下各一員, 請令該院差出矣, 關白承襲致慶島主還島問慰, 旣有已例, 渡海譯官, 依狀請, 令該院差送書契禮單與盤纏, 分付該曹該道, 使之照例磨鍊, 而至於島主子休暇還島之請以問慰, 雖援四去丙申之例伊時因其信行之護來, 恩出特典, 實係罕有今不容無端輕許, 令倅臣嚴飭任譯, 申加責諭, 俾毋敢更事煩瀆, 何如, 答曰, 允 (『備邊司謄錄』, 憲宗 4년 3월 4일).

을 조선에 보내는 측면도 있었다. 왜냐하면 재정 상태가 좋지 않았던 대마
도는 家臣들에 충분한 녹봉을 주지 못했기 때문이다. 그래서 그 부족한 부
분을 조선에 가서 무역을 통해 보충하도록 정기적으로 기회를 준 것이다.
하나의 예로 경제적으로 어려웠던 호슈를 도와주기 위해 대마도의 배려로
조선에 재판 자격으로 간 것이 이에 해당한다. 대마도는 그의 외교능력을
인정하면서도 그것보다 복지 차원에서 그를 파견한 것이다.10) 이러한 점까
지 종합적으로 생각한다면 연기교섭은 차왜에 대해 부담을 느낀 조선이 교
섭을 빨리 진행한 결과로 보인다.

## 2) 대마도 역지통신 교섭과 조선의 연기론

바쿠후는 1840년 12월 통신사의 일본 방문을 1844년 봄으로 결정했다.
1841년 5월에 通信使請來差倭는 부산에 도착하여 대마도 역지통신 교섭이
시작됐다. 대마도가 가지고 온 서계에는 "새 쇼군이 승습했으니 전례에 따
라 통신사를 甲辰(1844년) 봄 대마도에서 시행하고 싶다"고 되어 있었다.11)
전례가 있기는 하지만, 대마도가 역지통신 교섭에 성공하려면 역관들의
협조가 절대적으로 필요했다. 왜냐하면, 대마도가 서계를 갖고 오면 왜학
양역(훈도, 별차) 동래부, 경상감사를 거쳐 중앙에 啓聞하도록 되어 있었고,
반대로 조선의 결정이나 회답문서도 동래부를 거쳐 전달되었기 때문이다.
대일외교는 역관을 통해 모든 교섭이 이루어졌기 때문에, 역관은 중요한 역
할을 담당했다.12) 또한 대마도도 동래부사를 통한 공식적인 경로 이외에도

---

10) 泉澄一, 앞의 책, 183쪽.
11) 日本國　對馬州太守拾遺平義章　封書朝鮮國禮曹參判大人閣下
　　三陽肇序　貴國穆靖　本邦安寧　玆因我殿下襲立　遵例信使超溟　須在甲辰之歲春間　趁期
　　來干弊州是希　仍差正官橘質信　前船主平守道　專報知焉　聊具輶儀　用致鄙衷　餘祈順序
　　珍嗇　肅此不備辛丑正月日　對馬州太守拾遺平義章 (『信使前集書』四〈御國控〉 국사편
　　찬위원회 소장, MF0000170, 天保13년 1월 7일~13년 11월 晦日).

역관을 거친 비공식적인 경로로 적극적으로 활용했다. 역관들은 많은 일을 원활하게 추진하기 위해 비변사, 승정원, 예조 등 대일교섭과 관련이 있는 기관의 서리들을 그들의 정보원으로 활용했다. 대마도는 서리를 고관들의 측근으로 인식하고, 고관들에 얼마나 영향력을 발휘할 수 있는지 얼마나 정보를 정확하게 얻어낼 수 있는지에 비중을 두고 있었다.[13)]

이번 역지통신 교섭 때 대마도는 역관들의 도움을 받았을까. 예상과는 달리 왜학훈도 현학로[14)]의 강력한 반대로 교섭이 어긋나기 시작했다. 그는 왜관 개시청을 사재로 고쳐 아래와 같이 상을 받은 적이 있는 역관이었고, 오사카 역지통신 교섭까지 계속해서 교섭을 담당할 역관이었다.

> 동래 전 부사 이명적의 장계를 보니, 왜관 동관의 개시청, 서관 동대청의 서행랑 및 연청과 북문 등 여러 곳이 썩고 무너졌는데, 훈도 현학로가 사재를 출연하여 아주 새롭게 고쳤습니다. 들어간 비용이 거의 천여 금에 이르렀는데, 공을 위하여 출력한 일이 극히 가상합니다. 당해 훈도와 감역인 부교 구봉상·문진열 등의 공로에 보답하는 은전을 묘당에서 품처하기를 청한다 하였습니다. 이번에 훈도가 관청의 돈을 번거롭게 하지 않고 재물을 내놓아 집을 수리하였으니, 마땅히 보답하고 장려하는 은전이 있어야 하겠습니다.

---

12) 또 양역 중 훈도는 임기가 30개월이고, 별차는 1년이었다. 양역은 대마도 측 역관을 통해 왜관 관수 또는 차왜와 직접 대면하여 각종 사안에 관한 중앙의 지침이나 동래부의 견해를 왜관 측에 구두로 전하고, 또 이에 대한 왜관 측 입장이나 요구사항도 구두로 동래부사에 전달했다 (李薰, 「조선후기 東萊府使와 倭館의 의사소통-兩譯관련 「實務文書」를 중심으로-」, 『韓日關係史研究』 27, 2007. 8, 180쪽, 185쪽~186쪽).

13) 李薰, 「18세기 중엽 일본 표선에 대한 '雜物' 지급과 조일 교섭경로 왜곡」, 『朝鮮後期 漂流民과 韓日關係』, 國學資料院, 2000, 344쪽~345쪽.

14) 왜학역관 玄學魯는 중인 가문 川寧玄氏 출신이다. 1825년 24세 때 잡과(왜학)에 합격했고, 자는 美哉였다 (http://people.aks.ac.kr/index.jsp 2017년 4월 7일 검색). 천녕현씨는 17세기에 접어들면서 玄壽謙(1513~1581)의 1자 武 계열은 의과, 율과 뿐만 아니라 역과, 2자 龍의 계열은 한학, 4子 玄虎 계열은 역과를 많이 배출했고 玄學魯는 虎 계열이었다 (이상규, 「조선후기 川寧玄氏의 譯官活動」, 『韓日關係史研究』 20, 2002.4.30, 204쪽~205쪽, 237쪽).

당해 훈도 현학로에 해원에서 전례를 상고하여 시상하도록 하고, 감독한
부교 등은 일이 공무와는 다르니, 내버려 두는 것이 어떻겠습니까?" 하니,
윤허한다고 답하였다.15)

  현학로는 교섭에 들어가자, "약조로 정한 1811년 역지통신을 부정하며,
통신사의 파견 시기는 조선이 決定한다."고 주장했다.16) 현학로는 대마도
역지통신을 부정하며 서계에 파견시기를 명기한 것도 문제시한 것이다. 그
의 말은 동래부사를 통해 중앙에 보고되었다. 6월 10일 헌종이 대신과 비국
당상을 인견하여 입시하였을 때에 영의정 조인영이 아래와 같이 아뢰었다.
인용문을 보면 현학로의 말이 그대로 반영되는 것을 볼 수 있다.

    동래 전 부사 홍종응의 장계를 보니, 훈도와 별차 등의 수본을 낱낱이 거
론하면서 아뢰기를, '통신사를 청하는 정관왜가 나왔는데 서계에는 갑진년
봄에 대마도로 오기를 바라는 내용이 있었습니다. 게다가 왜인들이 말하기
를, 신행의 장소를 바꾼다는 것이 이미 기사년의 신 약조에 나와 있다고 하
였습니다. 그러나 장소를 바꾸는 것과 지속에 대해서는 오직 조정의 처분에
달린 것이므로 이번에 멋대로 대뜸 청한 것은 사체에 어긋난 것이니, 묘당에
서 품처하게 하소서.' 하였습니다. 통신사를 청하는 차왜가 이미 왜관에 도
착했으니, 경접위관 및 차비역관 등을 해조에서 재촉해서 내려보내 규례에
따라 접대하도록 해야 할 것입니다. 그러나 신미년에 신행이 대마도에서 그
쳤던 것은 한때의 임시방편으로 처리했던 일에 불과하고, 저들이 10년 동안
간절히 청했기 때문에 어쩔 수 없이 시행하게 한 일이지만, 2백년 약조로 헤
아려 보면 약조를 어김을 면하지 못하는 것입니다. 게다가 그 당시 강정할

<hr>

15) 司啓曰, 卽見東萊前府使李明迪狀啓, 則以爲倭館東館開市廳, 西館東大廳西行廊及宴廳
   北門, 幾多朽傷頹壓, 而訓導玄學魯, 捐出私財, 一新修改, 所費至爲千有餘金, 爲公出
   力, 極爲嘉尙, 該訓導與監役之府校具鳳祥·文進烈等酬勞之典, 請令廟堂稟處矣, 今此
   訓導之不煩公費, 捐財繕宇, 合有酬獎之典, 該訓導玄學魯, 令該院, 考例施賞, 監董府校
   等, 事異公幹, 置之, 何如, 答曰, 允 (『備邊司謄錄』, 憲宗 6년 9월 24일).
16) 田保橋潔, 앞의 논문, 335쪽~336쪽.

적에, <u>앞으로 이어질 신행은 반드시 대마도에서 한다고 말을 한 적이 없습니다.</u> 그렇다면 지금에 와서 신행을 청하는 것은 실로 도로 구례로 돌아가 먼저 질정을 한 뒤에야 다시 어느 해에 들여보낼지를 논의해야 하는데, <u>차왜가 곧장 청하여 마도와 1844년이라고 하였으니 성신으로 교린 하려는 情誼가 아닌 점이 있습니다.</u> 이 서계에 대해서는 동래부사에 임역을 엄히 신칙하여 다시 수정해서 들이게 함으로써 나라의 체통을 높이게 하는 것이 어떻겠습니까?" 하니, 임금이 그리하라 하였다.[17]

대마도 역지통신이 문제가 된 것은 역지가 한시적인지 아니면 영구적인지의 여부였다. 대마도는 이미 약조로 정했기 때문에 영구적이라는 입장이었는데 조선은 10년 동안이나 간청했기 때문에 한시적으로 허락했다는 입장이었다. 그러므로 조선은 통신사를 원래대로 복구한 다음 시기를 정해야 한다고 주장한 것이었다. 역지가 아닌 에도로 다시 통신사를 보내자는 말인데, 전례를 중시한 조선의 모습과는 다소 다른 모습이라고 생각한다. 이러한 결정에는 역지에 관한 부정적인 인식과 함께 차왜에 대한 경계심을 들수 있다.

조정의 방침은 동래부사 傳令[18]의 형식으로 왜관 관수에 전달되었다.

---

17) 司啓辭, 頃因東萊府使姜時永狀啓, 信行年條定送之意, 捧標於倭人處後, 許納書契, 任譯輩初不預探, 稟告以致倭人自定年條, 遽請納契之罪狀, 詳査登聞之意, 筵奏行會矣, 卽見該府使狀啓則以爲, 曉諭館倭後, 捧標上送, 其時訓導玄學魯, 拿致嚴査, 則所告內昨年冬, 館守倭以爲, 請信差价, 當於明春出來云, 而旣無文蹟, 只憑口傳, 遽然稟告, 在所審愼, 趙起未果云, 拘留本府, 以待處分爲辭矣, 館倭處今旣捧標, 回答書契, 令承文院撰出下送, 而年條則以丙午爲定之意, 使之措辭, 該訓導旣聞明春差价之言, 而不爲先事周章, 以致島契之自定年條者, 有違舊例, 亦關後弊, 其所擧行, 誠甚駭痛, 令攸司照法嚴勘何如, 答曰, 允 (『備邊司謄錄』, 憲宗 7년 6월 10일).

18) 보통 대마도가 제기한 현안이 중앙에 전달될 때까지 5일 정도 걸리고 禮曹에서 정식으로 외교문서를 작성하여 동래부로 내려 보낼 때까지는 많은 시간을 필요했다. 때문에 동래부에서는 중앙의 지침이나 동래부사의 견해를 傳令 또는 역관 명의로 발급된 覺을 왜관에 전달했다 (李薫, 「조선후기 東萊府使와 倭館의 의사소통-兩譯 관련 「實務文書」를 중심으로-」, 177쪽, 204쪽).

그러나 대마도가 절대로 수용할 수 없는 일이었고, 대마도 왜관관수는 傳令謄本을 수리하지 않았다. 그러자 현학로는 급히 문제수습에 나섰고, 7월 1일 대마도는 조선이 역지통신을 허락한 강정서를 보여주면서 약조의 정당성을 호소했다. 조선은 이를 인정하며 교섭을 다시 시작하였다. 8월 20일 대신과 비국당상을 인견하는 데에 입시하였을 때 영의정 조인영이 아래와 같이 아뢰었다.

> 대마도에서 예를 행하는 것은, 비록 우리 쪽에서는 영구히 준행해야 하는 서로의 약조가 없더라도 왜인이 신미년에 이미 허락했던 것을 가지고 고집하면서 말하는 것이 이유가 될 수도 있고, 게다가 두 나라의 입장에서도 애당초 폐단을 제거하는 단서가 되지 않는 것도 아니니, 굳이 이런 일로 오래도록 버틸 필요도 없기는 합니다. 연조 한 가지에 대해 보면 차왜가 이미 답을 내릴 때에 연기를 정해 보내달라고 간절히 청하였으니, 이번에 저쪽과 우리의 사세를 참작해 헤아려 지속과 방편의 방도로 삼는 것은 오직 우리 쪽에 달린 것입니다. 그렇다면 약조에 대해서는 장애 되는 바가 없고 사체에 대해서도 손상되는 바가 없습니다. 이에 다시 연조를 정해 보내도록 하겠다는 내용으로 왜인에 봉표한 뒤에 원래의 서계를 특별히 봉납하게 해야 할 것입니다. 그러나 이미 지난 예에서 통신사의 행차에 관한 연조에 대해 대마도의 서계에서 고한 바에 따라 허락하였더라도 역관이 미리 요령을 탐지하여 묘당에 건의하여 우선 조정의 처분을 얻고 나서 왜인이 분명하게 제시한 연후에 비로소 서계를 받아들였던 것입니다. 이번에는 처음부터 이렇게 사유를 와서 여쭌 일도 없어 전혀 알고 있는 것이 없는데 차왜로 하여금 스스로 연조를 정한 다음 대번에 서계를 바치기를 청하고 감히 방자하고 무엄한 짓을 하게 한 것은 모두 역관의 죄입니다.[19]

---

19) 而馬島行禮, 則雖無在我永遵之丁寧相約, 倭人之以辛未已許, 執以爲言, 容或有說, 且於兩國, 未始不爲除弊之端, 則不必以此, 許久相持, 而至於年條一款, 差倭旣以賜答時, 定送年期, 懇乞則到今參量彼我事勢, 以爲遲速方便之道, 惟在於我, 然則在約條無所窒礙, 在事面無所虧損, 更以年條定送之意, 捧標於倭人處後, 元書契特許捧納, 而已例信行年條, 雖因島契所告而許之, 蓋亦任譯之預探要領, 稟告廟堂, 先得朝家處分, 晩示倭

결국, 12대 쇼군을 경하하는 통신사는 1811년과 같은 형태로 1846년에
실시하게 되었다.[20] 인용문 끝부분에 있는 것처럼 모든 책임은 반대여론을
주도한 왜학훈도 현학로가 책임을 지게 되었다. 현학로는 아래 인용문처럼
차왜를 통제하지 못했다는 이유로 처벌을 받게 된 것이다. 여기서 가장 문
제가 된 것이 차왜가 시기를 정한 서계를 갖고 왔다는 점이었다.

전부사가 상계하기를, '관왜를 타이른 다음에 봉표를 받들어 표시해서 올
리고 그 당시 훈도 현학로를 붙잡아 들여서 엄히 조사하니 아뢰는 말 속에
'지난해 겨울에 관수왜가 말하기를 통신사를 청하는 差价가 이듬해 봄에 꼭
나올 것'이라고 했는데, 이미 文蹟이 없고 다만, 구전에 기대어 갑자기 아뢴
것은 살펴서 삼가는 바에서 머뭇거리다가 끝내 하지 못했다고 합니다.' 동래
부에 붙잡아 두어 처분만을 기다립니다. 관왜처에 이미 받들어 표시했고 회
답서계는 승문원으로 하여금 지어내게 하였고 연도를 1846년에 정한다는 뜻
으로 조처하게 했습니다. 담당 훈도는 이미 이듬해 봄에 差价가 말을 들었
는데도 일을 앞서서 주선하지 못하고 서계가 이르러서 통신사의 연도를 정
한 것부터 구례에 어긋나니 뒷날 폐단에 관계됩니다. 그것을 거행한 바가 참
으로 놀랍습니다. 유사로 하여금 법을 헤아려 엄하게 勘斷하는 것이 어떻겠
습니까?[21]

---

人, 然後始納書契, 今番則初無此等事由之來稟者, 以致漠未聞知, 而使差倭, 自定年條,
遽請納契, 敢售其縱恣無嚴者, 皆任譯之罪也 (『備邊司謄錄』, 憲宗 7년 8월 20일).

20) 田保橋潔, 앞의 논문, 337쪽.

21) 司啓辭, 頃因東萊府使姜時永狀啓, 信行年條定送之意, 捧標於倭人處後, 許納書契, 任譯
輩初不預探, 稟告以致倭人自定年條, 遽然納契之罪狀, 詳查登聞之意, 筵奏行會矣, 即見
該府使狀啓則以爲, 曉諭館倭後, 捧標上送, 其時訓導玄學魯, 拿致嚴查, 則所告內昨年
冬, 館守倭以爲, 請信差价, 當於明春出來云, 而旣無文蹟, 只憑口傳, 遽然稟告, 在所審
愼, 趑趄未果云, 拘留本府, 以待處分爲辭矣, 館倭處今旣捧標, 回答書契, 令承文院撰出
下送, 而年條則以丙午爲定之意, 使之措辭, 該訓導旣聞明春差价之言, 而不爲先事周章,
以致島契之自定年條者, 有違舊例, 亦關後弊, 其所擧行, 誠甚駭痛, 令攸司照法嚴勘何
如, 答曰, 允(『備邊司謄錄』, 憲宗 7년 9월 20일).

앞서 7월 16일에는 조선에서 통신사 시행에 관한 중요한 움직임이 있었다. 영의정 조인영이 통신사행의 信蔘을 확보하기 위해 "이미 卜定한 서북양도(평안도와 함경도) 이외에 관동(강원도)에도 3년간 6근씩 卜定할 것"을 아래와 같이 청했다. 조선이 통신사 파견을 준비하기 시작한 것이다.

> 關東의 임시로 줄인 삼 6근에 대한 代錢의 年條가 이미 기한에 찼으니, 올해부터는 선혜청에 내서 경공가를 늘리는 것으로 삼아야 하는데 현재는 통신사가 행차하는 일이 눈앞에 닥쳤으니, 信蔘을 미리 마련해두지 않아서는 안 될 것입니다. 전례를 상고하건대, 분수를 정하여 서북의 兩道에 卜定하였는데 蔘種의 絕罕이 서북에서도 그러하니, 힘을 나누는 방도에서 편의에 따르는 정사가 있어야 합니다. 이에 관동의 임시로 줄인 삼 6근에 대해 3년으로 한정해서 本色으로 특별히 택하여 호조에 내서 통신사의 행차에 드는 비용에 보충하도록 하는 것이 좋을 듯하기에 감히 이렇게 우러러 아룁니다." 임금이 그리하라 하였다.22)

날짜를 다시 확인하면 7월 1일은 역지 거부 방침을 정한 후였기 때문에, 조인영이 다시 에도로 가는 통신사행을 생각하는 것으로 보인다. 통신사가 한번 대마도로 시행되는데도 통신사의 에도 입성에 관한 인식은 변화가 없는 것을 알 수 있다.

그런데 현학로는 왜 반대했을까. 물론 직접적인 자료가 없어서 추측할 수밖에 없지만, 1811년 대마도 역지통신을 둘러싸고 대마도와 왜학역관이 결탁해서 1798년에 체결한 무오약조와 무관하지 않을 것이다. 두 서계의 공통점이 그가 반대한 이유를 대변한다. 현학로가 보기에 이 서계에는 역지 그리고 시행시기까지 명확하게 표기되고 있어서 조정에서 허락할 수 없을

---

22) 關東權減蔘六斤代錢年條, 已爲限滿, 當自今年, 納于惠廳, 以爲京貢添價, 而見今信行當前, 信蔘不可不預爲措辦矣, 考之已例, 分數卜定於西北兩道, 而蔘種絶罕, 西北亦然, 其在分力之道, 合有從便之政, 關東權減蔘六斤, 限三年令以本色, 各別擇納於地部, 以補信需似好, 故敢此仰達矣, 上曰, 依爲之 (『備邊司謄錄』, 憲宗 7년 7월 16일).

것이라고 판단한 것이다. 차왜를 직접 통제하는 왜학훈도 입장에서는 당연
한 판단일지도 모른다. 그의 예상대로 조정이 서계를 개수시키라고 한 것을
보면, 그의 주장이 어느 정도 타당한 것을 알 수 있다.

그러나 대마도가 증거를 제시하자, 그의 주장은 힘을 잃었고, 대마도 역
지통신 반대여론을 주도한 현학로는 시기를 정한 차왜를 적절하게 대하지
못했다는 문책으로 원주목으로 定配를 당한 것이다.[23] 그러면서도 문제가
된 파견 시기를 2년 연기하는 조건으로 받아들인 것을 보면, 시기는 조선이
주체적으로 정한다는 그의 주장만큼은 그대로 적용된 것을 알 수 있다. 즉,
연기라는 방법으로 조선은 그들의 주장대로 파견시기를 스스로 정할 수 있
었다. 연기론을 통한 파견 시기의 조율문제는 오사카 역지통신 교섭에서 가
장 중요한 것이고, 19세기 통신사를 이해하는 Key word라고 생각한다. 왜
냐하면, 연기의 연속이었던 통신사 교섭에서 다른 문제는 깊이 논의되지 않
는 경우도 있었으나 시기는 반드시 논의되었기 때문이다. 통신사 외교에 관
한 조선의 뜻을 나타내는 것이라고 생각한다.

그런데 대마도가 조선에서 어려운 교섭을 하고 있었을 때 바쿠후 내부에
는 큰 변화가 있었다. 쇼군직을 물러난 후에도 큰 영향력을 주고 있던 전
쇼군 이에나리(家齊)가 1841년 1월에 죽고, 5월부터 老中 미즈노 타다쿠니
(水野忠邦)가 ‘텐포의 개혁’(天保の改革)<1841~1843>이라는 개혁정치를
시작했기 때문이다. 12월 미즈노 타다쿠니는 오사카에서 통신사를 맞이하
는 역지통신 교섭을 대마도에 명했다. 당시 일본에서는 통신사가 대외적으
로는 교린, 대내적으로는 각 지역 다이묘에 대한 軍役과 농민에 대한 國役
이었고, 바쿠후의 권위를 재확인시키는 효과가 있었다.[24] 타다쿠니의 결정

---

23) 義禁府啓言 “倭學前訓導 玄學魯照律罪杖八十收贖 告身盡行追奪徒 二年定配私罪施行”
  允之(『日省錄』, 憲宗 7년 11월 초 3일). 義禁府以玄學魯 原州牧 定配押送啓 (동 11월
  초 4일).
24) 荒野泰典, 「朝鮮通信使の終末-申維翰『海游錄』によせて」, 『歷史評論』 355, 校倉書房,
  1979, 69쪽, 73쪽.

은 일본국내에 미치는 정치적인 효과를 생각한다면 종래대로 에도로 다시 장소를 변경해야 하는데, 그렇지 못한 미봉책에 불과했다.

그렇다면 왜 오사카일까. 이케우치 사토시는 통신사의 접대는 오사카까지는 그 지역(藩)에서 부담할 경우가 많고, 오사카에서 에도까지는 바쿠후가 부담할 경우가 많았다고 지적했다. 그리고 1843년 7월 오사카 상인들부터 窮民賑恤을 목적으로 임시로 세금을 걷기로 했는데, 통신사접대도 오사카 상인에게 기대했던 것으로 보인다고 했다.25) 오사카에서 국서교환을 한다면 바쿠후는 접대비용을 아끼면서도 동시에 정치적인 효과도 기대할 수 있었다. 한편 대마도는 오사카로 장소를 다시 변경하는 교섭을 새롭게 하게 된 것인데, 역관과 사전 접촉 때는 그들이 부정적인 반응을 보여서 교섭이 쉽지 않아 보였다.26)

## 2. 오사카 역지통신과 대마도 역지통신

### 1) 오사카 역지통신 교섭과 좌절

차왜가 부산에 도착하고 오사카 역지통신 교섭이 시작됐다. 서계를 보면 바쿠후는 나름대로 오사카로 변경해야 하는 이유를 말하고 있다. 그 내용을 정리한다면, 1811년 통신사를 대마도에서 시행한 것은 먼 길을 가는 노고를 생각해서이지만, 도착한 즉시 접대하는 것은 禮節로 보아 두루 미치지 못한 바가 있다. 그래서 바쿠후는 대마도에서 하는 것보다 일본의 三都(에도, 교토, 오사카)의 하나인 오사카에서 격식을 높이고 통신사를 후대하겠다는 내용이었다. 바쿠후는 대마도 역지통신에 대한 조선의 부정적인 인식을 배려

---

25) 池內敏, 앞의 책, 110~112쪽.
26) 池內敏, 같은 책, 88쪽~90쪽.

한 것이다. 게다가 바닷길을 따라가면 에도까지 육로를 이용해 가는 것보다 고생하지 않아도 된다고도 하였다.[27] 그러나 이와 같은 조건이 한번 정한 대마도 역지통신을 다시 오사카로 바꿔야 할 정도 매력적인 개혁안으로 조정은 판단하지 않았다.

이 교섭이 진정된 시점은 1844년 2월에 서계 문제로 문책을 받았던 현학로가 다시 훈도로 근무했을 때부터이다. 그는 1841년 11월 원주목으로 2년 정배를 당했으나, 1842년 6월에 석방되었다. 1843년에는 도해역관으로 대마도에 다녀와 왜학훈도로 다시 복귀하였다.[28] 3월에 그는 '오사카 역지통신을 10년간 연기할 것'을 제안했다. 그 이유는 "1846년으로 정한 역지통신이 앞으로 2년 뒤로 다가왔지만, 아직 준비가 안 되기 때문에, 그런 조정의 분위기를 잘 알고 있던 현학로가 조인영을 설득했다."는 것이다.[29]

오사카 역지통신 교섭은 이 시기를 기점으로 시작되었다. 역관이 인맥을 이용하며 조정의 고관과 직접 교섭을 진행한 것으로 추정된다. 이후 현학로는 조인영과 상의한 후 覺을 제출하면서 구체적인 조선 측 요구사항을 밝

27) 日本國 對馬州太守拾遺平義和 封書朝鮮國禮曹參判大人閣下
抄秋寢冷 緬惟文候多福 殊切瞻依陳者 貴國大使之來聘也 文化辛未始迎待於本州 事尙易簡省貴使 遠涉之勞固 亦出乎厚意 然貴使儼然方瑧 而於彩鷁甫繁泊之海島 遽行接對於禮節有所猶未周 故朝廷更議 欲於攝州大坂迎待貴使 大坂都會之域 人烟稠密 船幅湊與江戶無甚異 迎餐使凡百殊爲利非便 非褊小荒遐 如本州者可比儗 且也本州距大坂雖不邇 而總從裏海上行船 較之迢迢赴江戶 山河跋涉之苦 皇爾不侔 擇迎待之地 莫如玆土最宜事 雖屬新創 而意實遵成憲 禮待之心 比從前覺更隆 (『講聘參判使記錄』, 국사편찬위원회 소장, MF0000567, 天保 14년 9월~16년 1월).
28) 『日省錄』, 憲宗 8년 6월 1일. 『日省錄』, 憲宗 9년 12월 26일.
29) 田保橋潔, 앞의 논문, 343쪽~345쪽.
왕조국가에서 최종 결정권을 가진 사람은 국왕이다. 다만, 당시의 정치상황도 고려할 필요가 있다. 조인영은 누구인가. 1840년 12월경 김조순 사망 후 안동김씨의 수장격이던 김유근이 죽고 순원왕후의 수렴정치가 막을 내렸다. 조인영은 순조의 유촉을 명분으로 세도를 자임할 수 있게 되었다. 게다가 1842년 10월에는 김홍근이 사임하고 이듬해 4월에는 정원용마저도 물러나 그는 독상으로서 정국을 주도하고 있었다 (김명숙, 『19세기 정치론 연구』, 한양대학교 출판부, 2004, 127쪽).

했다. 그 내용에는 "조선이 잇따라 흉년을 만나서 통신사를 1846년에 보내기가 어려우니 丙辰年(1856년)봄으로 연기하되, 통신사의 절차 및 예단은 1811년의 예와 조금도 차이가 없도록 한다"고 되어 있었다.[30] 대마도는 10년이 너무 길다고 하며 시기를 앞당기려고 했으나, 바쿠후는 오히려 10년 연기를 쉽게 받아들었다. 조선의 연기론을 일본이 수용한 것이다.

또 조선은 10년 연기는 대마도의 요청에 응한 것이라는 문서를 제출할 것을 요구했고, 대마도는 조선이 먼저 같은 내용의 문서를 제출하면 응한다고 하였다. 현학로는 8월 覺을 제출하며, "오사카 역지는 귀주에서 요청한 대로 오사카에서 행례하기로 하고 1846년 행례는 1856년 봄으로 미루어 정했다. 바라건대, 어긋남이 없도록 역관으로 하여금 죄를 입는 일이 없게 하기를 바라고 바랍니다"고 하였다.[31] 이번 교섭의 특징이라고 할 수 있으나, 원래 왜관 교섭은 중앙의 지지를 받으면서 진행하는 것이지만, 오사카 역지통신의 경우 왜학훈도-조인영과 대마도라는 구도로 이루어졌다. 결국, 오사카 역지통신은 10년 연기라는 조건으로 조선이 통신사를 허락했는데, 자료에서 확인하면 아래와 같다.

---

30) 覺
　一 講聘易地事依 貴州所請 以大坂城行禮 而我國連値歉荒 以準丙午之期 退定丙辰春間 行禮節次 與賚去各項禮單 一依辛未年貴州信行時條件 小無差異事
　一 奉行尊公一依上項條件事　約定書付呈納廟堂事
　一 公幹順成後 上項條件 彼比一々遵行 更無違約年期 請退與易地措語 惟在回答書契中事甲申 3월 일
　　(『大坂易地前集書』국사편찬위원회 소장, MF0000169, 天保 12년 3월~弘化 2년 2월).

31) 覺
　一 講聘易地事依 貴州所請 以大坂行禮 而丙午信行 以丙辰春退定之事 日後回答書契中惜辭懇請矣 幸勿相違 使任官無至見罪之地 企望企望
　一 丙辰春信使入送之意 既彼比約條則當限年 護行大差使出來自是例也 而其間若有未盡條件 館使尊公使任官轉達 朝廷議定之事 甲辰 8월 12일 (MF0000169, 같은 책).

영의정 조인영이 또 계한 바는 전 동래부사 임영수가 狀啓한 것에서 말하기를 "차왜가 통신사를 행할 일로 나와서 오래 머물러서 돌아가지 않는다고 합니다. 통신사를 처음에 대마도로 강정했는데 인제 와서 오사카에서 하자고 청하니 그동안 어떤 이해가 있었는지 모르겠습니다. 이미 한번 강정 했으면 어찌 저 왜인들이 약조 이외의 말로써 할 수 있겠습니까. 다시 굽혀서 고치겠습니까. 다만, 1846년이 통신사를 들여보내는 년도입니다만, 오늘날 조정에 많은 일이 있어서 백 가지를 판비해도 쉽지 않기 때문에 역관들의 말로 맡겨둔다면 차왜는 만약 10년을 미루어 정한다면 마땅히 응접할 수 있을 것입니다. 차왜가 전해서 아뢰어 東武關白의 처분 후에 서계와 수표를 역관에게 주고 지금은 우리나라의 事體에 달린 것이 잃을 만한 바가 없으니 조금 事力을 늦출 수가 있습니다. 東萊府로 하여금 접대하게 해서 회답서계 중에 10년을 미루어 정한다는 뜻으로 말을 갖추는 것이 어떻겠습니까."[32]

위와 같이 조인영은 오사카 역지통신을 허락하는 조건으로 파견시기를 10년간 연기할 것을 제안했다. 즉, 일본이 연기에 응한다면 조선도 오사카 역지를 허락할 수 있다는 연기론이었다. 그가 통신사의 연기를 생각한 이유는, 조정에서 수많은 일을 아직 처리하지 못하고 있어서 그것을 해결하기 위해 통신사 파견을 연기할 수밖에 없다는 판단이었다. 그가 말하는 수많은 일이 무엇인지 확실하지 않지만, 앞에서 언급한 흉년 등의 문제가 있고, 信蔘 확보가 사실상 불가능하다는 문제도 있었다. 信蔘 뿐만 아니라 차왜에게 지급할 단삼도 재정을 압박하고 있었다. 예를 들어 1823년 이후 매년 지출할 단삼가는 매년 45,000량 (45근)였는데, 차왜가 많이 와서 부족할 경우

---

32) 即見東萊府使林永洙狀啓則以爲, 差倭, 以通信使行事出來, 久留不去云, 蓋信使, 初以對馬島講定矣, 今以大坂爲請云, 未知其間, 有何利害, 而兩國交接之節, 既有一番講定, 則豈可以彼倭約外之言, 更爲撓改乎, 然而第念丙午, 爲使行入送年次矣, 見今朝家多事, 凡百措辦, 亦未易, 故使任譯輩言及差倭, 若以十年退定, 則當許接矣, 差倭轉告東武關白處後, 書給手標於任譯云, 今則在我國事體, 可無所損, 亦可稍紓事力, 令該府依例接待, 回書中備言十年退定之意, 何如, 上曰, 依爲之 (『備邊司謄錄』, 憲宗 10년 9월 초9일).

호조에서 임시로 지출했다. 그러나 1830년 이후에는 그것도 쉽지 않은 상황
이었다.[33]

조인영은 통신사의 연기를 결단했지만, 차왜 문제에 대해서는 교린의 예
를 내세워 적극적으로 문제를 해결하려고 했다. 그는 "차왜가 오래 왜관에
머문 것은 염려하지 않을 수 없으므로, 특별히 먼 데 사람을 회유하는 뜻으
로 받아들이도록 허락하였으나, 별폭은 더욱 거론하는 것이 마땅하지 못합니
다."[34] 라고 하면서 차왜의 접대를 허락할 것을 청하기로 했다.

조인영이 보여준 차왜와 통신사에 대한 인식 차이는 어디에서 나오는
것일까. 여기에는 차왜와 통신사라는 근본적인 차이에 주목할 필요가 있다.
차왜는 조선후기 대마도와의 관계에서 비롯된 것이지만, 통신사는 200년의
大禮이자 대일정책의 핵심이었다. 교린의 상징인 통신사를 폐지하거나 축
소하는 일은 조선왕조안에서 어느 누구에게도 쉽지 않은 일이었다. 임금도
어려운 일을 아무리 세도정치가인 조인영이라고 해서 가능하지 않았다. 그
래서 그가 택한 것이 연기를 통해 통신사를 온존하는 연기론이었다. 정조대
는 연기만 강조되었지만, 조인영은 구체적인 시기를 조율하고 있다. 그 차
이는 아마도 대마도 역지통신이 한번 이미 시행되었고, 한번 약속한 시기를
지키기 어려웠던 점도 있었을 것이다. 연기론을 선택한 결과 1846년에 통신

---

33) 糟屋憲一, 앞의 논문, 14~15쪽.

34) 島倭의 접대에는 본디 약조가 있으므로 털끝만큼이라도 어기는 것은 마땅하지 못
한데, 연전에 代察의 서계를 아뢴 것은 매우 외람됩니다. 그러므로 그때에 당해 守
令을 問備하고, 인하여 효유하여 물리쳐 보내게 하기를 청하기까지 하였었습니다.
4년 뒤에 또 번거롭게 아뢰면서 전에 듣지 못한 少將이 서계한 것으로 거듭하니,
邊方의 體例로 생각하면 아주 놀랍습니다. 다만 생각하건대, 대찰의 서계는 약조에
어그러지기는 하나 이미 아뢰었고, 차왜가 오래 지체하는 것도 염려하지 않을 수
없으므로, 특별히 먼 데 사람을 회유하는 뜻으로 받아들이도록 허락하였으나, 별폭
은 더욱 거론하는 것이 마땅하지 못합니다. 소장의 서계에 이르러서는 곧 약조에
실려 있지 않은 것이므로 대찰의 서계와 같은 예로 논할 수 없습니다. 이 뜻으로
해부에 분부하여 하나는 허락하고 하나는 허락하지 않는 사리를 관왜에게 상세히
칙유하게 하소서." 하니, 그대로 따랐다 (『憲宗實錄』, 憲宗 7년 3월 경자).

사를 파견하지 않아도 되고, 信蔘 확보라는 어려운 숙제를 당분간 유보할 수 있는 시간적인 여유를 가질 수도 있었다. 그래서 인용문에서 그는 "조금 事力을 늦출 수가 있습니다"라고 한 것이다.

한편, 조선의 회답서계는 1845년 1월 25일에 현학로를 통해 전달되었다. 회답서계에는, 오사카로 장소를 바꾼 일은 약조에 어긋난 것이지만, 교린의 정의를 저버리기는 어렵다고 하였다. 즉 먼저 교린의 중요성을 말한 것이다. 다음으로 대마도와 오사카는 바다를 건너가는 데에 멀고 가까운 길이 너무나 다르고, 관소에 머무르는 기간이 늦고 빠른지를 헤아릴 수가 없고, 시기를 정하더라도 저절로 지연되기에 이른다고 했다. 통신사행이 먼 길을 가기 때문에 어려움이 많은 점을 말한 것이다. 그래서 원래 정한 1846년에 통신사를 파견하는 것은 어려움이 있으므로, 곧 10년을 연기시켜 1856년 봄에 시행한다고 명시했다.[35] 이 회답서계를 통해 오사카 역지통신의 1856년 시행이 정식으로 결정된 것이다.

오사카 역지통신의 시행시기(1856년)가 다가오자, 대마도는 1851년 통신사의 세부사항을 논의하기 위해 通信使節目講定 교섭을 아래와 같이 개시했다.

　　　9월 3일 조강에 입시하였을 때에 좌의정 김홍근이 아뢰기를 "동래부사 이휘령의 장계를 보니, '관수왜와 판장왜가 말한 내용에 통신사의 행차 시기가 이미 정해졌으니 절목을 강정하여야 하는데, 전개가 폐단이 있을까 우려하여 판장관으로 거행하게 하는 일로 서계가 나왔으니 강정역관을 차송하는 것이 마땅한지를 묘당에서 품처하게 해 주소서.' 하였습니다. 일찍이 정미년

---

35) 朝鮮國禮曹參判林翰鎭　奉書日本國對馬州太守拾遺平公閣下
　　　槎便遠涉　芳函伴至　憑諗啓居淸迪　慰暢良探　禮聘之地　易以大坂者　雖與前日約條有異 誼在交隣難孤盛意　第念涉海之遠近逈殊　留館之遲速未料　則往復講定之際　自致時月延 拖有難以原　定丙午年裝送信使　而況本邦屢經大禮　事力亦多不逮　更退十年　以丙辰春爲 定　則其於隣誼　無所加損兩國事情　庶加相孚　幸以此意　傳告東武爲望　佳貺領眷　薄儀表 沈惟冀對序珍毖肅此不備　乙巳年　正月　日　禮曹參判　林翰鎭 (MF0000169, 앞의 책).

에 저들이 두 나라의 폐단을 제거하기 위해 관왜더러 강정을 행하게 하도록 청하였으나 그때에는 도주의 서계가 없이 단지 관왜의 말만 믿고 거행할 수 없었기 때문에 과연 엄한 말로 책유하였으나 관왜가 대신하는 것으로 구애하지는 않았습니다. 지금 연조와 기일을 정한 뒤에 서계를 가지고 와서 판장왜에 강정하게 한다고 하면, 강정은 기일 전에 거행하는 것이 구례에도 있으므로 대신하는 것은 거부할 것에 매우 곤란할 것이 없습니다.[36)]

오사카 역지강정절목은 1852년 10월 성립되었다. 역지시행까지 2년 이상 남아 있었으나 오사카시행의 윤곽이 드러난 것이다.[37)]

---

36) 今九月初三日朝講入侍時, 左議政金所啓, 卽見東萊府使李彙寧狀啓, 則以爲館守倭及判掌倭言內, 通信行旣定年期, 節目固當講定, 而慮其專价有弊, 以判掌官擧行事, 書契出來, 而講定譯官差送當否, 請令廟堂稟處矣, 曾於丁未, 彼以兩國除弊, 使館倭請行講定, 而其時旣無島主書契, 不可只憑館倭之言, 故果嚴辭責諭, 而不以館倭替行, 爲拘矣, 今於年條定期之後, 且有齎來書契, 而欲使判掌倭講定云, 則講定之前期擧行, 舊例亦然, 又不足以替行斯持(『備邊司謄錄』, 哲宗 2년 9월 초 3일).
「辛亥 島主出送通信使節目講定書」, 『同文彙考』, 3894쪽.

37)    覺
    一. 貴國王書契體式, 依前例, 大號當稱大君, 且文體·式樣·御諱安御寶, 外面書式, 亦一依前例事,
    奉書
    日本國大君殿下 朝鮮國王御姓御諱謹封
    依右施行, 安御寶事, 東武回答書契文體·式樣, 亦當依前例事, 右, 有辛未前例, 以此憑考施行事,
    答, 右辛未之先例御座候得者, 夫等吟味仕候上, 取行可申候事,
    一. 貴國諱字且忌日, 速通知事, 聘使忌日亦通知事, 右, 追後通知事,
    答, 右追而御通知可申上候事,
    一. 禮曹送出上使幷我州, 書契中以貴大君書塡, 自有前例, 今不擧論事, 右, 依辛未前例施行事,
    答, 右辛未之例=隨, 取行可申候事,
    一. 別幅物件兩國誠信第一, 品精細擇備是懇, 且聘使私幣是亦極擇精好備出事,
    右, 兩國誠敬之物少無泛忽事,
    答, 右兩國誠敬第一之品御座候得者, 少しも麤略無之樣可仕候事,
    一. 聘使差定之後, 官銜姓名斯速書開通報事,

1조~2조는 외교문서에 관한 것이다. 1조의 대군호의 사용은 하쿠세키의
개혁으로 폐지되었다가 1719년 이후 계속 사용되었다. 그러므로 이번 오사
카 역지에서도 변함없이 사용하기로 한 것이다. 2조는 하쿠세키의 개혁부터
시행된 것이고, 그의 개혁의 성과라고도 할 수 있다. 자료에서 확인할 수 없
었으나 통신사 일행의 禁斷節目도 논의된 것으로 보인다.

4조 이하는 별폭(예단)관련된 것이 언급된다. 대마도 역지통신을 통해 조
선은 예단을 대폭 삭감했는데, 오사카의 경우도 그대로 적용되었다. 대마도
에서 오사카까지 육로가 아닌 해로를 이용하기 때문에 연로의 접대비도 줄
일 수 있었다.

오사카 강정절목이 기본적으로 대마도 역지통신 절목에 준하는 형태로
만들어진 것을 알 수 있다. 대마도 역지통신이 19세기 역지통신의 모델이
된 것이다. 그런데 1852년 5월에 세자궁인 니시마루성(西丸城)이 화재로 소
실되자 바쿠후는 화재와 흉년을 이유로 연기를 대마도에 다시 지시했다. 대
마도종가문서에는 조선에서도 통신사시행 시기가 다가오자 연기를 원하며
탄원서를 3번 제출했다는 기록이 나온다. 바쿠후도 연기를 원했지만, 조선

---

一. 別幅鷹子要領擇備, 万一有病斃之患, 則無推移之道, 須定數外加送事,
一. 別幅駿馬, 若其形色依例圖以送出想, 在貴國謄錄中照例極擇, 具鞍帶來事.
一. 理馬依前規率駿馬來, 且熟知養鷹醫鷹者一兩人宛, 入行中人數帶來事,
一. 能文能書能畵之人, 精擇帶來事
一. 上上官者行中緊要之職, 熟諳我言語風習兼通曉事情之人差出事,
　　右項, 依前例講定, 此外之事次次書出相議事,
　　右項六條, 依前例施行事,
　　答, 右之六ヶ條, 先例ニ隨取行可申候事,
右諸條稟達朝廷, 回下順成故, 今此講定事,
　　答, 右之條條, 朝廷江申上置候處, 回下順成仕候間, 此分講定仕候事,
　　壬子十月 日　　　　　　　　　講定官　美哉 玄知事
　　　　　　　　　　　　　　　　訓導　　穉衍 金僉知
　　　　　　　　　　　　　　　　別差　　子重 金僉正

(池內敏, 앞의 책, 104~107쪽).

도 역시 연기를 원했다고 해석할 수 있다.[38] 결국, 교섭 끝에 1853년 5월에 5년간 연기한 1861년에 시행하기로 아래 인용문처럼 변경되었다.

> 동래부사 유석환이 보고한 것을 보니, 通信講定譯官 현학로의 수본을 낱낱이 들고 이르기를, '사신 행차의 의절을 신미년 대마도의 예에 따라서 조건을 만들어 에도에 들여보내고 사신의 행기를 다시 5년간 물려 정하였으며 答書契를 대차왜가 가지고 와서 바치던 것도 부쳐 보내도록 다반으로 판장왜와 관수왜에 효유하여 별도로 빠른 배를 정해서 에도에 통보하게 하였으므로 그 배가 돌아오기를 기다려서 다시 보고할 계획입니다. 그러나 2년 동안 묵새기면서 사기에 따라 알선할 즈음에 자연 당장 써야 할 비용이 많이 들었으니 특례로 바로잡게 해 주소서.' 하였습니다. 통신사의 행기를 물려 정하고 차왜를 정지하게 했다고 말한 것은 이처럼 경비가 고갈된 때에는 실로 경외의 힘을 펴주는 단서가 되겠지만, 이른바 당장 써야 할 비용이라고 한 것은 전에도 이처럼 획급한 규례가 없으니, 진실로 졸지에 시행하도록 할 수는 없으나 사정을 참작하면 그렇게 된 것은 괴이할 것이 없고, 또 해부에서 보고한 내용에 확실히 근거할 만한 바도 있으니, 별반으로 특별히 시행하는 일이 없어서는 안 되겠는데 달리 조치할 수 있는 방도가 없으니, 도내의 유작곡 중에서 절미하여 3천 석을 집전해서 획급하라고 해도에 분부하는 것이 어떻겠습니까?" 하니, 윤허한다고 답하였다.[39]

오사카 역지통신은 연기교섭부터 시작해 대마도 역지통신 추진을 거쳐

---

38) 齋藤弘征, 「宗家文庫資料にみる朝鮮通信使大坂易地易禮の挫折を追う」, 『對馬歷史民族資料館報』 第25號, 2002.3, 11쪽.

39) 司啓曰, 卽見東萊府使兪錫煥所報, 則枚擧通信講定譯官玄學魯手本以爲, 使行儀節, 依辛未年馬州例, 成出條件, 入送江戶, 而行期更以限五年退定, 答書契之以大差倭齎納者, 亦爲順付出送事, 多般曉喩於判掌倭及館守倭處, 另定飛船, 通報江戶, 待其回船, 更爲修報計料, 而第其兩載留淹, 隨機幹旋之際, 自多目下應用之費, 請拔例矯捄爲辭矣, 信行退定與差倭停止云者, 當此經費匱乏之際, 實爲京外紆力之端, 而所謂目下應用之費, 前亦無似此劃給之規, 則固不當遽爾許施, 參以事情, 無怪其然, 且有該府報錄之確有可據, 則不可無別般特施之擧, 而他無可以容措者, 以道內留作穀中, 折米三千石, 執錢劃給之意, 分付該道, 何如, 答曰, 允 (『備邊司謄錄』, 哲宗 4년 5월 7일).

1856년 시행이 결정되었다. 조선은 시행 시기는 조선이 정한다는 연기론으로 대마도 역지통신 때는 2년, 오사카 역지통신은 10년 연기를 조건으로 통신사 파견을 허락했다. 그리고 전례에 따라 오사카 역지통신의 강정절목까지 만들었는데, 다시 5년 연기되었다. 바쿠후뿐만 아니라 조선도 통신사 시행에 관한 부담이 컸던 것으로 해석된다.

그러나 통신사의 축하를 받아야 할 쇼군이 1853년 6월에 서거해 12대 쇼군에 대한 오사카 역지통신은 무산되었다. 九州國立博物館 서장 대마도종가문서에는 「御心覺信使二屬候大綱」이라는 오사카 역지통신의 비망록이 있다. 작성연도는 확실하지 않으나 강정절목이 성립된 후 이에요시가 서거하기 전에 작성된 것으로 보인다. 이 자료에는 通信使人數·饗應·信使位階·日程·書簡印章 등이 자세하게 기록되어 있어서 오사카 역지통신이 쇼군의 서거가 없다면 이루어질 수 있었을 것이라는 생각을 하게 한다.[40]

## 2) 대마도 역지통신 재추진과 좌절

이에요시의 대를 이어 1853년에 13대 이에사다(家定)가 승습하였다. 쇼군의 서거와 새 쇼군 승습소식은 각각 告訃差倭와 關白承襲告慶差倭을 통해 조선에 보고되었다.[41] 조선은 전례에 따라 차왜를 접대하면서 다음 통

---

40) 九州國立博物館서장 대마도종가문서 「御心覺信使二屬候大綱」
　　자료ID: 00000000413709
41) 告訃差倭에 대한 접대는『備邊司謄錄』, 哲宗 5년 4월 30일자 아래와 같은 기록이 있다.
　　司啓曰, 卽見東萊府使宋廷和狀啓, 則枚擧訓別等手本以爲, 關白身死, 告訃差倭先文頭倭, 今已到館, 京接慰官及差備譯官, 預爲差出事, 請令廟堂稟旨分付矣, 關伯告訃差倭接待之節, 自有定規, 京接慰官及差備譯官差出及禮單磨鍊, 卽令該曹該院, 詳考擧行, 何如, 答曰, 允.
　　關白承襲告慶差倭에 대해서는『備邊司謄錄』, 哲宗 5년 6월 1일자 아래와 같은 기록이 있다.
　　司啓曰, 卽見東萊府使宋廷和狀啓, 則枚擧訓別等手本以爲, 關白承襲, 告慶大差倭, 先

신사에 대한 대비가 필요하게 되었다. 일단 일본의 요청을 기다려야 하지만, 다음 통신사를 오사카로 보낼 것인지 대마도로 보낼 것인지가 문제였다. 그리고 시행시기를 그대로 1856년에 할 것인지, 아니면 연기론으로 시행시기를 다시 정할 것인지도 조선이 해결할 문제였다. 그런 와중에 영의정 김좌근은 통신사 시행시기를 다시 5년 연기할 것과 통신사를 대마도로 보낼 것을 아뢰었다.

> "통신사의 행차시기를 1861년으로 물린 것은 목하 姑息의 다행스러움이
> 되지 않은 것은 아니나, 1861년 이후 事力의 궁색함이 지금의 상황만 못하
> 리라는 것을 어떻게 알겠습니까? 또 역지의 청은 비록 굽혀서 따라주지 않
> 을 수 없었지만, 굳이 바꾸려고 한다면 어찌 에도를 말하지 않고 기어코 오
> 사카를 말한답니까? 1811년의 대마도 역지는 이미 전례가 있으니, 지금에서
> 도 이에 따라 책유하면 저들은 핑계 댈 말이 없을 것입니다. 들으니 연전의
> 강정왜가 병에 인하여 아직도 머물러 있다고 합니다. 새로 차견한 훈역에게
> 지금 당장 내려가서 관수왜와 다시 충분히 상의하여 통신사의 행차는 다시
> 5년을 물리고, 처소는 대마도로 강정하여 이 내용을 서계로 만들어 주어서
> 거기에 따라 주선하도록 하는 것이 어떻겠습니까?" 하니, 임금이 그리하라
> 하였다.[42]

대마도는 오사카 대신 대마도로 다시 변경하는 교섭에 들어갔다. 13대 쇼군을 축하하는 통신사는 5년 연기해 1866년 시행이 결정되었다.

---

文頭倭, 今已到館, 京接慰官及差備譯官, 豫爲差出事, 請令廟堂稟旨分付矣, 京接慰官及差備譯官, 令該曹該院, 照例差出, 使之趁期下去, 禮單磨鍊等事, 並令考例擧行之意, 分付何如, 答曰, 允.

42) 又所啓, 通信行期之退以辛酉, 非不爲目下姑息之幸, 而辛酉以後事力之窘絀, 安知不如見今樣子耶, 且易地之請, 雖不得不曲從, 而苟欲易之, 何不曰江戶, 而必曰大坂也, 辛未馬州, 旣有已例, 到今據此責倭, 則彼將無辭可諉, 聞年前講定倭, 因病尙留去, 令新差訓譯, 趁卽下去, 與館守倭, 更爲爛熳商確, 信行則更退五年, 處所則以馬州講定, 以此意, 成給書啓, 使之憑據周旋之地, 何如, 上曰, 依爲之 (『備邊司謄錄』, 哲宗 6년 1월 초 10일).

비변사에서 아뢰기를 "동래 전 부사 송정화가 보고한 것을 보니, 훈도 현학로의 수본을 낱낱이 열거하며, 통신사를 들여보내는 기한을 1866년으로 물려 정하고 예빙하는 장소를 그대로 대마도에서 시행하도록 대마도에 통보한 뒤에, 회보가 지금 나왔습니다. 그러므로 예조의 서계를 간사왜에 별달리 빠른 배를 지정하여 대마도에 들여보내 에도의 회보를 기다려 그 답하는 서계를 받아 올려 보내려고 합니다.[43]

 이것으로서 오사카 역지통신은 시행되지도 않은 채 역사 속에 완전히 사라졌다.[44] 지금까지 본 것처럼 하쿠세키부터 시작하여 바쿠후가 개혁정치를 표방할 때마다 통신사는 개혁의 대상이 되었다. 그만큼 통신사가 일본정세에 미치는 영향이 컸다는 것이다. 더 나아가 바쿠후는 그 영향력을 온존하려는 움직임을 보였다고 생각한다. 조선의 관점에서 보면 오사카 역지통신 교섭은 에도 입성에 대한 변함없는 의사를 확인할 수 있는 자리였다.
 그런데 1853년 미군 페리의 함대외교로 일본이 다음 해 개국했으며, 1858년 通商條約 체결을 계기로 외국과 교섭을 전문으로 담당하는 外國奉行이 설치되었다. 外國奉行의 등장은 대조선 외교교섭을 독점해온 대마도까지 위협하게 되었다. 바쿠후는 외교체제를 外國奉行이 모두 담당하는 체제로 바꾸려는 것이었다.[45] 실은 바쿠후가 대조선 외교를 직접 담당하려는 움직임은 이미 대마도 역지통신 때도 있었다. 앞에서도 언급했지만, 바쿠후 고관이 대마도에 가서 조선과 직접 만나 역지통신을 바쿠후가 원한다는 것을 말한 적이 있었다. 그러나 일시적이라서 오사카 역지는 대마도가 담당해

---

43) 司啓曰, 卽見東萊前府使宋廷和所報, 則枚擧訓導玄學魯手本, 以爲通信使入送之期, 退定於丙寅, 禮聘之所, 仍行於馬州事, 通報馬州後, 回奇今旣出來, 故禮曹書契, 使幹事倭, 別定飛船, 入送馬州待江戶回報, 受其答書契, 上送計料 (『備邊司謄錄』, 哲宗 6년 6월 19일).

44) 「丙辰 島主報信使退期易地依請書」, 『同文彙考』, 3895~3896쪽.

45) 현명철, 「幕末-明治初 對馬藩 처리에 대한 考察」, 『일본역사연구』 제2집, 1995, 36~36쪽.

바쿠후는 직접 나서지는 않았다. 대마도가 조선외교를 독점할 것을 용인해 온 바쿠후의 태도변화는 대마도의 위기를 의미했다.

한편, 다시 정한 대마도 역지통신도 통신사의 축하를 받기 전 13대 쇼군이 1858년에 서거하고 말았다. 그러자 이에모치가 14대 새 쇼군으로 승습되었다. 사망한 쇼군에 대한 조위와 새 쇼군을 경하하는 통신사 교섭은 훈도 현학로가 맡아서 했다. 원래 전례대로라면 關白告訃差倭와 關白承襲告慶差倭가 두 번 와야 하는데, 이때는 재정 상태를 고려해 한 번의 접대로 끝난 것을 알 수 있다. 아래와 같이 현학로는 비용을 절약했다고 하며 상을 받게 되었다. 통신사는 다시 연기되었다.

> 비변사에서 아뢰기를 "방금 동래부사 박신규의 장계를 보니, '새 관백의 승습 축하 및 사망한 전 관백에 대한 조위 두 가지 일을 한 배에 겸하여 부쳐 공용의 비용을 절약하였고 또 노고가 이미 많았으니, 훈도 현학로에 대한 포상의 은전을 묘당에서 품처하게 해 주소서.' 하였습니다. 두 배로 해야 할 일을 한 배로 행하였으니 노고가 적잖았을 것임을 알 수가 있습니다. 당해 임역에 해원에서 시상하게 하는 것이 어떻겠습니까?" 하니, 윤허한다고 답하였다.[46]

역지 교섭이 거듭 연기되는 가운데, 1861년에는 대마도에 러시아 군함이 정박하여 개항을 요구하는 사건이 일어났다. 대마도는 당시 활발히 일어났던 양이운동(개항 반대)을 담보로 다른 지역으로 옮기는 이전요구를 했다. 대마도가 이전한다는 것은 조선과의 모든 특권을 포기한다는 것을 의미했다. 바쿠후도 긍정적으로 생각했으나 결국 무산되었다.[47]

---

46) 司啓曰, 卽見東萊府使朴臣圭狀啓, 則以爲, 關白立儲致慶, 與身死吊慰兩件事, 以一船兼付, 公用省費, 效勞旣多, 訓導玄學魯, 襃賞之典, 請令廟堂稟處矣, 雙船之爲一船, 可見其煞有勞效, 該任譯, 令該院施賞, 何如, 答曰, 允 (『備邊司謄錄』, 哲宗 11년 9월 초4일).

47) 현명철, 앞의 논문, 37~44쪽.

14대 쇼군 이에모치가 승습했기 때문에 새 쇼군을 경하하는 통신사에 관한 논의가 필요하게 되었다. 1862년 14대 쇼군에 대한 통신사 교섭을 위해 대차왜가 왔으니 접대하라는 기록이 아래와 같이 나온다.

비변사에서 아뢰기를 "지난번 동래부의 장계에 인하여 통신사에 대해 강정할 일로 나온 대차왜를 효유하여 물리쳐 보내도록 覆啓하여 행회하였습니다. 당해 부사 조규년의 장계를 보니, 훈도와 별차 등의 수본을 낱낱이 들고 거론하여 말하기를, '차왜는 새 관백이 승습한 뒤에는 한번 강론하여 확정하는 일이 없다고 하면서 해가 지나가도록 돌아가지 않고 여러 차례 만나주기를 간청하였다고 합니다. 그러므로 다시 임역에 책임지고 효유하여 물러가게 하도록 하였습니다.' 하였습니다. 이미 효유하고 책유하였는데도 끝내 돌아갈 줄을 모르고 누차 서로 버티고 있으니 사체만을 손상할 뿐입니다. 우선 만나는 것을 허락하도록 하소서. 그들이 말한바 강정할 일이라는 것이 비록 이미 강정한 일이라 하더라도 다시 처리하게 하고, 경접위관 및 차비역관은 해조와 해원에서 차출하게 하며, 예단에 대해서도 규례를 살펴 마련하도록 하는 것이 어떻겠습니까?" 하니, 윤허한다고 답하였다.[48]

2월에는 대차왜에 대한 예단삼의 기록이 나온다.

비변사에서 아뢰기를, "호조의 보고를 보니, '통신사에 대해 강정할 일로 나온 대차왜에게 증여할 예단삼가 26,000냥을 즉시 구획해 주소서.' 하였습니다. 이는 즉시 마련해 주지 않아서는 안 되니, 영남에 소재하는 병인년 별치곡 5,000석과 신수곡 3,660석을 아울러 절미하여 획급함으로써 가져다 쓰도록 하는 것이 어떻겠습니까?" 하니, 윤허한다고 답하였다.[49]

---

48) 司啓曰, 向因萊府狀啓, 通信講事大差倭曉諭退送之意, 覆啓行會矣, 卽見該府使趙奎年狀啓, 則枚擧訓別等手本, 以爲差倭稱以新關白承襲後, 不可無一番講確, 而經歲不歸, 屢懇許接云, 故更令任譯, 責諭斥退云矣, 旣諭且責, 終不知退, 屢次相持, 徒損事體, 姑令許接, 其所謂講定者, 雖是已講定之事, 使之更爲停當, 京接慰官及差備譯官, 令該曹該院差出, 禮單亦令照例磨鍊何如, 答曰, 允 (『備邊司謄錄』, 哲宗 13년 1월 18일).

14대 쇼군의 승습을 축하하는 통신사는 1864년에 10년 연기된 1876년 봄에 시행이 결정되었다.[50] 그러나 14대 쇼군 역시 1866년에 서거해 통신사의 축하를 받지 못했다. 쇼군 이에모치의 서거를 알리는 차왜는 일본의 정세불안 등으로 늦어져 1867년 12월에 關白告訃差倭가 왔다는 기록이 나온다.[51] 앞서 1866년에 마지막 쇼군 요시노부가 승습하자, 내마도는 關白立儲告慶差倭를 이미 보낸 상태였다.

　　의정부가 아뢰기를, "방금 동래 부사 정현덕의 장계를 보니, 훈도별차 등의 수본을 낱낱이 들어 말하기를 '관수왜의 말에 의하면 관백이 儲君을 세운 경사를 고하기 위해 대차왜를 머지않아 내보내려 한다고 합니다. 접위관 및 차비 역관 등을 미리 차출하는 일을 묘당으로 하여금 뜻을 여쭈어 분부하게 하고, 그들에게 줄 연향 때의 예단과 잡물을 해조로 하여금 규례에 비추어 마련하게 하소서.'라고 하였습니다. 접위관 및 차비 역관을 전례대로 차출하여 내려보내고, 예단을 마련하는 등의 일도 해조와 해원으로 하여금 규정을 조사하여 거행하도록 분부하는 것이 어떻겠습니까?" 하니, 윤허한다고 전교하였다.[52]

---

49) 司啓曰, 卽見戶曹所報, 則以爲通信講事大差倭所贈禮單蔘價二萬六千兩, 請卽區劃矣, 此不可不趁卽措備, 以嶺南所在丙寅別置穀五千石·信需穀三千六百六十石, 竝折米劃給, 使之取用何如, 答曰, 允 (『備邊司謄錄』, 哲宗 13년 2월 초 1일).

50) 備邊司啓曰, 卽見東萊府使姜㳣所報, 則枚擧講定譯官金繼運手本, 以爲通信使行年期, 旣約丙寅, 而更退十年之意, 多般開諭於館守倭處, 另定飛船, 通報江戶矣, 今番島主承襲告慶, 差倭出來便, 信行之期, 自丁卯, 至丙子退定事, 島主公文, 抵到館倭, 而彼旣歸順, 則當有書契往復, 令該曹, 另撰下送該譯幹旋, 極爲嘉尙, 隨事公幹之際, 私禮單用費, 合施矯捄爲辭矣, 信行之周旋退年, 幸紓京外事力矣, 書契令該曹, 撰出下送, 公禮單亦令度支, 照例磨鍊, 講定官公幹之際, 多有效勞, 分付譯院, 以爲施賞, 何如? 傳曰, 允 (『承政院日記』, 高宗 원년 3월 17일). 「甲子 禮曹參議退定信行年期書」, 『同文彙考』, 3898쪽.

51) 議政府啓曰, 卽見東萊府使鄭顯德狀啓, 則以爲關白身死告訃大差倭, 先文頭倭, 今已來到, 京接慰官·差備譯官等, 預爲差出事, 請令廟堂稟旨, 分付矣. 接待之節, 自有定規, 京接慰官差備, 譯官差出, 及禮單磨鍊等事, 照例擧行之意, 分付該曹·該院, 何如? 傳曰, 允 (『承政院日記』, 高宗 4년 12월 24일).

15대 쇼군 요시무네에 대한 통신사 파견은 메이지유신으로 논의가 제대
로 이루어지지 못했다. 그리고 에도 바쿠후가 소멸해 통신사는 쇼군 경하라
는 목적을 상실하고 말았다. 1876년에 조선이 통신사를 보낸다는 약조만 남
았다는 것이다.

지금까지 1840년대부터 1860년대까지 있었던 역지통신 교섭 과정을 개
관했다. 17세기에 성립된 차왜를 통한 통신사 운영이 19세기까지 유지된 것
을 확인했다. 차왜는 통신사를 일본까지 초청하기 위해 끊임없이 조선을 방
문했다. 통신사 이외에도 많은 차왜가 찾아오기 때문에 조선은 통제책에 신
경을 쓸 수밖에 없었다. 그러나 통신사 운영은 재정적인 부담을 주기도 한
다. 전례의 준수를 요구하는 조선에 대해 대마도도 같은 요구를 했기 때문
이다. 대마도는 1867년 2월에는 왜관에서의 전례준수를 요구하면서 동래부
사를 만나겠다고 난출사건을 일으키기도 했다. 조선은 난출을 막지 못한 훈
도 김계운과 별차 박유신을 처벌하며 동래 부사 서경순은 파면했다.[53] 차

---

52) 議政府啓曰, 卽見東萊府使鄭顯德狀啓, 則枚擧訓別等手本, 以爲館守倭言內, 闕白立儲告
慶, 大差倭匪久出來, 京接慰官及差備譯官等, 預爲差出事, 令廟堂稟旨, 分付. 所贈宴禮
單雜物, 令該曹, 照例磨鍊爲辭矣. 京接慰官及差備譯官, 竝依前例, 差出下送, 禮單磨鍊
等事, 亦令該曹·該院, 按式擧行之意, 分付, 何如? 傳曰, 允 (『承政院日記』, 高宗 4년 7
월 14일).

53) 議政府啓曰, 卽見慶尙監司李參鉉謄報及左水使具冑元狀啓, 則枚擧訓別等手本, 以爲留
館公一代官倭, 率諸色倭九十餘名, 以公米木愆期事, 稱以呼訴, 攔出館門, 直到萊府, 揆
以邊情, 萬萬駭然. 東萊府使徐璟淳爲先罷黜, 釜山僉使尹錫萬, 豆毛浦萬戶李命煥, 開雲
浦萬戶朴敬護, 處在關防, 未能嚴防, 訓導金繼運, 別差朴有愼, 身爲任譯, 任其攔出, 其
罪狀, 竝請令廟堂, 稟處矣, 館倭攔出, 固匪今斯今, 而今此踰界, 而直抵府內, 誠亦可駭
之甚. 其所藉口之說. 一曰經年愆納也, 一曰科外以錢也, 一曰大錢[代錢]相計也, 交隣貴
在守信, 例給宜遵約條. 亟令營邑, 爛商釐革, 俾無襲謬之弊, 而秩秩區別, 消詳報本府施
行, 公米木之未給條, 嚴加督捧, 不日入給. 董飭接濟, 自有其道, 而彼其冒犯攔援, 責備
之地, 誰執其咎? 該府使徐璟淳, 道臣旣已請罷, 固當勘處, 而今當諸條釐弊之時, 不可付
之生手, 姑爲安徐, 釜山僉使尹錫萬, 豆毛浦萬戶李命煥, 聞雲浦萬戶朴敬護, 關阨之任他
擅越, 雖不無失防之罪, 本事惹鬧, 旣非所掌, 特爲分揀.訓導·別差, 開導彼倭, 責謫彼倭,
皆是任譯之責, 而及夫犯越之際, 斡旋遮住之不得, 則何可免重罪乎? 然而今方有事矣,

왜 통제문제가 여전히 쉽지 않았다는 사례이다.

계속된 연기 속에서 통신사외교는 원래 가지고 있던 정책적인 가치를 잃어가고 있었다. 그러면서도 차왜를 통해 통신사외교는 지속하였다.

---

亦使之戴罪擧行, 以觀來頭之效. 凡於入給也釐弊也, 或有從中奸弄之端, 直施境上梟首之律. 館守倭之初不禁戢, 致此諸倭之違約攔出, 事甚狡譎. 令任譯等, 據理責諭, 何如? 傳曰, 允 (『承政院日記』, 高宗 4년 2월 3일).

# VI. 補論 통신사외교부터 수신사외교로의 전환

# 1. 조선의 修信使파견 배경과 목적

## 1) 高宗의 舊好回復論과 倭洋一體論

1876년 통신사 파견 계획은 에도 바쿠후의 소멸로 무산되어, 통신사 대신 수신사가 에도가 아닌 도쿄(東京)를, 바쿠후가 아닌 메이지정부를 방문했다. 수신사는 서계 문제로 단절된 교린 관계를 복구하고자, 구호를 회복한다는 뜻을 담아 조선이 보냈던 것이다. 사명을 마친 수신사가 조선의 귀국함에 따라 통신사는 역사 속에 사라졌다. 이것이 한국사에서 본 통신사의 자초지종이었다.[1] 이 장에서는 통신사와 수신사의 관계를 밝기기 위해 수신사에 대한 몇 가지 문제점을 검토하겠다.

첫째, 1차 수신사연구는 김기수가 쓴『日東記游』를 통해 그의 일본인식을 밝히려는 연구가 대부분이다. 그 성과로 김기수의 일본 인식은 상당히 연구가 진전되었다. 그러나 상대적으로 조선이 수신사를 보낸 목적을 외교정책 차원에서 구명하지 못했다. 이러한 결함으로 19세기 동아시아 국제정세나 수교를 둘러싼 舊好回復論과 倭洋一體論, 그리고 倭洋分離論의 대립이 조선의 외교정책 결정에 어떤 영향을 미쳤는지를 상세히 밝히지 못했다고 생각한다.

둘째, 기존 연구는 通信使와 修信使의 차이점을 강조했다. 물론 필자도 기본적으로 양자가 다르다는 점은 동의한다. 그렇다고 통신사와 수신사가 전혀 다른 사절단이라는 뜻은 아닐 것이다. 필자는 1차 수신사는 오히려 전통적인 통신사와 공통점이 많은 가능성이 높다고 생각한다. 그런데 연구자

---

1) 졸고,「1876年 修信使 연구」참조.

들이 이 사실을 외면해왔다는 문제점을 지적하고 싶다.

필자는 이러한 문제의식으로 주된 검토 자료로『日東記游』,『修信使日記』
와 일본 외무성 外務大錄 사카다 모로도오(坂田諸遠)[2]가 작성한『航韓必携』
를 분석하고자 한다.[3]『日東記游』,『修信使日記』는 김기수의 개인사행록
이기는 하지만, 관찬 사료에 없는 기록도 많아 이 글에서는 새롭게 접근하
고자 한다. 또한,『航韓必携』는 通商章程 교섭담당자로 임명된 미야모토
고이치(宮本小一)가 조선에서 휴대하기 위해 만들어진 것이다.[4] 이 글에
서는『航韓必携』18권 중 수신사와 관련된 1권부터 8권만을 대상으로 하
겠다.[5]

---

2) 坂田諸遠은 1871년부터 외무성에서 10년간 진행된 바쿠후 말기(1861년~1867년)의
   외교문서편찬(續通信全覽)에 참여한 사람이다. 그는 이외에도 16편 이상의 외교문
   서를 정리편찬했다 (田中正弘,『近代日本と幕末外交文書編纂の硏究』, 思文閣, 1998,
   244~246쪽).

3) 일본자료는 모두 양력으로 기록되어 있기 때문에, 필요한 경우는 양력 또는 음력이
   라고 표시했다.

4)『航韓必携』는 책의 크기는 세로 26.3cm 가로 18.1cm이고 표지는 橫線紋樣이 든 일
   본 종이이다. 冊名은 표제(표지 左上側)와 내제(第一面 右上側)가 있다. 표제는 航韓
   必携 一二이라 되어 있고 속 제목은「卷之 一 卷之二」이라 되어 있다. 표지에는 표
   제와 매권 목자에 해당하는 내용이 있는데, 第一面 가운데에는 標目으로 다시 같은
   내용이 나온다. 본서의 서체는 毛筆로 필사한 일본 문자이고 책 가운데에는 外務省
   이라는 3字가 인쇄되고 있다. 이 책은 처음에는 부산 일본영사관에 소장되어 있었
   다가 일제시대에는 釜山府가 보관했다. 1936년 10월 20일 釜山府立 圖書館(現부산
   시립도서관)으로 이관되어 1937년 4월 1일 정식으로 도서 대장에 등록 되었다(김의
   환 편,『釜山市立圖書館 所藏貴重本 圖書解題』, 부산시립도서관 발행, 1969, 179~
   181쪽).

5) 航韓必携의 전체 구성은 다음과 같다.
   1권 凡例 總標目 信使前報 前報上申 迎艦上申 艦內規則 示註違罪目
       信使同伴指令 旅館上申
   2권 着京上申 信使一行列名 迎官復命 迎引次第 迎官心得 旅館分課
   3권 參內順路 內謁見式 獻品 賜品 舞樂 省寮拜觀 遊覽箇所
   4권 贈答品受否申議 贈品 謝品
   5권 禮曹判書往復 禮曹參判往復 信使往復 理事官辭令 理事官發遣告知

고종은 1873년 친정에 돌입하여 서계 문제로 단절된 조일 관계 복구를 위해 암행어사를 보내 대일외교 담당자들에 대한 조사와 일본 관리와 접촉을 시도했다. 그 결과 왜학훈도를 비롯한 모든 담당자가 쇄신되었다. 1874년 8월 9일에는 이유원이 왜학훈도 현석운의 보고를 근거로 일본이 서계를 고쳐 오면 옛 우호를 다시 도모할 수 있다고 말했다.[6] 고종도 이에 동의해 금위대장 조영하를 보내 관계개선 의지를 일본에 전달했다. 1874년 9월에는 왜학훈도 현석운과 일본 측 대표 모리야마 시게루(森山茂) 사이에 국교 재개회담이 열리기도 했다.[7] 이처럼 고종이 적극적으로 대일관계 수습에 나선 것은 대체로 일본의 대만침공과 일본과 서양이 연합해 조선을 침공할지도 모른다는 청나라의 咨文 영향 때문이었다.[8]

그러나 서계 문제는 상당한 권력구조 변화에도 불구하고 쉽게 해결되지

---

6권 筆譚 締盟國名 各國公使領事列名 開港開市場 奧羽行幸還御之期 德川近狀 公使雇外國人 7권 信使滯京日記 乾 8권 同 坤

9권 日本朝鮮修好條規 本省職制及事務章程 草梁公信 測量心得

10권 韓洋戰爭 11권 隣好斷續 乾 12권 同 坤 13권 竹島顚末 通航一覽 抄錄 日光參拜

14권 琉球封藩事略 乾 15권 同 坤 16권 使鮮日記 乾 17권 同 坤 18권 殊號事略

조항래, 「對日修好와 丙子修信使行考追補」, 『開港期 韓日關係史研究』, 螢雪出版社, 1973 가 있다. 그의 연구는 『航韓必携』와 『日東記游』를 자세히 대비하면서 김기수의 수신사활동을 검토했다.

6) 裕元曰, 卽見釜山訓導玄昔運所告, 則間與館倭接見, 有所說話, 而其懇請者, 有三件事. 其一, 自我先修書契, 聘使入送事也. 年前書契, 旣已不納, 則今不宜擧論, 聘使入送, 雖非斬施之事, 旣云書契, 更修以來, 則其相和之意, 於此可見矣. 曉諭我國之厚誼, 許令改修以來, 事若歸便, 則復講交郯之舊好, 如或有難從之辭語, 則更爲斥退, 恐未爲不可, 至於別遣譯官及渡海官, 姑待回報而稟處, 何如? 上曰, 依爲之. 出擧條裕元曰, 年前書契事, 尙無究竟未知果緣何故, 而今若改修以來, 則從此可以復講舊好矣. 上曰, 然矣. (『承政院日記』, 高宗 11년 8월 9일).

7) 田保橋潔, 「丙子修信使의 差送」, 『近代日鮮關係史の研究』, 朝鮮總督府, 1940, 346~347쪽.

8) 최덕수, 『개항과 朝日관계』, 고려대학교출판부, 2004, 17~18쪽.

않았다. 문제는 서계 수리를 주장하는 고종과 일부 대신들을 제외하면, 조정 내부여론이 여전히 부정적이었기 때문이다.[9] 조선이 서계 수리를 공식적으로 거부한 상태에서 수교를 둘러싼 江華府會談이 1876년 1월에 열리게 되었다. 고종은 1876년 1월 20일 '수교는 과거의 舊好回復'이라는 舊好回復論[10]을 강조하며 대신들에게 아래와 같이 대책을 강구했다.

> 상이 이르기를, "일본은 300년 동안 修好하던 곳인데, 서계의 일로 이처럼 여러 날 동안 서로 버티니, 매우 불측하다. 정부에서 미리 마련하여 타결할 방책을 만드는 것이 좋을 듯하다." 하니,
> 이유원이 아뢰기를, "신들이 나날이 정부에 와서 모여 상의한 지 오랩니다마는, 지금 저들이 교활한 것을 보면 마침내는 귀순하지 않을 듯합니다." 하고... (중략)
> 박규수가 아뢰기를, "일본이 수호한다고 말하나, 兵船을 거느려 왔으니, 그 정상이 불측합니다. 이미 수호하러 온 사자라 하였으니 우리가 먼저 칠 수 없으나, 뜻밖의 일이 있으면 군사를 쓰지 않을 수 없을 것입니다. 다만 생각하건대, 삼천리의 강토에서 과연 안으로는 정치를 잘하고 밖으로는 오랑캐를 물리치는 방도를 다하여 나라가 풍부하고 군사가 강성한 보람을 이룬다면, 작은 섬나라가 어찌 감히 와서 경기를 엿보고 방자하게 공혁하는 것이 이 지경에 이를 수 있겠습니까. 참으로 지극히 분하고 슬퍼 못 견디겠습니다." 하고,

---

9) 박규수는 대원군에 보낸 서신에서, 조정의 일본에 대한 적대감이 너무 커서 공식적으로 수교를 지지한다는 자신의 견해를 밝히지 못한다고 말했다 (제임스 팔레, 이훈상 옮김, 『傳統韓國의 政治와 政策』, 신원문화사, 1993, 419쪽).

10) 고종은 1월 27일에도 일본 사신을 서양과 연계된 것으로 보지 않고(외양일체론의 시각) 조선과 우호 관계를 유지하려는 것으로 간주했다. 즉 "일본을 제어하는 일은 일본을 제어하는 일이고, 서양을 배척하는 일은 서양을 배척하는 일이다. 이번에 일본 사신이 온 것이 어떻게 서양과 합동한 것이라고 확실히 알겠는가" (『高宗實錄』, 高宗 13년 1월 27일). 여기서 말하는 일본을 제어하는 방법이 바로 구호회복론이다. 후술하겠지만 이는 교린 관계 회복을 통해 일본을 통제하려는 조선의 외교정책이라는 것을 지적하고 싶다.

이최응이 아뢰기를, "장계로 아뢴 것을 신들이 보았는데, 저들의 정상이 지극히 불측하므로, 날마다 의정부에 모여 조처할 방책을 상의합니다."하고,

김병국이 아뢰기를, "저들의 정상이 과연 수호를 수행하느라 그런 것이겠습니까. 내려간 대관이 연일 서로 만나니, 그 알려 오는 것을 기다리면 강구할 방책이 있을 것입니다."하니,

상이 이르기를, "오늘 시원임 대신이 입시한 것은 바로 이 일 때문에 그런 것이다. 대신들이익히 더 상의하여 잘 타결하라." 하였다.[11]

대신들은 일본이 교활하다고 하면서 동시에 무력에 대한 警戒도 잊지 않았다. 그래서 어느 누구도 구체적인 대책을 제시하지 못해, 결국 접견대관 신헌의 보고를 기다려 대책을 정하기로 했다.

1월 22일에는 세자 책봉을 위해 조선에 온 청나라 勅使가 修交를 권하는 咨文을 가지고 왔는데, 수교를 추진해온 高宗에게 힘을 실어주는 것이었다.[12] 이를 계기로 수교를 허락하는 쪽으로 여론이 갑자기 아래 인용문처

---

11) 上曰, 日本, 三百年修好之地, 今以書契事, 有此多日相持, 甚可叵測. 自政府預爲講究, 以爲停當之策, 似好矣. 裕元曰, 臣等, 日日來會政府, 商確久矣, 而見今彼人之狡黠, 畢乃似不歸順矣. 炳學曰, 彼人, 雖云修好而來, 許多情狀, 非修好, 卽構釁也. 未知竟當如何, 而臣等, 方日會商確矣. 淳穆曰, 敵國外患, 何代無之? 苟是朝廷處置得宜, 衆心成城, 自然歸順矣. 珪壽曰, 日本稱以修好, 而帶來兵船, 其情叵測矣. 旣云修好之使, 則未可自我先攻, 而如其有意外之事, 則不可不用兵矣. 第念三千里封疆, 如果宜內修外攘之方, 致國富兵强之效, 則蕞爾島國, 豈敢來窺畿甸, 恣行恐嚇, 乃至於此乎? 誠不勝慎惋之極矣. 最應曰, 臣等見狀啓之登聞者, 而彼人情狀, 極爲叵測, 日會政府, 商確措處之方矣. 炳國曰, 彼人情狀, 果其修好而然乎? 下去大官, 連日相接, 待其所報, 當有講究之策矣. 上曰, 今日時原任大臣入侍者, 卽爲此事而然也. 諸大臣, 爛加商議, 善爲停當也. 上命醫官入診. 李重植等, 以次入診, 退伏楹外, 奏曰, 脈候左右三部調均矣. 裕元曰, 自內連進調理之劑乎? 上曰, 前多則果連服, 而今則停止矣. 裕元曰, 地黃湯, 果好劑也. 臣於燕行時, 多服此劑, 所以無事往還者, 卽此劑之效也. 上曰, 果好劑也. 上命醫官先退. 最應曰, 政府會坐, 送勅後更會, 故敢此仰達矣. 上可之. 上曰 (『承政院日記』, 高宗 13년 1월 20일).

12) 김수암, 「1870년대 조선의 대일관」, 『한국정치외교사논총』제25집 1호, 한국정치외교사학회, 2004, 13쪽.

럼 기울기 시작했기 때문이다.

> 의정부가 아뢰기를, "방금 接見副官의 등보를 보니, 일본 사신이 수호하
> 고 통상하는 일 때문에 條規를 베껴 올린 책자인데 묘당으로 하여금 품처하
> 기를 청하였습니다. 우리나라가 일본과 300년 동안 사신을 보내어 친목을
> 닦고 왜관을 설치하여 교역하였는데, 연래로 서계의 일 때문에 서로 버티기
> 는 하나, 계속하여 수호할 처지에서 그 통상을 굳게 물리칠 것 없습니다마
> 는, 수호약조 등의 절목으로 말하면 익히 상의하여 양편이 서로 편의하게 하
> 지 않을 수 없으니, 먼저 이 뜻을 접견 대관에게 알리는 것이 어떻겠습니
> 까?"하니, 윤허한다고 전교하였다.[13]

조일수호조규 체결에 청나라의 외압이 컸다는 것은 이미 선행연구에서도
지적되었다.[14] 그러나 필자는 이 문제를 冊封과 朝貢이라는 동아시아 국제
질서 관점에서 재해석하고자 한다. 조선의 정책 결정 과정에 청나라가 깊이
개입했다면, 현재 시각에서 본다면 조선의 주체성은 크게 훼손된 것으로 해
석된다. 그런데 동아시아 국제질서에서 본다면 조선의 행동은 당연할지도
모른다. 즉 수교에 고심해온 고종에게 청나라 자문은 확실한 명분을 제공했
고, 고종은 이것을 이용해 여론을 수습할 수 있었다. 이는 국제사회에서 청
나라 위상이 실추된 것과는 달리 조선에 대한 영향력은 오히려 강화되었던
것을 의미한다.

그런데 이번에는 왜양일체론을 내세워 수교에 반대하는 세력들의 거센

---

13) 議政府啓曰, 卽見接見副官謄報, 則以日本使臣修好通商事, 謄上條規册子, 而請令廟堂
    稟處矣. 我國之與日本, 三百年信使修睦, 設館互市, 而年來, 雖以書契事相持, 然今於續
    好之地, 不必牢拒其通商. 而至於修約等節, 不容不爛加商確, 兩相便宜, 先以此意, 知委
    於接見大官, 何如? 傳曰, 允. (『承政院日記』, 高宗 13년 1월 24일).
14) 아래와 같은 논문이 참고가 된다.
    팽택주, 『明治初期日韓淸關係の研究』, 塙書房, 1969.
    권혁수, 『19世紀末韓中關係史研究-李鴻章의 朝鮮認識와 政策을 中心으로-』, 백산자
    료원, 2000.

저항이 일어났다. 특히 崔益鉉은 1월 23일 상소문에서 구호회복을 명분으로 삼은 정부정책을 倭洋一體論에 입각해 다음과 같이 강하게 비판했다.

　전하의 뜻은 '여기에 온 사람들이 倭人이고 洋人이 아니며 왜인과 修舊하는 것이 무엇이 해로운가.' 하셨습니다. 그러나 신의 어리석은 소견으로는 그렇지 않은 것이 있습니다. 저들이 참으로 왜인이고 양인이 아니라도 예와 이제가 아주 다르므로 살피지 않아서는 안 됩니다. 북경에서 온 總理司 글에, '獨逸, 美國과 외국이 함께 나왔다.'는 말도 있습니다. 왜인이 양복을 입고 洋砲를 쓰고 洋舶을 탔으니 왜인과 양인이 마찬가지라는 명백한 증거입니다. 왜인과 수구하는 날이 바로 양인과 화호를 맺는 날일 것입니다.[15]

　상소문에서 최익현은 수호할 수 있다는 고종의 구호회복론을 전면적으로 반박했다. 그는 아무리 일본이 서양이 아니라고 해도 洋服을 입고 洋砲를 쓰며 洋舶을 타고 교섭하러 왔으니 양인으로 볼 수밖에 없으며 일본과 서양이 연합할 가능성까지 제기했다. 그러면서 수교는 조선이 금수로 여기는 서양과 수교하는 것과 다름이 없다고 강조했다.

　이에 대해 副護軍 尹致賢이 1월 28일 최익현의 주장과 반대되는 상소를 했는데, 그것은 倭洋分離論을 아래와 같이 주장하는 것이었다.

　왜인과 양인은 마음이 서로 이어졌다는 것은 확실합니다. 洋人이 和親을 청하면 배척해야 하지만, 倭國 사신이 和親하러 왔으면 倭國 사신으로 대접하는 것이 옳습니다. 양인은 하늘 아래에서 함께 살 수 없는 원수이나, 왜국은 300년 동안 교린한 나라입니다. 遠人을 따르게 하는 도리로서 예우하여

15) 殿下之意, 豈不曰彼來者, 是倭而非洋, 其所執言者, 旣曰修好, 則與倭修舊, 亦何害云, 則以臣愚見, 大有不然者. 設使彼是眞倭非洋, 古今懸殊, 不可不察. 年前北來摠理司文字, 有法·美二國與倭竝出之說, 昨年東萊訓導傳說, 有倭人, 請立靈祠, 請勿禁異服人, 今倭之來者, 服洋服, 用洋砲, 乘洋舶, 此倭洋一體之明證. 況去月北咨, 專爲今番倭舶之來, 而其中, 乃有丙寅敗歸, 是洋非倭, 則與倭修舊之日, 是與洋結和之秋也. (『承政院日記』, 高宗 13년 1월 23일).

접견하고 서계를 받아 보고 허가할 만하면 허가하고 물리칠 만하면 물리치는 것이 크게 떳떳한 법입니다." "이른바 약조라는 것은 그 便否를 재량하여 오직 關所를 두어 통상하고 과조를 엄하게 세워서 어기지 못하게 하고 동래 왜관 開市와 같이하되, 洋國 물화에 관계되는 것은 우리나라에서 교역하지 말도록 하면 됩니다.[16]

윤치현은 일본 사신으로 수교를 청했음에도 서양으로 보는 것은 잘못이고 어디까지나 일본으로 봐야 한다면서 왜양일체론을 반박했다. 그는 서양과는 원수관계에 있지만, 일본과는 300년의 교린 관계가 있었다는 점을 강조했다. 그리고 무역에 관해서는 倭館 開市를 복구하며 서양과 관련된 것을 금한다면 서양의 침투를 막을 수 있다고 주장했다. 구호회복론은 수교가 불가피한 상황에서 과거의 선린 관계를 근거로 일본과 수교를 하자는 논리이지만, 왜양일체론자의 주장을 극복하지 못했다. 하지만, 서양과 일본을 분리하는 방법(왜양분리론)을 통해 정부정책의 당위성을 증명하며 구호회복론의 취약성까지 보완할 수 있었다.

1월 28일 고종은 윤치현의 상소를 보고 왜양분리론에 입각해 "일본과 수교하는 것은 가능하지만, 서양과 수교하는 것은 절대 불가"하다는 자기 뜻을 아래와 같이 분명히 밝혔다.

"상소를 보고 잘 알았다. 근래 訛言이 선동하고 현혹하여 공사가 날로 적체되며 말하는 것은 난삽하게 외치고 떠드는 것인데, 최익현이 터무니없이 핍박하는 말에 이르러 극진하였다. 네 상소는 명백하게 징토를 벌이지 못하고 도리어 언로가 막힌다 하였으니, 네 살피지 못한 말이 아깝다. 전편의 말뜻을 통틀어 말하자면, 분석이 명백하고 조리가 통달하며 '왜국과 화친을 계속하는 것은 양국이 아니면 화친할 수 있다.[與倭續好匪洋伊和]'는 여덟 자는 더욱이 절실하고 요긴한 말이며 양인의 물화를 금지하는 것도 불변의 논

---

16) 『承政院日記』, 高宗 13년 1월 28일.

의이니, 변함없이 나라를 근심하고 임금을 사랑하는 정성을 알 수 있다. 매우 가상하며 유념하겠다."하였다.[17]

고종의 말은 이번 수교가 서양과 관계 개선으로 이어지지 않는다는 점을 반대세력에게 보여주는 정책적인 효과도 있었다. 즉 수교에 반대해 1876년 2월 17일부터 19일까지 3일간 伏閣 聯名儒疏運動을 벌이던 유생들이 "서양과 강화하는 것은 불가하나 왜와 강화하는 것은 무방하다."고 고하고 철수한 것이다.[18]

두 상소문을 통해 왜양일체론과 왜양분리론을 비교 분석하고자 한다.

첫째, 일본관의 차이이다. 왜양일체론은 일본의 서양화를 근거로 일본과 서양은 같다는 현재 모습에 주목한다. 여기에는 서양화된 일본이 병인양요나 신미양요처럼 언제 조선을 침략할지도 모른다는 강한 위기의식이나 경계심이 담겨 있다. 이것에 반해 왜양분리론은 300년의 우호를 강조하며 과거의 일본에 주목한다. 아무리 서양화했더라도 교린 관계만 회복되면 과거처럼 일본과 사귈 수도 있다는 것이다. 여기에는 임진왜란의 기억보다 평화로웠던 교린 관계의 기억이 중요시되었다.

둘째, 수교에 대한 인식 차이이다. 왜양일체론은 수교자체에는 반대하지 않지만, 서양과 관계를 끊고 옛날 일본으로 돌아간다면 가능하다는 입장이다. 이에 대해 왜양분리론은 서계 내용이 '교린의 예'에 어긋나지 않으면 가능하며, 그리고 수교는 어디까지나 교린 관계만을 회복하는 데 있었다.[19]

---

17) 答曰, 省疏具悉. 近來訛言煽惑, 公事日積, 而其爲說也, 荒雜叫嚷, 至于崔益鉉誣逼之說而極矣. 今爾之疏, 不能明張懲討, 而反以爲言路枳塞, 惜哉爾言之不審也. 統論全篇辭意, 則剖析明白, 條理通暢, 與倭續好匪洋伊和八字, 尤是切要之言. 綸音之布告, 洋貨之禁售, 亦爲不易之論, 可見斷斷憂愛之誠. 深庸嘉尙, 當留念矣. (『承政院日記』, 高宗 13년 1월 28일).

18) 하원호 編, 「강화도조약과 개항의 역사적 의미」, 『한일관계사연구논집』7, 景仁文化社, 2005, 101~102쪽.

19) 原田環, 『朝鮮の開國と近代化』, 溪水社, 1997, 197쪽.

셋째, 그럼에도 불구하고 두 사상 모두 전통적인 화이관을 근거로 삼았다는 점은 같다. 왜양일체론과 왜양분리론 모두가 서양을 금수로 여기거나 원수로 평가하며 동아시아 국제질서의 틀을 한 발자국도 벗어나지 않았다. 두 사상은 상반된 사상이라든지 대립적이라기보다 동전의 양면처럼 근본적으로 같은 것이었다.

조선은 수교문제에 대해 교린 관계를 전제로 한 구호회복론과 일본과 서양세력을 분리, 차단하는 왜양분리론에서 실마리를 찾았다. 긍정적으로 평가한다면 이것으로써 전면적인 무력충돌이라는 불상사는 막을 수 있었다는 점이다. 그런데 구호회복론과 왜양분리론은 전통적인 동아시아 국제질서의 틀을 벗어나지 않았기 때문에 새로운 조일 관계에 대한 구체적인 청사진(萬國公法體制)이 처음부터 존재하지 않았다. 그것은 윤치현이 수교를 지지하면서도 무역은 왜관의 개시무역을 주장한 것을 봐도 알 수 있다. 그리고 고종의 인식도 아래와 같이 큰 차이가 없었다.

> 이유원이 아뢰기를, "왜선의 진퇴는 대개 수호 때문이었는데, 간혹 사람들의 말이 준열히 일어나 신등을 논하여 배척하므로 다시는 여지가 없었으나, 나랏일이 급하여 다른 것을 돌아볼 겨를이 없으므로 염치를 무릅쓰고 會坐에 나아간 것이 또한 한 달이 넘었으니, 온 마음이 부끄럽고 위축되어 몸 둘 바가 없습니다. 조금은 여지가 생겼으므로 두려움을 품고 아뢰거니와, 빨리 위벌을 내리시기 바랄 뿐입니다."하니, 상이 이르기를, "이번 일은 舊好를 닦은 것에 지나지 않을 뿐이고, 경들의 조처가 마땅하였으므로 무사히 타결되었거니와, 속이는 상소 때문에 남의 구설이라 하여 뒤미처 인책할 꼬투리로 삼는다면, 어찌 아주 뜻밖이 아니겠으며 또한 도리어 나라의 체면을 손상하는 것이 아니겠는가. 다시는 이 때문에 서로 말하지 않기를 매우 바란다."[20]

---

20) 裕元曰, 倭船之其進其退, 蓋由於修好, 而間有人言之峻發, 論斥臣等無復餘地, 國事惟急, 不遑顧他, 冒沒赴坐, 亦已踰月, 滿心恧蹙, 靡所容措, 今得方寸之地, 包悚仰白, 惟伏望遄降威罰焉. 上曰, 今番事, 卽不過修舊好而已, 賴有卿等之措劃得宜, 妥帖無事矣, 今以挾雜之疏, 謂以人言, 而追作可引之端, 豈非萬萬意外, 而亦豈非反損國體乎? 更勿

　물론 고종이 이것을 계기로 일본과 더욱 활발한 교류확대나 개화정책을
진행하려는 속셈이 있었을지도 모른다. 그러나 당시 정치상황을 생각하면
가능성은 그다지 높지 않을 것 같다. 오히려 개화의 속도를 조절하려는 의
도로 해석하는 것이 타당하다.

## 2) 조선의 修信使파견 과정과 목적

　조선이 수신사를 파견하게 된 직접적인 계기는 조일수호조규를 조인한
신헌이 고종과 접견하는 자리에서 일본이 回禮使 파견을 권한다고 아래와
같이 전했기 때문이었다.

> 　구로다 기요타카(黑田淸隆)는 6개월 안에 사신을 보내 회답사례와 풍속
> 을 알아보기 위해 유람하는 것이 좋을 것 같다고 했습니다. 부산에서 기선을
> 타고 시모노세키(下關)까지 가서 거기서 도쿄까지는 7, 8日이면 도착하니
> 노고가 없다고 했습니다." "상이 이르기를, 그러면 이는 通信使인가 하니,
> 신헌이 아뢰기를, 品秩의 常例에 구애받지 말고 일을 잘하는 사람을 보내라
> 합니다. 이제부터 사신은 모두 禮幣를 없애고 일본에 가면 방세를 주고 거
> 처하고 밥을 사서 먹으니,通信使와 다릅니다. 미야모토(宮本).노무라(野村)
> 가 말하기를, 일본의 兵器.農器는 천하에서 으뜸인데, 귀국에서 살 뜻이 있고
> 또 장인을 보내어 본떠 만든다면 모두 힘껏 주선할 것이라고 했습니다.[21]

全權辨理大臣 구로다 기요타카의 말을 정리한다면,
　첫째, 回禮使 겸 일본 物情探索을 위한 사신 파견을 권하고 있다. 회례사

---

以此相聞, 是所深望也. (『承政院日記』, 高宗 13년 2월 5일).

21) 淸隆之言, 六個月內, 卽爲送使, 一以爲回謝, 一以爲探其謠俗, 一以爲遊覽似好, 而自釜
　　山, 乘赤間關火輪船, 自赤關, 至東京, 可以七八日卽達, 別無勞苦云矣. 上曰, 然則此是
　　通信使乎? 櫶曰, 不拘品秩常例, 只以解事人送之云, 從此, 彼我使, 竝除禮幣, 到彼, 給
　　房貰而居接, 買飯供而吃喫, 此與信使不同矣 (『承政院日記』, 高宗 13년 2월 6일).

또는 회답사는 원래 외국 사신 방문에 대한 답례로 파견되는 사신이었다. 회례사는 太祖代 4번, 太宗代 3번, 世宗代 4번 일본에 보냈다는 기록이 있다.

둘째, 일본 기선을 이용하고 경비는 될 수 있는 대로 줄인다는 점. 신헌은 이러한 점이 통신사와 이번 사절단의 차이점이라고 고종에 설명했다.

셋째, 일본의 무기나 농기구는 우수하니 조선이 원한다면 판매하거나 기술을 전수할 수 있다는 점.

이와 같은 제의에 대한 조선의 반응은 긍정적이었고 곧바로 2월 22일 김기수가 수신사 정사로 아래 인용문처럼 임명되었다. 그러나 김기수를 선발한 과정에 대해서는 기록이 없어서 알 수가 없다.

> 의정부가 아뢰기를, "지난번 일본 사선이 온 것은 오로지 修好때문이니, 우리가 善隣하는 뜻에서도 이번에는 사신을 專委하여 修信해야 하겠습니다. 사신의 호칭은 수신사라 하고 응교 김기수를 특별히 가자하여 차하하되 해조로 하여금 구전으로 단부하도록 하고, 따라가는 인원은 일을 아는 자로 적당히 가려서 보내되, 이는 수호한 뒤에 처음 있는 일이니, 이번에는 특별히 당상관으로 하여금 서계를 가지고 들어가도록 하고, 이 뒤로는 서계를 전례대로 동래부에 내려보내어 에도로 옮겨 보내도록 하는 것이 어떻겠습니까?" 하니, 윤허한다고 전교하였다.[22]

---

22) 向者日本使船之來, 專由於修好, 則在我善隣之意, 亦宜及今專使, 以爲修信使號稱, 以修信使應敎金綺秀, 特爲加資差下, 令該曹, 口傳單付, 隨帶人員, 以解事者, 量宜擇送, 而此是修好後初有之事, 今番則特以堂上官, 持書契入送, 此後書契, 依前下送萊府, 轉致江戶之地, 何如? 傳曰, 允. (『承政院日記』, 高宗 13년 2월 22일).
金綺秀(1832~1894)의 생애는 다음과 같다.
金綺秀의 字는 季芝, 號는 蒼山, 本貫은 延安이다. 1875년 縣監의 신분으로 別試文科에 급제하며 弘文館 應敎가 되었다. 1876년 수신사 정사로 임명되어 예조참의로 일본을 방문했다. 1877년 黃海道 谷山郡守, 1879년 德源府使, 1881년 大司成, 1883년 監理義州通商事務 등을 역임했다. 1893년 黃澗, 淸風지방에서 민란이 일어나자 按覈使로 파견되었으며 그 후 관직이 참판이 이르렀고 文名이 높았다고 한다 (조항래, 앞의 책, 24쪽).

같은 날 예조에서 일본 외무성에 보내는 서계에 대한 보고가 아래와 같
이 있었다.

　　예조가 외무성에 보내는 서계는 사신이 구호를 회복하러 간다고 하고, 우
　선 동래부에서 왜관에 통지하고 그 밖에 거행할 일은 미리 정하여 기다리라
　고 부사에 분부하는 것이 어떻겠습니까.[23]

인용문 '사신이 구호를 回復한다'는 말은 교린 관계를 가리키는 것이다.
조선의 교린외교는 '交隣之信', '交隣之道', '交隣之義', '交隣之禮'처럼 신
의, 도리, 의리, 예의라는 전통적인 가치기준을 가지고 禮에 합당한 사절왕
래를 통해 실현되었다.[24] 또 『日東記遊』에는 전통적인 對日統制策인 기미
책에 대한 언급도 아래와 같이 나온다.

　　"조정에서 생각하기를 일본이 비록 기뻐하면서 돌아가기는 했지만, 그 속
　마음을 알 수가 없다. 우리가 은혜로서 회유하고, 의리로써 제재하며, 정도
　로써 굴복시키고, 선의로써 화호를 맺는다면, 우리에 더욱 가깝게 지내고 또
　우리의 울타리가 될 것이다."[25]

그렇다면 왜 통신사가 아닌 수신사인지 궁금해진다.[26] 다보하시는 통신

---

23) 又啓曰, 修信使, 今旣差下矣, 禮曹之抵外務省書契, 以奉命崇使, 復舊好之意, 令文任,
　　措辭撰出, 而起程日子, 令該曹擇定後, 先自萊府, 通知彼館, 外他擧行, 預爲整待之意,
　　分付該府使處, 何如? 傳曰, 允. (『承政院日記』, 高宗 13년 2월 22일).
24) 민덕기, 「조선시대 交隣의 理念과 국제사회의 交隣」, 『民族文化』21, 民族文化推進
　　會, 1998, 33쪽.
25) 김기수, 「日東記遊」, 『國譯海行摠載속편』10, 民族文化推進會, 1977, 348쪽.
26) 通信使란 '信義를 통한다'는 뜻이다. 조선은 왜구 문제를 군사행동보다 사신 왕래
　　를 통해 해결하기 위해 통신사를 파견하기 시작했고, 이 문제가 해결된 후에도 통
　　신사를 계속 파견했다. 그 이유는 교린 관계가 '교린의 예'라는 공통의 이해를 기
　　반으로 하고 있었기 때문이다. 그러므로 조선은 바쿠후 쇼군이 승습할 때마다 사신

사와 1차 수신사의 차이점을 다음과 같이 정리했다.

① 통신사를 보내기 전 조선은 도해역관을 대마도에 보내 세부사항을 논
  의했으나 수신사때는 폐지되었다.
② 통신사의 각종 예단(특히 인삼)은 조선에 큰 부담이었는데 수신사 때
  는 간소화되었다.
③ 통신사는 국서와 서계를 갖고 갔는데, 수신사는 예조판서와 참판 서
  계만 갖고 갔다.
④ 통신사의 일본 내 접대비용은 모두 일본이 부담했지만, 수신사는 기
  선 임대료 및 체류비용 모두 조선이 부담하도록 했다(실제로는 일본
  이 그것을 거부하고 모두 부담했다).
⑤ 통신사는 인원이 최대 500명(1711년)이나 되었으나 수신사는 인원을
  대폭 줄였다.[27)

　다보하시의 견해를 검토해보겠다. 먼저 도해역관 문제는 1872년 왜관 접
수 이후 일본 외무성이 대조선 교섭을 맡았기 때문에 대마도에 역관을 보
낼 필요가 없어서 폐지되었다. 그리고 인원문제나 경비문제는 1811년 대마
도 역지통신 때 이미 논의되었다. 중요한 것은 구법을 중시하는 조선입장에
서는 폐단을 줄인 역지통신이라는 전례가 있어서 일본의 제의를 상대적으
로 쉽게 받아들일 수 있었다는 점이다. 또 국서 문제는 이 시기에는 아직
해결되지 않았고, 조선은 문제가 해결된 1881년 3차 수신사부터는 국서를 휴
대했다.[28) 결론적으로 그의 지적은 표면적으로 나타난 변화에 초점을 맞추었

　을 보냈고, 일본 역시 대마도를 통해 경조사를 조선에 보냄으로써 선린관계를 유지
　하려고 했다 (손승철, 「조선시대 通信使硏究의 회고와 전망」, 『韓日關係史硏究』16,
　한일관계사학회, 2002.4, 41쪽).
27)　田保橋潔, 「丙子修信使とその意義」, 『青丘學叢』13, 青丘學會, 1933, 41~42쪽.
28)　하우봉, 「開港期 修信使行에 관한 一硏究」, 『韓日關係史硏究』10, 한일관계사학회,

기 때문에 이것만으로 통신사와 수신사를 구별하기는 어렵다고 생각한다.

한편 하우봉은 외교 현안해결이 수신사의 파견목적이라고 정의했으며, 필자도 기본적으로 수긍할 수 있다.29) 그런데 2차부터 4차까지 수신사에는 해당하지만, 1차 수신사의 경우는 의문이다. 김기수에게 주어진 사명이 慶弔事는 아니지만, 수신이라는 의례적 측면과 일본 실정을 알아보라는 물정 탐색이었는데, 조일수호조규나 통상문제에 대한 구체적인 외교현안이 없는 상황에서는 상대적으로 의례적인 측면이 크기 때문이다. 이 글의 검토대상인 1차 수신사만 놓고 보면 외교현안 해결이라는 정의는 어려워 보인다. 게다가 1차 수신사의 경우 명칭 상의 변화와 국서 교환 및 공예단 폐지 등 새로운 점도 많이 보이지만, 동시에 교린 관계, 기미책이라는 동질성이나 연속성도 아래와 같이 곳곳에서 눈에 띤다.

"修信이란 구호를 닦고 신의를 두터이 하며, 辭命으로써 인도하고 威儀로써 이루어, 과격하지도 않고 旨從치도 않은 태도로 莊重謹愼케 하여, 임금의 명령을 욕되지 않게 해야 그것이 거의 적당하게 될 것이다."30)

위의 인용문처럼 1차 수신사는 서계 문제에 인해 단절된 조일 관계를 다시 '신의를 두터이 하며 신로 다스리는 교린 관계 복구' 하는 데 있었다. 다시 말해 수신을 목적으로 한 사신이라고 생각한다. 교린 관계가 단절된 상태에서는 통신사라는 이름은 맞지 않고 무엇보다 구호를 닦는 것이 급선무였기 때문이다.31) 물론 여기에는 수교는 과거의 교린 관계의 대상인 일본이라는 구호회복론이 짙게 반영되었다. 종합적으로 보면, 조일수호조규는

---

1999, 149쪽.

29) 하우봉, 같은 논문, 151쪽 재인용.

30) 김기수, 앞의 책, 351쪽.

31) 先信義而後事功, 所以今番之行, 專修舊信, 爲急先務 (「修信使日記」, 『韓國史料叢書』 제9, 국사편찬위원회, 1958, 高宗 13년 5월 초 10일).

만국공법으로 체결되었지만, 1차 수신사는 새로운 체제 출발을 의미한다기
보다 수신(교린 관계의 복구)하기 위한 것이었다는 정의가 타당하다. 조선
의 의도는 수신사를 통해 조일관계가 다시 교린관계로 돌아가기를 바란다
는 것이다. 모든 초점을 수신으로 맞출 때 1차 수신사를 이해할 수 있다고
생각한다.

이외에도 통신사를 보낼 때 청나라에 자문을 아래 인용문처럼 보냈다.

> 의정부에서 아뢰기를 "전에 일본에 사신을 보낼 때는 上國에 移咨한 예
> 가 있습니다. 이번에도 수신사를 차임해 보내는 연유를 승문원에서 말을 만
> 들어서 자문을 찬술하게 해서 파발에 부쳐 의주로 내려보내 鳳成에 전달하
> 여 북경으로 전해주게 하는 것이 어떻겠습니까?" 하니, 윤허한다고 답하였
> 다.32)

자문을 『高宗時代史』를 확인해보니, 2차 수신사는 고종 17년 5월 21일,
3차는 수신사를 보냈다는 기록만이 있고, 4차는 고종 19년 8월 7일 청에 보
냈다는 기록이 있다.

또한 수신사를 일본까지 호행하는 일본 외무성 관리를 아래 인용문처럼
차왜라고 표현하는 경우도 있었다. 이미 대마도가 없으므로 차왜는 존재하
지 않지만, 통신사 때 관행이 기록에 반영된 것으로 보인다.

> 의정부에서 아뢰기를, "수신사가 탈 배가 막 나왔으니 반드시 오래지 않
> 아 출발할 것입니다. 호행차왜의 예단과 선격왜에게 상을 주는 일에 대해서
> 는 배가 돌아오기를 기다렸다가 즉시 보내 전해주지 않을 수 없으니, 해조에
> 서 참작해서 마련하고 준비해서 내려보내도록 분부하는 것이 어떻겠습니
> 까?" 하니, 윤허한다고 답하였다.33)

---

32) 府啓曰, 在前送使日本時, 有移咨上國之例, 今亦以修信使差遣之由, 令槐院措辭撰咨, 付撥
　　下送灣府, 傳給鳳城, 轉致北京之地何如, 答曰, 允. (『備邊司謄錄』, 高宗 13년 3월 초 2일).
33) 府啓曰, 修信使所騎船隻, 纔已出來, 必當非久啓發, 而護行差倭禮單, 與船格倭賞給之節,

그렇다면 조선이 수신사를 통해 얻을 수 있는 정책적인 효과는 무엇인가.
앞에서 언급한 것처럼 대내적으로는 왜양일체론에 쏟아지는 거센 비판을
무마시켜 반대 여론을 잠재울 수 있었다. 대외적으로는 과거의 우호 관계를
강조하면서 일본주도의 조일 관계 개편을 막을 수 있을 것이고 적어도 현
상유지를 기대할 수 있었다.

그런데 역사적인 사실을 보면 조선이 예상했던 것과는 다른 양상을 보였
다. 즉 불과 2년 후인 1878년부터 '관세'회복문제나 '방곡'문제가 일어나며
교린정책만으로 해결하기 어려운 현실에 직면하게 되었다.[34]

## 2. 일본의 招待外交와 修信使 金綺秀

### 1) 일본의 招待外交

여기서는 회례사를 요청한 일본의 목적을 고찰하도록 한다. 일본은 조일
수호조규로 조선과 수교에 성공했지만, 새로운 통상에 관한 구체적인 규칙
까지는 체결하지 못했다. 다만, 조규 11조에 앞으로 6개월 이내에 별도 의
원을 정하고 通商章程 및 修好條規細則을 상의한다는 내용을 포함하는 데
만족할 뿐이었다. 여기에는 미국과 수교조약을 체결한 경험이 크게 작용한
것 같다. 일본은 미국의 '포함'외교로 수교조약(1854년)과 통상조약(1858년)
을 맺고 조약비준을 위해 遣美使節團(1860년)을 파견했다. 운양호사건부터
조일수교조규 체결과 수신사 요청까지, 일본의 행동을 보면 미국에 당한
'포함'외교를 그대로 조선에 적용한 것을 알 수 있다.

---

待回船不可不趁卽派傳, 令該曹參酌磨鍊, 措備下送之意, 分付何如, 答曰, 允 (『備邊司謄
錄』, 高宗 13년 5월 초 14일).

34) 김경태, 「不平等條約 改正交涉의 展開-1880年 前後의 對日 民族問題-」, 『韓國史研究』
11, 한국사연구회, 1975, 167쪽.

일본의 다음 관심사는 通商章程을 일본의 의도대로 체결하고 조선이 조규를 준수하도록 만든 일이었다. 당시 일본 外務卿 데라지마 무네노리(寺島宗則)가 영국 서기관에 "이번 조규는 미국과 일본이 체결한 조약과 유사하고, 아직은 조잡한 문서에 불과하다."는 말에서도 확인할 수 있다.[35] 일본은 그 목적을 달성하기 위해 조선의 집권관료 및 유력인사들의 일본 방문과 시찰을 적극적으로 권하는 招待外交를 추진하게 되었다.[36] 이것이 바로 일본이 회례사를 요청한 목적이다. 이번 招待外交는 성대한 接待와 각종 시설 視察 및 連帶論의 권유로 구성되어 있었다. 여기서는 접대와 시찰에 대해 논하고 連帶論은 후술하도록 한다.

3월 15일 왜학훈도 현석운이 倭館을 방문해 條陳 및 수신사 명단을 야마노시로(山之城) 公館長代理에 전달했다. 즉 조선이 수신사를 하루빨리 보내기 위해 일본 기선을 쓰게 해달라는 것이었다. 그리고 기선 임대료에 대해서는 은자로 조선이 지급한다는 것과 일본 기선으로 가기 때문에 선내 주방을 사용하게 해달라는 것 등이었다.[37] 조선이 일본 洋船(기선)을 사용하게 해달라고 부탁한 것은 상당한 변화라고 할 수 있다. 최익현 상소에도 있었지만, 일본 양선 사용은 왜양일체론자들이 일본과 서양이 같다는 근거로 제시한 것이기 때문이다. 이것을 통해 왜양일체론의 쇠퇴와 왜양분리론 확산을 확인할 수 있다. 즉 아무리 양선이라도 일본이 쓰고 있으니 일본 기선으로 봐야 한다는 왜양분리론적인 공감대가 형성된 것이다.

보고를 받은 외무성은 즉시 본격적인 준비에 들어갔다. 외무경은 일조 관계를 지금보다 돈독히 하기 위해 기선 임대료를 비롯한 모든 비용을 일본이 부담하도록 大政大臣에 上申했고 허락을 받았다.[38] 통신사 때는 조선

---

35) 石井孝, 『明治初期の日本と東アジア』, 有隣堂, 1982, 365~366쪽.

36) 최덕수, 앞의 책, 63쪽.

37) 「朝鮮國修信使來聘一件」, 『大日本外交文書』권9, 1940, 189~190쪽.

38) 太政大臣三條實美殿                           外務卿寺島宗則

　　朝鮮國修信使渡來ニ付迎送船其他ノ儀今般朝鮮國ヨリ修信使差越候趣申來候就テハ

에서 일본까지 가는 비용은 조선이 부담했고, 일본 국내를 이동할 때는 일본이 부담했다. 그러나 이번 수신사는 모든 비용을 일본이 부담하자는 것이었다. 이러한 내용은 통신사 때와 마찬가지로 『修信使節目』이라는 형태로 문서로 만들어졌다.[39]

또 일본은 수신사 접대 담당자에 16조로 된 지시사항을 따로 작성하며 철저한 주의를 주었다. 내용은 크게 두 가지로 나눌 수 있다. 하나는 조선인을 맞이하는 마음가짐이나 자세이며 1조부터 3조까지가 된다.

먼저 1조는 접대관은 양복을 입고 임해야 한다는 내용이고, 2조는 음주

---

彼國ノ船雙粗惡ニシテ迅速ノ航海難相成ニ付御國蒸氣船備用釜山浦ヨリ直ニ渡航イタシ度素ヨリ諸費用ハ彼ノ方ニテ相辯シ候趣賴談有之候處右修信使ノ儀ハ先般辯理大臣御發遣相成兩國ノ尋交親實ニ相整候ヨリ差越候儀ニ付當方ニ於テモ益懇親ヲ表シ鄭重ノ御取扱有之候方然存候間特別ニ釜山浦マテ海軍省付屬運送船壹艘ヲ以迎送爲致尤航海費用船中賄トモ被給候樣到度存候此段相伺候也　　　九年四月廿四日

内務省

朝鮮國修信使渡來ニ付爲迎送汽船壹艘釜山浦迄被差遣候條於其省雇上ヶ可差出尤費用ハ外務省ヨリ請取諸事同省ヘ可及協議此旨相達候事　　　明治九年四月廿六日　太政大臣三條實美

(『航韓必携』권1, 「迎艦上申」).

39) 修信使節目의 내용은 다음과 같다 (『航韓必携』권1, 「艦内規則」).

　1조 : 火輪船 黃龍號를 艤裝하며 무상으로 수신사가 승선하도록 한다.

　2조 : 外務小錄 水野誠一과 外務7等記生 尾間啓治가 일반 영접사무를 담당한다.

　3조 : 通譯 및 遠客迎接으로 外務6等記生 荒川德滋 同 中野許多郞. 기타 학생 11명을 동승시킴.

　4조 : 東京第四大區一小區 錦町 第二街一番地에 여관을 설치한다.

　5조 : 乘船中에 식사는 便宜上 수신사 영접담당이 조리한다.

　6조 : 선중 醫師 1명을 둔다.

　7조 : 下關 및 兵庫에서는 수 시간 碇泊하니 여행의 피로를 풀거나 상륙하여 여관에서 쉬거나 목욕시간으로 한다.

　8조 : 橫濱港에서 하선 東京까지 갈 예정이고, 외무성에서 迎接官을 미리 보내 前導한다. 이외에도 「艦内規則」, 「示註違罪目」도 추가되었다. 「艦内規則」은 일본까지 배로 이동하므로 이동 중 規則 12조이다. 「示註違罪目」은 일본체류 때 금조 28조를 말한다 (『航韓必携』권1, 「艦内規則」, 「示註違罪目」).

를 금하고 조선인에 대해 무례한 행동을 하지 말 것. 3조는 수신사로부터
선물을 받을 것을 금한다는 내용이다. 또 하나는 수신사가 도쿄에 도착할
때까지 예상되는 모든 상황에 대한 자세한 지시사항이라고 할 수 있다.[40]
　그런데 이러한 정부 방침이 알려지자, 일본국내에서는 부정적인 목소리
가 컸다. 그것을 의식하듯이 1876년 6월 1일(양력) 자 東京日日新聞(1943
년부터 每日新聞)은 아래 인용문처럼 정부를 옹호하고 나섰다.

　　수신사 체류비용 및 送迎할 배까지 일본정부가 모두 부담한다는 것을 듣
　고 반대하는 사람도 있을 수 있다. 그러나 일본이 1860년에 미국을 방문했
　을 때는 미국 군함으로 미국에 가고 막대한 비용도 모두 미국이 부담했다.
　1862년 유럽사절단도 영국 군함으로 가고 비용도 우리가 부담하지 않았다.
　이번 수신사의 일본방문은 조선을 文明社會에 가입시키기 위한 것이기 때
　문에 조선인을 우대해야 한다.[41]

　이 기사의 요지는 문명국인 일본이 비문명국인 조선을 국제사회에 가입
시켜야 한다는 논리이다. 초대외교에 담겨 있는 또 하나의 측면이다. 서양
과 조약을 체결할 때 비문명국이었던 일본이, 이제 문명국이 되어 비문명국
을 선도하겠다는 의지를 국제사회에 보여주자는 것이다. 조선의 개국은 문
명국인 미국이나 프랑스도 못한 일이었고 다른 서양 국가들도 상당한 관심
을 갖고 있기 때문에 일본의 위상을 높일 좋은 기회라고 東京日日新聞은
주장했다.[42]

---

40) 一　使員迎接トシテ官船乘組中ハ洋服タルヘシム襯衣等ハ可成見苦シカラサル樣可心懸事
　　一　　迎船乘組中幷上陸ノ節トモ我迎接官ハ一統飲酒ヲ嚴禁ス且韓人ニ對シ無禮ヲ加ヘ
　　　或ハ議論スル等都テ溫和ヲ失ナフ事ハ切ニ戒愼スヘキ事
　　一　船中幷釜山逗留中彼ヨリ贈與品有之トモ一切辭謝シテ受クヘカラス釜山ニ於テ被ヨ
　　　リ一タノ招キ有之位ハ其招キニ應スルモ不若事
　　　(『航韓必携』권2, 「迎接官心得」).
41) 北原スマ子外編, 『資料 新聞社說にみる朝鮮』 2, 綠陰書房, 1995, 74쪽.

수신사에 대한 접대는 下船宴과 上船宴으로 구성된 공식적인 연회가 두
번, 사적인 연회가 여섯번 모두 여덟번이 열렸다. 공식적인 연회는 延遼館
에서 열렸는데, 大政大臣이 직접 주관한 격식 높은 연회였다. 사적인 연회
는 外務大丞 미야모토, 舊對馬島主 소우 시게마사(宗重正), 外務權大丞 모
리야마, 議官 이노우에 가오루(井上馨), 工部卿 이토 히로부미(伊藤博文),
舊對馬島主 소우 요시요리(宗義和) 집에서 열렸다. 그리고 김기수가 귀국
할 때 天皇이 외무경을 통해 告別禮單을 보내기까지 했다.[43]

또한, 일본은 수신사의 방문을 적극적으로 활용하기 위해 방대한 시찰계
획을 세우고 있었다. 5월 4일 외무경이 大政大臣에 올린 것인데, 외무경은
시찰 목적을 수신사의 견문을 넓히고 일본 정세를 이해시키기 위한 것이라
고 했다. 즉 통상장정 교섭을 염두에 두고 있었다. 시찰 일정은 도쿄뿐만 아
니라 지방에 있는 군마현 도미오카 제지공장, 오사카 조폐창 시찰까지 포함
되어 있어서 전체 100군데 이상이 된다. 만일 계획대로 시찰한다면 몇 개월
이나 걸리는 방대한 일정이었다.[44] 특히 오사카 조폐창은 외무경이 직접
김기수에게 서한을 보내 "화폐제도를 통해 그 나라가 독립국인지 아닌지를
알 수 있다."고하면서 반드시 시찰하도록 강력히 요청했다.[45]

이 시찰 계획은 5월 8일 모리야마가 수신사에 "우리나라 국법에는 각국
사신이 오면 반드시 8省의 卿을 차례로 만나게 되어 있다."고 하면서 宮內
省, 陸軍省, 海軍省, 外務省, 工部省, 文部省 등의 시찰을 적극적으로 권유

42) 팽택주, 앞의 책, 53쪽.
43) 하우봉, 「1次 修信使 金綺秀の日本認識」, 『翰林日本學硏究』5, 翰林大學校 翰林科學
院日本學硏究所, 2000, 35쪽.
44) 『航韓必携』 권3, 「省寮拜觀」
45) 且其知內之獨立タルハ貨幣之品位如何ヲ見て指定スヘキ理ニ有之候今幸ニ我知ニ來臨ア
ルニ依リ先ッ我貨 幣鑄造ニ注意スル所ヲ親シク經覽相成候ハ自ラ信任セラル端相成可
申 (『航韓必携』권5, 「信使往復」병자 6월 17일).
그러나 김기수는 시찰하지 안 했고, 도쿄에 있는 조폐창(國立印刷局)도 현석운 등
이 시찰했다 (趙恒來, 앞의 책, 69쪽).

했다.46) 그러나 이러한 계획은 수신사가 출발하기 전 미리 합의된 것이 아니었기 때문에 김기수는 적극적으로 나서지 않았다. 그리고 조정에서도 수신사 시찰에 대해 부정적인 시각이 많았다.47)

그렇다고 김기수가 일본 물정 탐색을 소홀히 한 것은 아니었다. 그가 적극적으로 참여하지 않았던 것은 어디까지나 일본이 준비한 시찰계획이었지, 그가 필요하다고 판단한 내용에 대해서는 적극적으로 행동했다. 하나의 예로 김기수는 모리야마에게 일본의 조약체결 상황 등 6가지를 직접 묻기도 하고 확실한 일본 정보를 얻으려고 노력했기 때문이다.48)

한편, 『遊覽箇所』는 各省別 시찰계획뿐만 아니라 도쿄 시내 시찰 예정지까지 상세하게 기록되어 있다. 수신사가 방문한 것은 元老院, 宮內省(延遼館, 濱離宮), 內務省(博物館), 陸軍省(陸軍練兵, 近衛步兵營, 砲兵本廠), 海軍省(兵學寮, 海軍調練), 工部省(赤羽製作所), 文部省(書籍館, 女子師範學校, 開成學校)이었다.49)

일본은 겉으로는 성대한 접대를 하면서도 자신들의 목적을 수신사에게 숨기지 않았다. 모리야마는 김기수에게 세목을 정하는 일은 그다지 어려운 일이 아닌데 그전처럼 지연시킨다면 답답하게 될 것이라고 하면서 종래와 다른 교섭 태도를 당부했다.50) 모리야마는 수신사의 일본방문을 통해 조선

---

46) 權大丞曰, 我國國法, 各國使行之來, 八歷謁八省卿, 卿若不見, 只呈名帖而歸禮也, 再明行禮後, 改日卽行此禮可也. (『修信使日記』, 앞의 책, 高宗 13년 5월 초 8일).

47) 蒸氣機關을 시찰한 김기수는 시찰에 대한 조정의 부정적인 시각을 다음과 같이 기록하고 있다. "한 개의 화륜으로써 천하의 能事를 다 만들게 되니 기교가 이럴 수가 있겠는가. 孔子께서 말씀하시지 않은 怪異이니, 나는 이것을 보고 싶지 않다. 지난번에 내가 유람을 할까 봐 저지한 사람은 옳았고, 나에게 유람하도록 권고한 사람은 옳지 못한 일이었는가."(김기수, 앞의 책, 505쪽).

48) 한철호, 「제1차 수신사(1876)김기수의 견문활동과 그 의의」, 『韓國思想史學』27, 2006.12, 韓國思想史學會, 296~297쪽.

49) 『航韓必携』권3, 「遊覽箇所」

50) 森山茂又曰, 每與貴國商辨, 支離拖延, 無一下卽決之事, 我國則不然, 苟利乎國, 則上下

이 일본과 교류확대에 적극적으로 나설 것을 직접 요청한 것이다.

통상장정 교섭을 위해 미야모토를 이사관으로 임명했다는 통보가 김기수에게 전해졌다. 즉 일본은 신속한 교섭을 위해 조선도 고종의 위임장을 받은 全權大臣과 교섭을 바란다는 내용이었다.[51] 미야모토 역시 김기수에게 조규체결과정을 거론하면서, 귀국 제공들은 사사건건 "나는 감히 알지 못한다."고 말하는데 답답해서 사람을 죽이는 것이라고 하며 조선의 교섭 태도를 강하게 비판했다. 일본은 통상장정 체결을 위해 초대외교를 펼쳤는데 마무리 단계까지 온 것이다.

## 2) 金綺秀의 수신사활동

### (1) 舊好回復論

조선의 대일정책이 구호회복론과 왜양분리론에 입각해 전개되었다는 것은 이미 언급했다. 그 이유는 왕조국가에서 정책결정권을 가진 사람이 임금밖에 없었기 때문에 고종이 교린정책으로 수교한 이상 수신사 역시 철저히 그것을 염두에 두면서 행동해야만 했다는 것이다. 여기서는 김기수의 수신사활동을 구호회복론과 왜양분리론의 시각에서 검토하고자 한다. 조선의 외교

---

一心, 斷然行之, 無小持難也, 六個月後, 細節之定, 亦無甚難事, 而若或如前遲延, 則令人沓沓也, 居間之人, 寧不難哉. (『修信使日記』, 앞의 책, 高宗 13년 5월 초 10일).

51) 以書簡到啓上候然者今般我
朝廷外務大丞宮本小一ヲシテ理事官トナシ貴國京城ヘ前往イタサセ候右者修好條規第十一款ノ趣旨ニ因リ兩間ノ人民通商ノ爲要用ナル各章程及修好條規中ノ條款ニ基キ更ニ委曲ノ件件ヲ約束辨理スル爲に派出候事也就テハ貴朝廷ニテモ右商議決定ノ權アル貴官ヲ簡ミ同人ヘ對し御接遇有之度候敬具

明治九年六月　日　　　　　　　　　　　　大日本國　　　外務卿寺島宗則
　大朝鮮國 禮曹判書金尚鉉 閣下
(『航韓必携』 권5, 「理事官發遣告知」).

정책이 김기수를 통해 어떻게 전개했는지를 밝히는 작업이라 하겠다.52)

　수신사 일행은 4월 29일 부산에서 출발해 시모노세키(下關), 효고(兵庫)를 거쳐 5월 7일 오전 요고하마(橫浜)항에 도착했다. 김기수 및 상상관은 상등석, 상관은 중등석, 중관 하관은 하등석으로 나누어 기차를 타고 신바시(新橋)역에 도착한 것이 12시 17분이었다. 휴식을 취한 후 천황 親衛騎兵의 호위를 받으면서 정사는 가마를 타고, 상관 이상은 人力車로 중관 이하는 도보로 숙소까지 향했다.53) 이 수신사 행렬은 통신사와 마찬가지로 일본 민중들에는 흥미로운 구경거리였다. 이것은 「朝鮮信使來朝의 圖」이라는 그림을 통해서도 알 수 있다.54)

[그림 3] 「朝鮮信使來朝の圖」

52) 구호회복론과 왜양분리론은 수교가 불가피한 상황에서 당시 위정자들이 선택할 수 있는 가장 현실적인 대응일지도 모른다. 그들이 내세운 논리는 자신들의 행동을 합리화하는 것이었다는 측면은 부정하기 어렵다. 그럼에도 불구하고, 주목할 이유는 그 논리로 조선이 실질적으로 대일정책을 수행했기 때문이다. 그리고 당시 조정 분위기를 잘 알고 있던 김기수 역시 이것을 벗어나지 않도록 행동했을 것이다.

53) 田保橋潔, 「丙子修信使の差送」, 『近代日鮮關係史の研究』, 朝鮮總督府, 1940, 564쪽.

54) 東京經濟大學朝鮮錦繪コレクション(http://repository.tku.ac.jp/dspace/handle/11150/1247). 2017년 4월 7일 검색.

위 그림에 보이는 令旗를 1876년 5월 30일(양력) 자 東京曙新聞이 보도
했다. '옛날 조선인 내빙시에는 淸道巡視의 양기를 선두로 내걸고 대단히
예에 어긋나는 모습이었다. 이번 수신사의 '令旗'도 마찬가지 아니냐'고 부
정적인 시각을 나타냈다.[55]

5월 8일은 외무성을 방문하고 국서 대신 외무경과 외무대승에 서계를 전
달하면서 조선의 공식 입장(구호회복론)을 전하는 날이었다. 이번 수신사는
국서 교환은 없고, 예조판서와 예조참판이 일본 외무경과 외무대승에 보낸
서계와 수신사 사예단만이 있었다. 김기수 역시 통신사의 예에 따라 외무성
을 방문해 국서 대신 서계를 교환하는 것이 그의 가장 중요한 사명이라고
이해하고 있었다.[56] 그의 이러한 행동에는 통신사의 전례에 철저히 따르면
서 수신사가 舊好回復을 위한 것이라는 고종의 메시지를 일본에 강력하게
전달하려고 했기 때문이다.

예조판서 김상현이 일본 외무경에 보낸 서계 내용은 다음과 같다.

　　初夏의 맑은 날씨에 귀국은 태평하십니까. 本邦도 평안하니 모두가 다행
　입니다. 본방과 귀국은 이웃의 정의가 매우 관곡하여, 이것이 벌써 3백 년이
　나 되었으니, 입술과 이처럼 서로 의지하고 마음을 터놓고 서로 사귀는 것이
　진실로 당연한 일입니다. 갑자기 어떤 사정으로 서로 의심하게 되었으나 먼
　곳에서 전문된 말을 어찌 능히 틀림이 없다고 보장하겠습니까. 지난번 귀국
　의 대신이 바다를 건너 왕림한 적에 본방에서도 대신을 보내어 京畿 沿岸
　鎭撫府에서 영접하여 담판한 지 여러 날 만에 자세히 변명해서 여러 해 동
　안 쌓인 것이 하루아침에 풀리게 되었으니, 얼마나 기쁜 일이겠습니까. 다
　만, 우리 성상께서는 예전의 정의를 계속할 것을 깊이 생각하시어, 특별히
　예조참의 김기수를 파견하여 회사의 뜻을 표시하시므로, 상현이 삼가 명령

---

55) 中山泰昌 編著, 『新聞集成 明治編年史』 권3, 1965, 541쪽.

56) 김기수는 "우리 사행의 목적은 국서를 받들어 전달하는 일에 불과하고 별로 다른
　　일이 없다."고 하는 1763년 통신사 정사 조엄의 말을 참고로 한 것 같다 (조엄, 「해
　　사일기」, 227쪽).

을 받들어 서장으로서 大義로 陳告하니 이것을 받아 주시면 기쁨이 한이 없
겠습니까. 삼가 순서 부중하여 원회에 부응해 주심을 바랍니다.[57]

　조선은 세계에서 3백 년의 교린 관계, 즉 구호를 강조하고, 그것은 마치
입술과 이의 관계라고 표현했다. 그리고 조규체결을 통해 오해가 다 풀렸다
고 하면서 이전의 관계를 복구하자고 제안했다. 이 세계로 조선은 공식적으
로 대일외교를 교린정책으로 이끌어 나가겠다고 선언했고 이것으로 조선의
공식입장을 전달하려고 했다고 생각한다.
　또한, 김기수가 일본이 준비한 시찰보다 시문 교류를 열심히 한 이유도
그의 사명이 구호회복에 있었기 때문이다. 그가 시문에 뛰어났기 때문에 시
문 교류를 좋아하는 일본인과 깊은 대화도 가능하고, 조선은 그를 보냄으로
전통적인 교린 관계를 복구한다는 의지를 대내외에 과시할 수도 있었다. 이
사실은 아래 인용문에서 확인할 수 있다.

　　노중에서 혹시 잠깐 쉬게 될 때면 日本人들은 서화를 청하는 일이 많았
　으나, 감히 나를 귀찮게 하지는 못하였다. 관에 이르니 저들 중의 사대부가
　가끔 서화를 청하는 이가 있었으나, 간혹 수응하였을 뿐이며, 그것도 기분
　이 나야만 응했으므로 그다지 해로운 것은 없었다. 원료관에서 연회가 있
　고 나서 참석했던 여러 사람이 각기 詩 한 聯씩을 써 보냈는데, 모두 새로
　지은 것이고, 그중에는 寓意한 것도 많다. 저들도 具眼者가 있어 진실로 나
　를 흠모하고 따르려 하니, 先王의 법언과 법복이 어찌 나 혼자만의 소유이
　겠는가?[58]

　김기수가 시문 교류를 통해 일본인들이 조선 문화를 흠모하게 했다고 기
록한 것을 보면 수신사가 지녀야 할 자부심까지도 느낄 수 있다. 수신사에

---

57) 김기수, 앞의 책, 473~474쪽. 『航韓必携』 권5, 「禮曹判書往復」
58) 김기수, 앞의 책, 375쪽.

게 주어진 사명이 구호회복을 일본에 전달하는 것이었기에 기존 평가와는
달리 김기수는 가장 적절한 인물이었다고 생각한다.


(2) 倭洋分離論

이번에는 왜양분리론의 시각에서 일본과 서양으로 나누어 비교, 검토하
고자 한다. 먼저 앞에서도 언급한 連帶論이다. 일본과 아시아의 연대는 이
미 1860년대 이래 脣亡齒寒 등의 비유로 자주 묘사되었다. 즉 조선과 중국
이 만일 서양세력권 안에 놓이게 되면 일본 역시 위태롭게 될 수밖에 없다
는 운명 공동체적인 관계를 뜻한다. 그리고 중심적인 역할은 중국이 아닌
일본이 담당해야 한다는 주장이었다.[59] 다시 말해 새로운 아시아의 맹주
일본과 조선의 연대를 의미하는 것이고 조선 입장에서는 日本連帶論이라
는 표현이 더욱 정확할 것이다.[60]
　이러한 '일본 연대론'에 대해서는 조선도 이미 알고 있었고 아래와 같이
긍정적인 평가를 하고 있었다.


　　어떤 이는 말하기를, 모리야마는 우리와 말할 때 그들의 의관을 부끄럽게
　　여겼다. 이때 일본 관인의 의관은 모두 洋夷의 것을 따르고 있었다. 한 번은
　　사람을 물리치고 그 세 손가락을 세워 보이며 내게 말하기를, '우리나라와

---

59) 한상일, 「아시아연대와 일본제국주의」, 도서출판 오름, 2002, 28쪽.
　　明治時代 연대론(아시아주의)에 대해서는 함동주, 「明治期 일본의 아시아주의와 國
　　權 意識」, 『日本史研究』2, 일본사연구회, 1995, 120~121쪽을 참조할 것.
60) 그런데 일본 연대론 또는 아시아주의에는 항상 이면성 또는 이중성이 있었다는 점
　　을 잊어서는 안 된다. 물론 외교적인 언설이기 때문에 시기에 따라 다양한 성격을
　　가지고 있었을 것이고, 그 중에는 연대를 순수하게 주장한 이들이 있을 수도 있다.
　　그러나 중요한 것은 그것이 일본의 주류사상도 아니었고, 일본도 그것을 선택하지
　　도 않았다는 것이다. 역사적으로 볼 때 일본 연대론은 침략의 도구에 불과했다고
　　생각할 수밖에 없다. 이 글은 이러한 기존 연구 성과에 유의하면서 『일동기유』에
　　나타난 1876년 당시 일본 연대론만을 검토한다.

귀국과 중국이 이같이 된다면 어찌 유럽을 두려워하겠습니까?' 했는데, 이 사람은 함께 서양을 방어할 술책을 말할 수 있는 사람이다. 그대가 이번에 가거든 반드시 그 실정을 타진하고 그와 친교를 맺어야 할 것이다.[61]

이번 수신사에 대해서도 일본과 조선이 脣亡齒寒의 관계임을 거론하면서 러시아의 위협을 동시에 강조하는 형식으로 '일본 연대론'이 주장되었다. 모리야마는 김기수에게 시찰을 권하면서 '일본 연대론'을 아래와 같이 주장했다.

일본이 시찰을 권하는 이유는 군제를 잘 살피고 좋은 점은 본받으라는 것이고, 기계의 예리함을 살폈다가 서두르라는 것이고, 풍속을 잘 살피고 채택할 게 있으면 채택하라는 것입니다. 귀국에 돌아가면 확실하게 의논하여 富國強兵을 도모하여 두 나라가 '입술과 이'가 서로 의지하듯이 外憂를 방어하는 데 여러 가지 계획을 해주기 바랍니다.[62]

이에 대해 김기수는, "재주가 있는 사람을 데리고 오지 못했다."고하면서 시찰에 대한 부정적인 시각을 드러냈다.[63] 그리고 부국강병에 대해서도 "우리에는 해독되는 일"이라고 하면서 『일동기유』곳곳에서 부정적인 견해를 거듭 강조했다.[64]

외무경은 김기수에게 天皇의 고별예단을 전달하면서 다음과 같이 말했다.

---

61) 김기수, 앞의 책, 353쪽.
62) 所以吾輩之縷縷以遊覽爲言者, 周察軍制美者化之一也, 審視器械利者趨之二也, 歷探俗尙可釆者釆之三也, 歸貴國的確立論, 圖所以富國强兵, 脣齒相依, 以防外憂區區之望也. (『修信使日記』, 앞의 책, 高宗 13년 5월 초 10일).
63) 余曰, 感謝感謝, 貴國盛意非不知也, 今番之行亦非不慾携幾有才藝之人來 (『修信使日記』, 같은 책, 高宗 13년 5월 초 10일).
64) 김기수, 앞의 책, 517~518쪽.

　　지금 일본은 귀국과 한 지붕에서 대항해야 하는 '입술과 이'와 같은 나라
입니다. 만약 아픔과 가려움이 있으면 서로 도와주고, 기쁨과 슬픔에도 마음
을 같이 하기로 맹세한다면 해결될 것입니다. 귀 사행이 본국에 들어간 후에
도 귀국 조정에 빨리 알려서 모든 일을 조금도 지체함이 없이 우호의 터전
을 마련한다면 어찌 좋은 일이 아니겠습니까."65)

　　김기수는 "우리나라는 청나라와 맺은 약조를 치키며, 외국과 교류를 하
지 않았다."고 하면서 청나라의 존재를 다시 상기시키며 새로운 외교체제에
는 소극적인 자세를 보였다.66)
　　그런데 두 사람과는 달리 議官 이노우에 가오루는 러시아의 위협을 아래
와 같이 강조했다.

　　러시아가 귀국을 주시하고 있다는 것을 저는 이미 누누이 말씀드렸습니
다. 저는 病에 걸려 정신이 이상이 있는 사람이 아닙니다. 진실을 보지 않으
면 어찌 이런 말을 하겠습니까. 공이 돌아가면 우리가 말한 것을 쓸데없다고
하지 말고 귀국 조정에 알려서 빨리 대비하는 것이 좋겠습니다."67)

　　김기수는 조정에 고하도록 하겠다고 했으나, 자세하게 고종에 복명하지
않았다. 단지 아라사의 한 이름이라고만 대답했다.68)

---

65) 今我國之與貴國, 一葦可抗, 可謂脣齒國也, 苦痛癢相關, 有無相籍, 憂患欣威, 矢心同之
　　然後, 可以有濟, 貴行歸朝後, 亟告貴朝廷, 凡百事爲, 無小芥滯, 以爲萬萬歲永好之地,
　　豈不美哉. (『修信使日記』, 같은 책, 高宗 13년 5월 26일).

66) 而但我國, 謹守拙約, 不通外交 (『修信使日記』, 같은 책, 高宗 13년 5월 26일).

67) 井上曰, 日昨申告之事, 公非有心人耶, 魯西亞之注心貴國, 吾己言之縷縷矣, 吾非病風
　　喪性之人也, 苟非所見, 則何必煩陳比言也, 今公歸去, 切亦弁髦我言, 力告于朝廷, 早早
　　爲備可也 (『修信使日記』, 같은 책, 高宗 13년 5월 17일).

68) 余曰, 感謝感謝, 公之苦心, 吾豈不知也, 謹當將公此言, 一一歸告我朝廷也 (『修信使日
　　記』, 같은 책, 高宗 13년 5월 17일).
　　上曰, 魯西亞云者, 是何地也. 使曰, 是俄羅斯國也. 上曰, 然則何以謂魯西亞. 使曰. 魯
　　西亞, 卽亞羅斯之一名也 (『修信使日記』, 같은 책, 高宗 13년 6월 초 1일).

한편, 일본은 시문 교류의 자리에서도 일본 연대론을 주장했다. 어떤 일
본문사는 "조선과 일본은 지구 상 유일한 친구"라고 하면서 연대적인 입장
을 강조했다. 이에 대해 김기수도 "지금 양국이 옛 신의를 회복하고 영원히
우호 관계를 유지한다면 양국은 하나의 나라와 같다."고 긍정적으로 대답하
기도 했다.[69] 그는 부국강병에 대해서는 부정적이었지만 일본 연대론에 대
해서는 기본적으로 긍정적으로 평가했다. 일본인사에 대해서도 전반적으로
좋은 평가를 했고, 특히 미야모토에 대해서는 상당히 친근감을 표시했다. 연
회를 마치고 미야모토와 같은 차를 타게 된 김기수는 다음과 같이 말했다.

　　봄의 강화도의 일로 貴官의 명성은 들었습니다. 이 사람이 올 때 申大官
　　께서 부탁하시기를 <u>모든 일은 귀공과 의논하라</u> 했습니다. 이곳에 온 후 바로
　　<u>귀관을 찾아 가르침을 청하려고 했으나 찾아뵙지 못했습니다.</u> 다행히 차를
　　같이 타게 되어 마음속을 터놓고 싶은데 귀관의 의사는 이것을 용납하겠습
　　니까.[70]

　다음은 서양에 대해 검토해볼 차례이다. 왜양분리론은 서양과 일본을 구
별하지만, 서양화된 일본에 대해서도 지금까지 본 것처럼 호의적이었다. 아무
리 일본이 서양을 모방하더라도 서양과는 본질에서 다르다는 화이관 때문
이었다. 따라서 배제되는 것은 어디까지나 순수 서양 또는 서양인이었다는
것이다. 그런 조선의 인식에도 불구하고 서양 국가들은 이번 수신사의 일본
방문을 전략적으로 이용하려는 움직임을 보였다. 즉 영국 공사관으로부터
수신사가 천황을 만나는 일정에 대해 문의가 있어서 알려졌다는 기사이

---

69) 하우봉, 앞의 논문, 43~44쪽.

70) 余遂致語曰, 春間泌都之役, 己聞大名, 鄙人來時, 申大官亦托每事須與貴公相議, 所以
　　來此以後, 直欲踵門請敎而勢不可以面面委候, 則遽然開路, 旣甚難處, 且或逢際衆中,
　　獨致慇懃, 亦又不可, 故　似似度日矣, 今幸同車, 可以攄盡心曲也, 未盡雅意, 亦可包容
　　否 (『修信使日記』, 같은 책, 高宗 13년 5월 12일).

다.71) 그리고 서양과 직접적인 접촉도 있었다. 수신사가 히비야 (日比谷)練兵所에 있는 陸軍省을 시찰할 때 우연히 영국과 이탈리아 공사를 만났다는 기록이다.72) 그러나 일본 측 기록에도 만났다는 사실만 있고 구체적인 언급은 없고, 김기수도 기록을 남기지 않았기 때문에 자세한 것은 알 수 없다.

그런데 외무경과 김기수의 왕복 서한을 보면 이 만남이 우연이 아닌 것 같이 보인다. 5월 12일 서한은 1875년 10월 평안도 義州사람 李元春이 바다에서 표류하다가 영국선이 구조해서 영사관에서 보호하고 있는데 영국공사가 외무성을 거쳐 그를 引渡하려고 하니 謝意를 표하기 바란다는 내용이다.73) 이에 대해 김기수는 영국공사에 감사의 마음을 전해달라는 서한을 보냈지만, 영국공사를 직접 만나지는 않았다.74) 이러한 점으로 미루어보아 陸軍省에서 공사와 만난 일은 일본 주선으로 이루어진 것으로 보인다.75)

표류민 송환이라는 특수 상황에도 불구하고 김기수의 태도에는 변화가 없었다. 이번 수신사가 수교를 위한 것이기 때문에 시찰뿐만 아니라 서양과 접촉하는 것도 역시 처음부터 계획에 없었다. 만일 계획이 있었다면 김기수는 이 기회를 이용해서 영국공사를 만났을 것이기 때문이다. 수신사를 통해 조선과 교섭할 돌파구를 찾으려 했던 서양 국가들의 계획은 아무 성과도 없이 끝나고 말았다.

또한, 김기수가 공식 활동을 마치고 귀국하는 기선 안에서 서양인을 만난 일이 있었다. 김기수는 당장 배에서 서양인을 내려보내라고 강하게 요구했다.76) 이것을 통해 그가 서양인에 대해 부정적인 생각을 갖고 있었던

---

71) 『航韓必携』권7, 『信使滯京日記 乾』, 5월 31일.

72) 『航韓必携』권7, 같은 책, 6월 6일.

73) 『航韓必携』권5 『信使往復』, 병자 6월 3일.

74) 『航韓必携』권5, 같은 책, 병자 5월 12일.

75) 이시이 타가시(石井孝)는 5월 15일에 수신사와 영국 공사가 만난 전날(5월 14일) 외무경과 영국공사의 회담이 있었고 영국공사가 일본을 방문 중인 수신사와 만남을 추진해 달라고 부탁한 사실을 밝히고 있다 (石井孝, 앞의 책, 376쪽).

것을 알 수 있다. 그의 경계대상이 어디까지나 서양이고 서양인이었다는 것이다.

지금까지 왜양분리론의 시각에서 일본 연대론과 서양관을 고찰했다. 김기수는 '일본 연대론'에 대해서는 대체로 긍정적으로 평가한 것 같다. 그 이유는 그가 일본의 초대외교에 현혹되어서가 아니라 '일본 연대론'이 가진 서양에 대한 경계심에 공감했기 때문일 것이다. 김기수의 일본인에 대한 긍정적인 태도와 서양인에 대한 부정적인 태도를 보면 그가 일본 연대론을 주장하는 일본을 서양이라는 공통의 적과 맞서 싸우는 동지로 인식한 것일지도 모른다. 여기에는 서양화된 일본이 침략세력으로 변모할 가능성을 처음부터 배제한 왜양분리론의 가장 큰 결함 때문이다.

이러한 결함은 1880년 3월 10일 興亞會 결성으로 일본 연대론이 본격화되자, 그것을 조건 없이 수용하는 형태로 나타났다. 조선은 1880년 2차 수신사 김홍집이 수행원인 강위, 윤웅렬, 이조연 등을 보내 관계를 맺기 시작했고 1881년 3차 수신사 수행원 현석운, 고영희, 이학규 등 1882년에는 김옥균, 서광범, 강위, 유길준 등도 모임에 참석했다. 조선은 아시아침략이라는 興亞會의 본질을 간파하지 못한 채 '일본 연대론'을 수용한 것이다.77) 이처럼 조선이 일본 연대론을 비판 없이 수용하게 된 배경에는 일본을 방문한 김기수뿐만 아니라 조정도 왜양분리론이라는 언설의 함정에 빠져 있었기 때문이다.

5월 26일 예조판서에 대한 일본 외무경의 회답서계는 다음과 같다.

귀국에서는 지금 예조판서 김씨를 수신사로 삼아 본방에 파견하여, 예전 정의를 계속하고 아울러 지난번에 우리나라의 특명전권변리대신이 귀국에

---

76) 김기수, 앞의 책, 368쪽.
77) 이광린, 「開化期 韓國人의 아시아連帶論」, 『韓國史研究』 61·62, 한국사연구회, 1988, 287~290쪽.

간 것을 回謝한다는 사항임을 모두 잘 알았습니다. 대개 두 나라 사이에 交 誼가 있은 지 벌써 오래되었으나 갑자기 소활해져서 정의가 점점 멀어졌는 데, 지금 귀국에서 수신사를 속히 파견하여 우리나라에 왕림케 하고, 수신사 도 정중하게 사명을 진술하고 주도하게 斡旋하여, 마음을 터놓고 교환하였 으니, 두 나라의 다행함이 더할 나위가 없었습니다. 우리 황제 폐하께서 이 를 가상히 여기시어 特旨로써 영접해 보시고 대우가 특별하였으니, 수신사 가 복명할 때에 閣下께서도 이 사실을 들으신다면 기뻐하실 것을 나는 믿어 의심치 않습니다. 이에 귀국 태평하심을 축하하고, 아울러 閣下의 福祉를 기원합니다.[78]

일본의 서계를 보면 조선의 수신사파견 의도를 수용하는 자세를 보이고 있다. 그러면서 불편한 관계가 해소되었다는 말도 잊지 않았다. 특히 천황 이 특별히 수신사를 접견했다는 점을 강조하면서 새로운 외교체제로 전환 할 것을 암시했다. 동시에 일본은 초대외교를 통해 개화실상을 조선에 보여 주고 일본에 대한 긍정적인 인식을 심어주려고 했다. 그리고 대외적인 위기 상황, 특히 러시아의 위협을 거론하며 일본을 중심으로 한 새로운 연대를 주장하기도 하기도 했다. 구호회복론을 명분으로 내세운 조선과 '일본 연대 론'을 내세운 일본 사이에는 큰 괴리가 있었다. 수신사 일행은 5월 27일 도 쿄에서 출발하며 고베(神戶), 시모노세키(下關)를 거쳐 부산에 도착했고 6 월 1일 김기수가 고종에 복명하고 수신사의 모든 공식 활동을 마쳤다. 수신 사의 일본체류기간은 약 20일이었고, 15일이라는 애초 계획보다 조금 길어 졌다.

구호회복론과 왜양분리론에서 본 김기수는 주어진 사명을 열심히 수행하 려는 정직한 사람으로 보인다. 김기수에 대한 당대인의 평가 역시 기존 연 구와는 달리 그다지 부정적이지 않았다. 黃玹의 『梅泉野錄』에서 김기수는 수신사의 임무를 잘 수행한 공로로 곡산군수에 임명되었다고 긍정적으로

---

78) 김기수, 앞의 책, 475~476쪽. 『航韓必携』 권5, 「禮曹判書往復」

평가하고 있다.79) 그리고 고종의 김기수에 대한 평가도 그다지 부정적이지
않았다. 德源府使가 된 김기수에게 고종이 "두 나라 사이에 말썽이 생기지
않도록 하는 것이 좋겠다."고 지시를 했기 때문이다.80)

---

79) 황현, 임형택 외 옮김, 『譯註 梅泉野錄』상, 문학과 지성사, 2005, 34쪽.
80) 『高宗實錄』, 高宗 16년 7월 경진.

# 結　論

　통신사가 선린우호의 상징이라는 연구 성과에 힘입어 한국에서도 통신사 연구가 늘어나는 추세이지만, 19세기에 계획된 일련의 역지통신 연구는 1811년 대마도 역지통신을 제외하면 아직도 연구 주제로 선택받지 못하고 있다. 원래 통신사가 에도까지 가는 에도통신은 조선뿐만 아니라 일본도 원한 것이었다. 이에 대해 하쿠세키의 1715년 역지통신론은 에도통신을 포기하자는 최초의 논의였고, 18세기 후반에 다시 공론화되었다. 통신사 폄하발언을 한 나카이 치쿠잔과 마쓰다이라 사다노부의 등장이다. 통설은 조선멸시론의 대두로 이해하고, '역지는 통신사외교의 변질'이라는 평가까지 받았다. 그런데 이와 같은 이해 방식에는 문제가 있다고 필자는 생각한다. 통신사는 교린관계에서 이루어진 외교의례였다. 그러므로 역지를 요청한 일본 사정도 중요하지만, 통신사를 보낸 조선의 대일정책을 교린관계 속에서 이해하는 것도 중요하다. 왜냐하면 조선은 통신사를 보내는 주체이기 때문이다. 이 글에서는 차왜를 통한 역지 교섭을 언급하면서 조선의 대일정책을 부각하는 방법을 택했다. 역지 교섭에서 대일정책의 변화를 찾는 시도를 한 것이다. 역지통신 연기교섭에서 조선이 보인 자세는 전례를 지키는 것이었다. 예를 들어, 새 쇼군의 승습을 알리는 차왜가 오면 3년 이내의 통신사를 보내는 것이었다. 그러므로 대신들이 통신사 연기에 반대해 전례에 따라 통신사를 보내야만 한다고 주장했다. 일본이 재정적인 이유를 들어 연기를 요청했음에도 불구하고, 조선의 판단 기준은 전례에 있었다. 그러나 정조는 서계의 내용을 검토하며 일본의 요청을 허락했다. 통신사는 연기될 수도 있다는 전례가 새롭게 생긴 순간이었다.

통신사는 연기되었지만, 언젠가 통신사를 보내달라는 요청이 올 것을 대비해 조선은 계속해서 공사예단을 준비했다. 그러나 부산에 온 차왜는 '에도까지 가지 않고 대마도에서 빙례를 하고 싶다'는 대마도 역지통신을 요청했다. 통신사는 에도까지 간다는 인식이 지배적인 조선에서 역지는 전혀 예상할 수 없는 일이었다. 조선은 바쿠후가 에도통신을 포기하지 않을 것이라는 확신이 있어서, 역지는 대마도의 교활한 제안에 불과하다고 판단한 것이다. 연기를 허락한 정조도 역지는 허락할 수 없다는 입장이었다. 조선은 역지를 청한 차왜가 별차왜가 아니라는 이유로 접대를 거절했다. 조선의 접대 거절로 차왜는 역지 교섭에 들어가지도 못했고, 정조의 확고한 방침으로 역지는 무산되었다. 실은 사다노부가 추도한 역지통신은 여기까지였다. 그가 바쿠후 老中을 사임했기 때문이다.

교섭 실패는 사다노부의 역지 추진 목적을 다시 생각하게 한다. 그의 의도가 무엇인지이다. 사다노부의 목적에 대해서는 지금까지 조선멸시 또는 재정문제를 들어 설명해왔다. 그러나 필자는 통설을 비판하면서 '고이코'의 시각에서 '江戶入送停止論'를 제안했다. '江戶入送停止論'은 하쿠세키, 치쿠잔을 거쳐 사다노부를 통해 결실을 보았다. 당시 전례에 따라 통신사의 방문이 가까워지고 있고, 기근과 민란으로 에도는 황폐 해졌다. 武威를 자랑한 에도의 모습을 사다노부는 이제 대외적으로 보여줄 수 없게 된 것이다. 사다노부의 선택은 '江戶入送停止論'이었다. 그는 만일 조선이 역지를 허락하면 다행이지만, 설사 허락하지 않다고 하더라도 에도에 오지 않기 때문에 목표를 달성할 수 있다고 생각했다. 그가 교섭을 절대로 서두르지 않고 진행한 이유도 여기에 있었다.

역지는 조일관계에 큰 파문을 일으켰다. 그 원인을 조선멸시로 설명해왔지만, 사실이 아니다. 역지 논쟁을 통해 지금까지 드러나지 않았던 에도통신의 의의가 드러났기 때문이다. 역지란 에도통신을 유지하느냐, 포기하느냐의 선택의 문제이었다. 이미 일본은 에도통신을 포기했고, 조선도 같이

동참할 것을 요청한 것이다. 정조는 일본이 재정문제로 역지를 요청했지만, 재정 문제로 에도통신을 포기할 수 없다는 점을 분명히 했다. 정조의 '역지 불허론'이다. 정조는 바쿠후가 다시 에도통신을 요청할 때까지 통신사를 보내지 않고 연기하겠다는 입장이었다. 이것은 역지를 결코 허락하지 않겠다는 뜻이기도 한다.

조선이 역지를 거부한 이유 중의 하나는 바쿠후와 대마도를 구분하며 대일정책을 운영해온 결과물이었다. 조선의 대일정책은 바쿠후에 대한 교린관계와 대마도에 대한 기미였다. 교린관계에는 사행 파견이 필수적인데, 에도까지 통신사를 보내는 에도통신을 통해 이루어졌다. 한편 대마도에 대한 기미는 문위행을 대마도로 보내는 것이었다. 통신사와 문위행에는 많은 차이점이 있었다. 통신사는 국서를 받들고 에도까지 가는 것이고, 문위행은 역관이 대마도까지만 간 것이다. 인원도 통신사는 400명~500명이었고, 문위행은 60명 정도이며, 문위하는 내용이 두 가지(쌍도해)의 경우는 130명 정도가 대마도로 갔다. 한 마디로 통신사와 문위행은 격이 달랐다. 지적하고 싶은 것은, 통신사를 대마도까지만 보내면 문위행과 차이가 없어진다는 점이 있고, 기미의 대상인 대마도에서 대례인 국서교환을 한다는 거부반응이 있었다. 즉, 조선이 에도통신을 강조한 배경에는 대마도에 대한 부정적인 인식이 작용한 것으로 보인다.

필자는 역지통신을 보다 구조적으로 이해하기 위해 두 시기로 구분했다. 하나는 사다노부가 추진한 시기 또 하나는 대마도 내의 역지 추진파가 진행한 시기로 구분한 것이다. 물론 바쿠후의 공식입장에는 변화가 없었기 때문에 지금까지 의심 없이 연속적으로 해석해온 것도 일리가 있다. 그러나 연속적으로 보는 시각에는 역지 재개로부터 무오약조까지의 일련의 대마도의 행동을 합리적으로 설명하기가 어렵고 단지 대마도의 돌발행동 정도로 이해하는데 그친 것이다.

그런데 사실은 모두가 역지 추진파의 계획적인 행동이었다. 대마도 역지통신을 성사시켜야 하는 역지 추진파는 역관을 매수해 역지 재개의 길을 찾으려고 했다. 심지어는 위조된 무오약조까지 체결하게 된 것이다. 결국, 그들의 일련의 무리한 행동은 바쿠후와의 관계개선과 도내 반대파를 견제하기 위한 행동이었고, 그들이 역지통신을 새로 추진하게 되는 동기가 된 것이다.

조선이 이 사실을 알게 되면서 조선 내부에서 새로운 움직임이 일어났다. '譯官江戶派送論'의 대두이다. '譯官江戶派送論'은 대마도 처벌 문제가 강조된 1차(1805년)와 바쿠후의 의사를 확인하자는 2차(1808년 이후)로 나눌 수 있다. 먼저 처벌 문제가 강조된 시기는 역관의 불법행위가 모두 발각되며 대마도도 처벌해야 한다는 목소리가 높아졌기 때문이었고, 후자는 바쿠후에 직접 서계를 보내달라는 요청으로 나타났다. '譯官江戶派送論'으로 조선은 대마도에서 바쿠후 고관과 만나 바쿠후의 의사를 확인했다. 앞서 조선은 통신사의 세부사항을 의논하는 자리에도 '譯官江戶派送論'을 다시 제기하면서 대마도를 계속 압박했다. 이 교섭을 통해 서로의 의견이 충분히 반영된 역지통신이라는 새로운 의례가 탄생한 것이다.

역지통신은 18세기의 화려한 통신사가 아닌 19세기의 현실에 맞게 이루어졌던 것과 외교의례에도 문제가 없었다는 것도 지적하고 싶다. 역지 시행은 모두에게 좋은 기회이었다. 조선은 일본과의 통신사 교류를 존속시키면서 대마도와의 폐단도 해결할 기회였다. 반면 일본은 접대비용을 줄여 어려운 경제사정을 조금이나마 호전시킬 기회이었다. 대마도도 내부 갈등으로 어려움을 겪었지만 역지통신을 성사시킴으로써 바쿠후로부터 여러 포상을 받을 수 있는 기회이었다.

이처럼 대마도 역지통신은 긍정적으로 평가할 수 있는 요소들이 많다. 그러나 조선뿐만 아니라 역지를 요청한 일본도 불만이 있다는 점이 문제이었다. 일본의 역지에 관한 불만은 오사카 역지통신 추진으로 나타났다. 통신사의 축하를 받은 11대 쇼군이 물러나, 12대 쇼군이 승습했다. 대마도 역지통신을 청하는 차왜가 부산에 와서 교섭이 시작했다. 일본은 전례가 있어서 원하는 시기에 대마도에서 통신사를 맞이할 생각이었다. 그런데 조선의 생각은 달랐다. 조선은 대마도 역지를 허락했으나, 이것은 대마도의 강청으로 할 수 없이 한 번만 허락했다는 입장이었던 것이다.

조선은 역지는 허락할 수 없고, 파견 시기도 조선이 정한다고 하면서 역지를 거절했다. 조선이 다시 '역지불허론'에 돌아선 것이다. 배경을 생각하면 역시 역지에 관한 불만의 표시라는 해석이 타당할 것이다. 그리고 역지로 할 것인지 에도통신으로 할 것인지 의견교환이 없었던 것도 문제점으로 지적할 수 있다. 조선이 역지에 대해 부정적이며, 에도통신을 원한다는 점을 일본이 간과한 것이다. 그런데 1811년 대마도 역지통신이 시행된 것도 사실이라서 '역지불허론'은 오래가지 못했다. 대신 역지를 허락하나, 시기는 조선이 정한다는 연기론이 대두했다. 바쿠후는 1844년을 희망했으나, 조선은 2년 연기한 1846년에 대마도 역지통신을 허락한 것이다. '역지불허론'과 연기론은 같은 연기를 의미하면서도 차이점이 있다. '역지불허론'은 역지 불가론이라고 할 수 있으며 역지 자체를 부정한다. 한편 연기론은 역지는 허락할 수 있으나, 파견 시기는 조선이 정한다는 것이다. 일본이 요청한 시기보다 2년 연기를 조건으로 역지를 허락한 것이 이에 해당한다.

조선이 대마도 역지통신을 허락했으나, 바쿠후는 다시 오사카로 장소를 변경하고 싶다는 차왜를 보내왔다. 한번 정한 대마도 역지통신을 다시 오사카로 바꾸겠다는 바쿠후의 의도는 무엇인가. 통신사가 에도까지 온다면 큰 비용이 필요하지만, 그만큼 정치적인 효과를 기대할 수 있었다. 그런데 에도통신의 효과를 모두 포기한 것이 역지통신이다. 바쿠후는 대마도 역지가 정치적인 효과를 전혀 기대할 수 없다고 재인식하며, 대신 오사카를 선택한 것이다. 즉 에도 만큼 효과는 없으나 대마도에서 시행하는 것보다 효과가 있다는 생각이다. 통신사의 노정을 보면 통신사는 대마도까지 해로로 가고, 대마도에서 오사카까지는 다시 해로를 이용했다. 교토까지 이동하고 나서

에도까지는 육로를 이용했는데, 접대 비용도 많이 들었다. 그런데 오사카 역지통신은 해로를 이용하기 때문에 이동도 쉽고 도착 시간도 빠르고 좋다는 점을 장점으로 바쿠후는 설명했다.

바쿠후 입장에서는 나름대로 당위성이 있을지도 모르겠지만, 조선입장에서는 전혀 없었다는 점이 문제이다. 무엇보다 오사카로 변경할 수 있다면, 왜 조선이 원하는 에도로 다시 변경하지 않는지가 명확하지 않았다. 오사카 역지는 新例이기 때문에 교섭에는 많은 시간이 필요하다. 그러나 조선은 연기론으로 오사카 역지를 허락한다. 통신사는 대마도에서 오사카로 다시 변경된 것이다. 조선은 역지를 허락하는 조건으로 시기를 조율한 것이다. 오사카 역지는 통신사 시행 직전 단계인 통신사절목 까지 만들고, 시행시기를 기다렸으나 쇼군이 서거해 무산되고 말았다.

연기론은 오사카 역지통신을 탄생시키는데 결정적인 역할을 했다. 물론 당시 위정자들이 1850년대에 일어날 상황을 예측할 수 없으므로 연기론은 당시의 어려운 상황을 벗어날 수 있는 좋은 방법일지도 모른다. 그러나 파견 시기를 정했기 때문에 시기가 다가오면 상황이 나아지지 않은 이상 다시 연기해야 하는 兩面性도 갖고 있다. 그렇다면 연기를 통신사 외교의 단순한 중단 또는 취소로 볼 수 있을까. 이에 대한 정확한 답은 연기론을 통해 조선이 얻는 것과 잃은 것이 무엇인가를 따져야 얻을 수 있다. 먼저 얻는 것은 시간과 재정적인 여유이고 무엇보다 큰 것은 통신사 외교를 존속시켰다는 점이다. 즉, 통신사는 파견만 유보되고 대마도에 대한 무역이나 교섭은 변함없이 이루어졌고, 그러한 대일외교의 일상에서 통신사를 존속시키려는 조선의 의지를 엿볼 수 있다. 대마도에 관한 지원을 계속했던 바쿠후의 경우도 마찬가지라고 생각한다.[1] 그렇다면 잃은 것은 무엇인가. 조선은 연기와 쇼군의 죽

---

1) 바쿠후의 대마도에 대한 지원은 역지 통신 이후만 봐도, 1812년 대마도 역지통신을 성사시킨 포상으로 이후 20년간 매년 2,500량씩 받음, 1816년~1817년 조선의 흉년으로 쌀 10,000 석씩 받음, 1817년 도해역관사에 대한 수당 2,000량, 매년 2,500량

음이라는 통신사를 둘러싼 악순환 속에서 오사카 역지통신의 적절한 파견 시기를 놓친 것이다. 10년 연기가 결과적으로 오사카 역지통신 파견시기를 놓치는 결과가 된 것을 생각하면 많은 아쉬움이 남는다.

보론에서 통신사외교부터 수신사외교로의 전환을 논했다. 그동안 연구자들은 통신사의 종료를 바쿠후의 소멸을 기준으로 해석하면서 조선입장을 전혀 고려하지 않았다. 일본사의 관점에서 통신사의 종료 시점을 정했기 때문에 한국사의 통신사 종료 시점은 자동으로 결정되었다. 그러나 지금까지 논한 것처럼 사실이 아니다. 한국사에서도 이제 통신사의 종료 시점을 정해야 할 것이다. 이 글에서 수신사를 검토한 이유도 여기에 있다. 여기서 통신사에서 수신사로의 전환이야말로 한국사에서 본 조선의 통신사 외교의 종료임을 밝혔다. 조선은 원래 약조로 정한 1876년에 통신사 대신 수신사를 보냈다. 수신사 파견으로 통신사외교는 역사 속에 살아졌다. 그리고 통신사외교에서 중요한 역할을 담당한 대마도가 1871년에 廢藩置縣으로 소멸한지 5년이 지난 후였다.

---

씩 받은 給付 대신 땅 20,000석을 받음, 1828년 도해역관사에 대한 수당 2,000량 받음, 1846년 오사카 역지 교섭을 성사시켰다고 15,000량을 받았다(荒野泰典, 앞의 논문, 70~71쪽).

# 참고문헌

## 1. 資料

### 1) 年代記

『朝鮮王朝實錄』, 『備邊司謄錄』, 『承政院日記』, 『日省錄』, 『同文彙考』, 『通文館志』, 『高宗時代史』, 『續德川實紀』, 『淨元公實錄』

### 2) 文集·日記類

『靑莊館全書』, 『國譯弘齋全書』, 『羅山林先生文集』, 『宇下人言』, 「朝鮮聘使後議」, 『五事略』, 『譯註 梅泉野錄』상, 문학과 지성사, 2005, 『中井竹山と草茅危言』, 「信使停止之覺書」, 『譯註交隣提醒』, 「修信使日記」

### 3) 通信使·修信使 資料

『國譯海行摠裁』, 『通信使謄錄』, 『通信使草謄錄』, 『國譯增正交隣志』, 『國譯邊例集要』, 『通航一覽』, 『通航一覽續輯』, 『講聘參判使記錄』, 『本邦朝鮮往復書』, 『信使易地講定譯官渡海御向掛合記錄』, 「信使前集書」, 『大坂易地前集書』, 「御心覺信使ニ屬候大綱」, 『萬機要覽』, 『航韓必携』, 『大日本外交文書』

### 4) 그림 자료

국립중앙박물관, 文化遺産オンライン, 東京經濟大學朝鮮錦繪コレクション

## 2. 研究論著

### 1) 編·著書 및 博士論文

김강일,『조선후기 倭館의 운영실태에 관한 연구』, 강원대학교 박사학위논문, 2012. 8.

김명숙,『19세기 정치론 연구』, 한양대학교 출판부, 2004.

권혁수,『19世紀末韓中關係史硏究-李鴻章의 朝鮮認識와 政策을 中心으로-』, 백산 자료원, 2000.

민덕기,『前近代 동아시아 세계의 韓·日관계』, 경인문화사, 2007.

三宅英利 著·손승철 옮김,『近世韓日關係史硏究』, 이론과 실천, 1991.

_____·하우봉 옮김,『역사적으로 본 일본인의 한국관』, 풀빛, 1990.

손승철,『朝鮮時代 韓日關係史硏究』, 지성의 샘, 1994.

_____,『조선시대 한일관계사 연구』, 경인문화사, 2006.

신로사,『1811년 辛未通信使行과 朝日문화교류: 筆談·唱酬를 중심으로』, 성균 관대학교 박사학위논문, 2011.

岩方久彦,『19世紀 朝鮮의 對日易地通信硏究』, 고려대학교 박사학위논문, 2014년.

이훈,『朝鮮後期 漂流民과 韓日關係』, 國學資料院, 2000.

정성일,『朝鮮後期 對日貿易』, 신서원, 2000.

정영문,『朝鮮時代 通信使文學硏究』, 지식과 교양, 2011.

제임스 팔레 著, 이훈상 옮김,『傳統韓國의 政治와 政策』, 신원문화사, 1993.

조규익·정영문 엮음,『조선통신사 사행록 연구총서』1~13권, 한고방, 2008.

조항래,「對日修好와 丙子修信使行考追補」,『開港期 韓日關係史硏究』, 螢雪 出版社, 1973.

최덕수,『개항과 朝日관계』, 고려대학교출판부, 2004.

팽택주,『明治初期日韓淸關係の硏究』, 塙書房, 1969.

하우봉, 연세국학총서77『조선시대 한국인의 일본인식』, 혜안, 2006.

한상일,「아시아연대와 일본제국주의」, 도서출판 오름, 2002.

한태문,『조선통신사의 길에서 오늘을 묻다』, 도서출판 경진, 2012.

### 2) 일본저서

今村鞆,『人蔘史』2, 朝鮮總督府專賣局, 1935.

大石學, 『江戸の外交戰略』, 角川書店選書, 2009.

渡邊浩, 『東アジアの王權と思想』, 東京大學出版會, 1997.

藤田覺, 『松平定信』, 中公新書, 1993.

北原スマ子外編, 『資料 新聞社說にみる朝鮮』 2, 綠陰書房, 1995.

山本博文, 『參勤交代』, 講談社現代新書, 1998.

_____, 『對馬藩江戸家老』, 講談社, 2002.

森山恒夫, 「對馬藩」, 『長崎縣史-藩政編』, 吉川弘文館, 1973.

石井孝, 『明治初期の日本と東アジア』, 有隣堂, 1982.

松田甲, 『日鮮史話』, 朝鮮總督府, 1926.

原田環, 『朝鮮の開國と近代化』, 溪水社, 1997.

윤유숙, 『近世日朝通交と倭館』, 岩田書院, 2011.

이진희, 『江戸時代の日本と朝鮮: 李朝の通信使』, 講談社, 1976.

田代和生, 『近世日朝貿易史の研究』, 創文社, 1981.

_____, 『倭館』, 文春新書, 2002.

田中正弘, 『近代日本と幕末外交文書編纂の研究』, 思文閣, 1998.

仲尾宏, 『朝鮮通信使と江戸時代の三都』, 明石書店, 1993.

_____, 『朝鮮通信使と德川幕府』, 明石書店, 1997.

_____, 『朝鮮通信使をよみなおす』, 明石書店, 2006.

中山泰昌 編著, 『新聞集成 明治編年史』 권3, 1965, 541쪽.

池内敏, 『大君外交と武威』, 名古屋大學出版會, 2006.

川本達, 『對馬遺事』, 嚴原, 1926.

泉澄一, 『對馬藩藩儒雨森芳洲の基礎的研究』, 關西大學出版會, 1997.

丸山雍成, 『參勤交代』, 吉川弘文館, 2007.

黑田省三, 「朝鮮通信使史話」 1~9, 人文社, 1942~43.

### 3) 研究論文

구영진, 「12차 통신사 필답집의 특집」, 『洌上古典研究』 29, 2009.

김경태, 「不平等條約 改正交涉의 展開-1880年 前後의 對日 民族問題-」, 『韓國史 研究』11, 한국사연구회, 1975.

김덕진, 「1811년 通信使의 使行費와 戸曹의 부담」, 『역사와 경계』 55, 부산경남사학회, 2005.

_____, 「1763년 通信使 使行費의 規模와 그 意義」, 『전남사학』 25, 2005.

김덕진·변광석·이훈·정성일·池內敏, 「외교와 경제 통신사외교의 경제 시스템-通信使禮單을 통해서 본 朝日外交의 특징과 그 변화-」, 『韓日關係使研究』, 2007.

김민규, 「近代東아시아 國際秩序의 變容과 淸日修好條規(1871년)-'條規體制'의 生 成」, 『大東文化研究』41, 成均館大 大東文化研究院, 2002.

김선희, 「17세기 초기·중기 林羅山의 타자상」, 『韓日關係史研究』16, 2002.

김성진, 「朝鮮後期 通信使의 紀文詩文에 나타난 日本觀研究」, 『陶南學報』제 15호, 1996.

김수암, 「1870년대 조선의 대일관」, 『한국정치외교사논총』제25집 1호, 한국정치외교사학회, 2004.

김용구, 『세계관 충돌과 한말외교사 1866~1882』, 문학과지성사, 2001.

김의환 편, 『釜山市立圖書館 所藏貴重本 圖書解題』, 부산시립도서관 발행, 1969.

김한규, 「漢代의 天下思想과 <羈縻之義>」, 全海宗 외, 『中國의 天下思想』, 민음사, 1988.

문광균, 「18세기 江界지역 貢蔘制의 운영과 변화」, 『朝鮮時代史學報』57, 2011.

미노와 요시쯔구, 「通信使」と「信使」, 『日語日文學研究』60집2호, 2007.

민덕기, 「조선시대 交隣의 理念과 국제사회의 交隣」, 『民族文化』21, 민족문화추진회, 1998.

_____, 「조선후기의 회고와 전망」, 한일관계사학회편, 『韓日關係史研究의 回顧와 展望』, 국학자료원, 2002.

_____, 「한국에서의 한일관계사 연구의 회고와 전망-조선시대를 중심으로-」, 『한일교류와 상극의 역사』, 경인문화사, 2010.

박화진, 「朝鮮通信使의 에도 入城過程」, 『조선통신사연구』4, 2007.

변광석, 「1811년 通信使 파견과 慶尙道의 財政 부담」, 『역사와 경계』55, 부산경남사학회, 2005.

손승철, 「대마도의 조·일(朝日)양속관계」, 한일관계사연구회 지음, 『독도와 대마도』, 지성의 샘, 1996.

_____, 「조선시대 通信使研究의 회고와 전망」, 『韓日關係史研究』16, 2002.

송철호, 「조선후기 路文에 관한 연구-'路文式例'와 문서 양식을 중심으로-」, 『古文書研究』40, 2012.

신국주, 「金修信使一行의 渡日과 그 意義」, 『近代朝鮮外交史研究』, 탐구당, 1965.

신로사, 「金善臣의 生涯와 그의 著作에 관한 一考」, 『東方漢文學』36, 2008.

_____, 「辛未(1811) 通信使行과 문화 교류에 관하여」, 『漢文學報』23, 2010.

_____, 「辛未通信使(1811)를 통한 朝日 교류와 그 이면」, 『韓國實學研究』 22, 2011.

岩方久彦, 『19世紀 朝鮮의 對日易地通信研究』, 고려대학교 박사학위논문, 2014년., 「1811年對馬島易地通信研究-기미책을 중심으로-」, 『韓日關係史研究』 23, 2005.

___, 「1876年 修信使 연구」, 『韓日關係史研究』 27, 2007.

___, 「憲宗代 오사카(大坂)역지통신 교섭과 조선의 대응책」, 『韓日關係史研究』 35, 2010.

___, 「18世紀の通信使改革論」, 『日本文化研究』 39, 2011.

___, 「定祖代 대마도 易地通信 교섭과 '江戶通信'연구」, 『韓日關係史研究』 52, 한일관계사학회, 2015.12.

___, 「조선통신사 연구에 대한 비판적 검토와 제안」, 『지역과 역사』 52, 부경역사연구소, 2016.4.

오바타 미치히로, 「朝鮮通詞 小田幾五郎의 조선문화인식-"通譯酬酢"을 중심으로-」, 『평택대학교 사회과학연구』 6, 2002.

이광린, 「開化期 韓國人의 아시아連帶論」, 『韓國史研究』 61·62, 한국사연구회, 1988.

이상규, 「조선후기 川寧玄氏의 譯官活動」, 『韓日關係史研究』 20, 2002.

이승민, 「조선후기 대일무역상의 폐해와 己巳約條(1809)의 체결」, 『韓日關係史研究』 22, 2005.

이원식, 「純祖十一年 辛未日本通信使 差遣에 對하여-對馬島易地通聘을 中心으로-」, 『史學研究』 23, 한국사학회, 1973.

이훈, 「1811年の對馬易地聘禮と積幣の改善」, 『對馬宗家文書第1期朝鮮通信使記錄別冊下』, ゆまに書房, 2000.

___, 「朝鮮通信使 접대와 對馬藩의 재정」, 『역사와 경계』 55, 부산경남사학회, 2005.

___, 「조선후기 東萊府使와 倭館의 의사소통-兩譯관련 「實務文書」를 중심으로-」, 『韓日關係史研究』 27, 2007.

장순순, 「朝鮮時代 通信使研究의 現況과 課題」, 『통신사·왜관과 한일관계』(한일관계사연구논집 6), 경인문화사, 2005.

전성희, 「第1次修信使の見た明治日本について」, 『佛教大學總合研究所紀要』 5, 佛教大學總合研究所, 1998.

_____, 「第1次修信使の日本認識-日本による富國强兵勸告をめぐって」, 『佛教大學總合研究所紀要別冊 近代日朝における朝鮮觀と日本觀』, 佛教大學總合研究所, 2000.

정다함, 「朝鮮初期 野人과 對馬島에 대한 藩籬·藩屛인식의 형성과 敬差官의 파견」, 『東方學志』 141, 2008.

정성일, 「對馬島易地聘禮에 참가한 통신사 일행에 대하여」, 『호남문화연구』 20, 1991.

_____, 「易地聘禮 실시 전후 對日貿易의 動向(1809~1812)」, 『경제사학』 15, 1991.

정영문, 「通信使가 기록한 國內使行路程에서의 餞別宴」, 『조선통신사연구』 7, 2008.

정은영, 「조선후기 通信使와 朝鮮中華主義」, 『국제어문』 46, 2009.

정은주, 「1811년 쓰시마 통신사행의 서화교류」 『동아시아문화연구』 60, 2015.

_____, 「1811년 신미통신사 빙례 관련 회화 연구」 『정신문화연구』 제38권 제1호, 2015.

정은지, 「繪畵資料における朝鮮通信使の金冠朝服の変遷」 『朝鮮通信使研究』 18, 2014. 6.

정응수, 「근대문명과의 첫 만남 日東記游와 航海日記를 중심으로」, 『韓國學報』 63, 일지사, 1991.

_____, 「아라이 하쿠세키(新井白石)의 조선통신사 의례 개정에 관하여」, 『日本文化學報』 24, 2005.2.

조광, 「통신사에 관한 한국학계의 연구 성과와 쟁점사항」, 『통신사·왜관과 한일관계』(한일관계사연구논집 6), 경인문화사, 2005.


하우봉, 「壬辰倭亂 以後의 日本關係」, 『港都釜山』, 1991.

_____, 「開港期 修信使行에 관한 一硏究」, 『韓日關係史硏究』 10, 한일관계사학회, 1999, 151쪽.

_____, 「1次修信使 金綺秀의 日本認識」, 『翰林日本學硏究』 5, 翰林大學校 翰林科學院日本學硏究所, 2000.

_____, 「通信使行과 近世 韓日關係」, 『全北史學』 23, 2002.12.

_____, 「조선후기 대일통신사행의 문화사적 의의」, 『史學硏究』 95, 2009.9.

_____, 「조선시대의 통신사외교와 의례문제」, 『朝鮮時代史學報』 58, 2011.

하원호 編, 「강화도조약과 개항의 역사적 의미」, 『한일관계사연구논집』 7, 景仁文化社, 2005.

한철호, 「제1차 수신사(1876)김기수의 견문활동과 그 의의」, 『韓國思想史學』 27, 韓國思想史學會, 2006. 12.

_____, 「제1차 수신사(1876)김기수의 일본인식과 그 의의」, 『史學硏究』 84, 韓國

史學會, 2006. 12.

한태문, 「通信使 使行文學 硏究의 回顧와 展望」, 『국제어문』 27, 2003.

_____, 「朝鮮後期 通信使使行文學의 特徵과 文學史的意義-交隣體制 安定
　　　期(1682~1763)의 『사행록』을 중심으로-」, 조규익·정영문 엮음, 『조선통
　　　신사 사행록 연구총서』 2, 한고방, 2008.

_____, 「<雨念齋手書>所載 通信使行 관련 편지연구」, 『韓國民族文學』 57, 2010.

함동주, 「明治期 일본의 아시아주의와 國權 意識」, 『日本史硏究』 2, 일본사연구
　　　회, 1995.

현명철, 「幕末-明治初 對馬藩 처리에 대한 考察」, 『일본역사연구』 2, 1995.

홍성덕, 「17世紀 別差倭의 渡來와 朝日關係」, 『전북사학』 15, 전북대사학회,
　　　1992.

_____, 「朝鮮後期 對日外交使節 問慰行 硏究」, 『國史館論叢』 第23輯, 2000.

_____, 「조선후기 한일외교체제와 대마도의 역할」, 『동북아역사논총』 41, 2013.

황은영, 「1811년 신미통신사 수행서원 이의양에 대하여」, 『江原史學』 22·23, 2008.


## 4) 일본 논문

宮崎道生, 「新井白石と朝鮮聘使問題」, 『弘前大學人文社會』 3, 1953.

北島万次, 「막부제 국가의 구조와 특징」, 한일관계사학회, 한일문화교류기금 편 『朝
　　　鮮時代의 韓國과 日本』, 2013.

森晉一郎, 「近世後期對馬藩日朝貿易の展開」, 『史學』 56-3, 1986.

松澤弘陽, 「渡邊浩 『東アジアの王權と思想』(東京大學出版會,1997)を讀む」,
　　　『政治思想學會會報』 7, 1998.10.

矢澤康祐, 「江戶時代における日本人の朝鮮觀について」, 『朝鮮史硏究會論
　　　文集』 6, 1969.

奧谷浩一, 「朝鮮通信使47年間の空白と易地聘禮にかんする思想史的考察」, 『札
　　　幌學 院大學人文學紀要』 80, 2006.

長正統, 「倭學譯官書翰よりみた易地行禮交涉」, 『史淵』 115, 九州大學文學部,
　　　1978.

齋藤弘征, 「宗家文庫資料にみる朝鮮通信使大坂易地易禮の挫折を追う」, 『對馬
　　　歷史民族資料館報』 25, 2002.

田代和生, 「渡海譯官使の密貿易」, 『朝鮮學報』 150, 1994.

田保橋潔, 「丙子修信使とその意義」, 『靑丘學叢』 13, 靑丘學會, 1933.

_____, 「朝鮮國通信使易地行聘考」上,『東洋學報』23-3, 東洋學術協會, 1936.

_____, 「朝鮮國通信使易地行聘考」中,『東洋學報』23-4, 東洋學術協會, 1936.

_____, 「朝鮮國通信使易地行聘考」下1,『東洋學報』24-2, 東洋學術協會, 1937.

_____, 「朝鮮國通信使易地行聘考」下2,『東洋學報』24-3, 東洋學術協會, 1937.

_____, 「丙子修信使の差送」,『近代日鮮關係史の研究』,朝鮮總督府, 1940.

糟屋憲一, 「なぜ朝鮮通信使は廢止されたか」,『歷史評論』355, 1979.

池内敏, 「朝鮮信使大坂易地聘禮計劃をめぐって」,『日本史研究』336, 1990.

_____, 「近世後期における對外觀と國民」,『日本史研究』344, 1991.

_____, 「일본의 조선통신사 접대와 도쿠가와 바쿠후의 재정-道中人馬役을 中心으로-」,『역사와 경제』55, 부산경남사학회, 2005.

_____, 「朝鮮通信使 使行이 끝난 후에」,『조선통신사연구』10, 2010.

_____, 「조선통신사 연빙 교섭과 梅莊顯常」,『한일교류와 상극의 역사』, 경인문화사, 2010.

# 찾아보기

이와가타 히사히코(岩方久彦)

연세대학교 교육대학원 역사교육전공 석사 졸업
전남대학교 일반대학원 일어일문과 석사 졸업
고려대학교 일반대학원 한국사학과 석사, 박사 졸업(문학박사)
(전)부천대학교 외국인조교수
(전)전남대학교 국제학부 일본학전공 초빙조교수
(현)일본 つくば開成学園高等学校 上越センター 강사

**주요 연구업적**

「憲宗代 大坂易地通信交涉과 조선의 대응책」, 『19세기 朝鮮의 對日易地通信硏究』,
「正祖代 대마도 易地通信 교섭과 '江戸通信'연구」, 「조선통신사 연구에 대한 비판적
검토와 제안」 등
번역서 『朝鮮王朝儀軌』, 『小説代院君-雲峴宮の春-』등

# 19세기 조선의 대일 역지통신 연구

2017년 9월 07일 초판 인쇄
2017년 9월 15일 초판 발행

지 은 이      이와카타 히사히코岩方久彦
발 행 인      한정희
발 행 처      경인문화사
총 괄 이 사    김환기
편 집 부      김지선 박수진 한명진 유지혜
마 케 팅      김선규 하재일 유인순
출 판 신 고    제406-1973-000003호
주    소      (10881) 파주시 회동길 445-1 경인빌딩 B동 4층
대 표 전 화    031-955-9300   팩 스   031-955-9310
홈 페 이 지    http://www.kyunginp.co.kr
이 메 일      kyungin@kyunginp.co.kr

ISBN 978-89-499-4254-4   93910
값  20,000원